国家林业和草原局职业教育"十三五"规划教材

大学语文

郑群　钱静　朱卉　主编

中国林业出版社

图书在版编目(CIP)数据

大学语文 / 郑群，钱静，朱卉主编 . —北京：中国林业出版社，2017. 9(2018. 8 重印)
国家林业局职业教育"十三五"规划教材
ISBN 978-7-5038-9068-0

Ⅰ . ①大…　Ⅱ . ①郑…　②钱…　③朱…　Ⅲ . ①大学语文课 – 高等职
业教育 – 教材　Ⅳ . ①H193. 9

中国版本图书馆 CIP 数据核字(2017)第 140504 号

国家林业和草原局生态文明教材及林业高校教材建设项目

中国林业出版社·教育出版分社

策划编辑：吴　卉　田　苗　高兴荣
责任编辑：田　苗　高兴荣
电话/传真：(010)83143611/83143516

出版发行　中国林业出版社(100009　北京市西城区德内大街刘海胡同 7 号)
　　　　　　E-mail：jiaocaipublic@163. com
　　　　　　电话：(010)83143500
　　　　　　http：//lycb. forestry. gov. cn
经　　销　新华书店
印　　刷　固安县京平诚乾印刷有限公司
版　　次　2017 年 9 月第 1 版
印　　次　2018 年 8 月第 2 次印刷
开　　本　787mm×1092mm　1/16
印　　张　17. 25
字　　数　334 千字
定　　价　35. 00 元

《大学语文》
编写人员

主　　编：郑　群　钱　静　朱　卉

编写人员(按姓氏笔画排序)：

刘　青　朱　卉　李雪兰

郑　群　柏　莹　钱　静

谢久娟　窦金兰

前言

　　大学语文作为一门融工具性、实用性、人文性和审美性于一体的文化教育课，在对高职学生职业核心能力的形成和综合素质的培养中，应该起到应有的积极作用。但是，由于很多高职院校一直采取传统的语文教育模式，沿袭高中语文的教学方法，致使不少学生对语文学习逐渐失去了兴趣，大学语文本身的发展也越来越边缘化，这主要体现在语文课程学时少、学分低、规模小、学科系统性差等方面。因此，适应新形势下大学语文教学的需要，将传统的以经典赏析为主的教学模式逐渐过渡为应用型教学模式，最大限度地优化高职院校语文的教学资源，是扬州职业大学人文学院大学语文教研室教研教改的主要内容，也是编写本部教材的初衷。

　　传统的大学语文教育多借用本科院校《大学语文》教材，这些教材的共同特点：以古文为主，偏重纯文学经典作品，突出作品的阅读与欣赏。本着国家教育行政主管部门提出的"职业教育就是就业教育"的精神，本教材在编写中除了保留一部分经典作品之外，注重加强对高职院校学生的口才、写作、交际能力的培养。另外，以往的教学形式和手段相对落后，大部分大学语文课仍然沿袭传统的面授方式，较少使用多媒体教学，特别是缺少口语训练、职场交际情景模拟练习等动态的教学过程，教学质量和效果的评价体系也比较单一。针对这些现象，本教研室在授课方式上也做出了一些调整，相应地增加了一些实训项目、案例分析、情景模拟等教学环节，以增强语文教学的实用性与趣味性。

　　本教材的编写旨在革除传统大学语文教学的痼弊，突显语文教学工具性、应用性特征。在编写原则上，本教材既保留传统大学语文教材的人文性和审美性，在传授语文知识的基础上对学生进行情志教育；又加强其应用性，突出行业和地方特色，更好地调动学生的学习兴趣。具体做法：适当淡化文学功能，强化口语、写作等社会功能；适当淡化语文基础知识和文学知识体系的介绍，强化礼仪、交际等实用知识的介绍。通过经典作品的阅读鉴赏训练，扩大学生的知识面，提高学生的人文素养；通过朗读、交谈、演讲、辩论等一系列口语训练和情景模拟，提高学生在面试、竞聘、商业洽谈等方面的口头表达能力；通过行政公文、通用文书、专用文书等一系列应用文的写作训练，提高学生在各类资格考试、公务员录用考试等实际生活中的书面表达能力。使高职的大学语文教育真正地"接地气"，成为教师乐教、学生爱学的一门功课。

本教材在编写体例上，打破传统文学作品一以贯之的结构，而代之以"经典阅读""口才训练""应用写作""实用礼仪""扬州地域文化"五大模块的崭新设置。五个模块相对独立，前面有相应的学习提示，每个模块根据自身特点可以采用不同的教学方法和训练方式，如口才训练和调查报告就安排了实训环节。

　　在教学目标上，本教材相对放宽对文章字词句读的理解，特别是古文，配之以比较详细的课文解析，便于学生更好地理解吸收；相对放宽对知识机械性记忆的要求，适当加大对应用能力训练的力度，通过一切有效方法与形式，提高学生的人文素养、表达能力、写作水平，提升学生将来就业的软实力。

　　作为一种尝试，本教材一定有纰缪之处，我们会在教学过程中不断改进和完善，敬请各位读者给予批评指正！

扬州职业大学人文学院大学语文教研室
二〇一七年六月

目录

前言

经典阅读

口才训练

应用写作

实用礼仪

扬州地域文化

经典阅读

学习提示

    本模块的学习目的是通过经典著作的阅读分析，了解文学创作与欣赏的基本规律，提高学生的文学欣赏水平；充分挖掘和利用经典作品中包含的"情商"教育因素，对学生进行潜移默化的影响，提高学生的人文素养。

    本模块所选内容都是古今中外文质兼美、历久不衰的文学经典，由诗、词、曲、散文与小说等文学名篇组成，在学习过程中学生应注意掌握各类文学体裁的特点，并将其运用到具体篇章的阅读欣赏中，以便加深对作品的认识和理解。教师对作品的分析讲解应注意突破以往偏重字词训练和背景、主题、结构、艺术特色的解剖式分析的模式限制，要注意加强学生的情志教育。通过经典阅读，让学生感受到传统文化的魅力，使他们能够自觉吸收传统文化的精华，形成良好的思想道德品质；通过经典阅读，陶冶学生的审美情操，培养学生辨别美丑、真假、善恶的能力，使他们热爱真善美，厌弃假恶丑，在思想感情上得到全面健康的成长；通过经典阅读，让学生把握作家或者作品中人物的人文精神和人格魅力，从他们身上认识人生、理解人生、学会生活，不断提高自身的综合素养。

子 衿⁽¹⁾

青青子衿⁽²⁾，悠悠⁽³⁾我心。纵我不往，子宁不嗣音⁽⁴⁾？
青青子佩⁽⁵⁾，悠悠我思。纵我不往，子宁不来？
挑兮达兮⁽⁶⁾，在城阙⁽⁷⁾兮。一日不见，如三月兮。

【注释】

(1) 选自《毛诗正义》，中华书局 1980 年影印(清)阮元校刻《十三经注疏》本。《诗经》是中国最早的一部诗歌总集，先秦时期称《诗》，又称《诗三百》或《三百篇》，它收集了自西周初年至春秋中叶五百多年的三百零五篇诗歌。西汉时被尊为儒家经典，始称《诗经》，并沿用至今。

(2) 子衿：周代读书人的服装。子：男子的美称，这里指"你"。衿：即襟，衣领。

(3) 悠悠：忧思不断的样子。

(4) 嗣(yí)音：传音讯。嗣，通"诒"，给、寄的意思。

(5) 佩：这里指系佩玉的绶带。

(6) 挑(tiāo)兮达(tà)兮：独自走来走去的样子。挑、达，亦作佻、达。

(7) 城阙：城门两边的观楼。

【解析】

这首诗选自《诗经·郑风》，写一个女子在城楼上等候她的恋人。全诗三章，采用倒叙手法。前两章以"我"的口气自述怀人。"青青子衿""青青子佩"是以恋人的衣饰借代恋人。对方的衣饰给她留下这么深刻的印象，使她念念不忘，可见其相思萦怀之情。如今因受阻不能前去赴约，只好等恋人过来相会，可望穿秋水，不见影儿，浓浓的爱意不由转化为惆怅与幽怨："纵然我没有去找你，你为何就不能捎个音信？纵然我没有去找你，你为何就不能主动前来？"第三章点明地点，写她在城楼上因久候恋人不至而心烦意乱，来来回回地走个不停，觉得虽然只有一天不见面，却好像分别了三个月那么漫长。

这首诗是《诗经》众多情爱诗歌作品中较有代表性的一篇，它鲜明地体现了那个时代的女性所具有的独立、自主、平等的思想观念和精神实质，女主人公在诗中大胆表达自己的情感，即对情人的思念。这在《诗经》以后的历代文学作品中是少见的。

全诗不到五十字，但女主人公等待恋人时焦灼万分的情状宛然如在目前。这种艺术效果的获得，在于诗人在创作中运用了大量的心理描写。诗中表现这个女子的动作行为仅用

"挑""达"二字，主要笔墨都用在刻画她的心理活动上，如前两章对恋人既全无音问又不见影儿的埋怨，末章"一日不见，如三月兮"的独白。两段埋怨之辞，以"纵我"与"子宁"对举，急盼之情中不无矜持之态，令人生出无限想象，可谓字少而意多。末尾的内心独白，则通过夸张修辞技巧，造成主观时间与客观时间的反差，从而将其强烈的情绪形象地表现了出来。心理描写手法，在后世文坛已发展得淋漓尽致，而上溯其源，此诗已开其先。

【思考与练习】

1. 请指出《诗经·子衿》中主要运用的修辞手法并略做分析。
2. 举例分析《诗经·子衿》中的心理描写。
3. 为什么说这首诗是《诗经》爱情诗中的代表作？

晋灵公不君⁽¹⁾

晋灵公不君：厚敛以雕墙⁽²⁾，从台上弹人，而观其辟丸也。宰夫胹熊蹯不熟⁽³⁾，杀之，置诸畚⁽⁴⁾，使妇人载以过朝。赵盾、士季见其手⁽⁵⁾，问其故，而患之。将谏，士季曰："谏而不入⁽⁶⁾，则莫之继也。会请先，不入，则子继之。"三进，及溜⁽⁷⁾，而后视之，曰："吾知所过矣，将改之。"稽首而对曰："人谁无过？过而能改，善莫大焉。《诗》曰：'靡不有初，鲜克有终⁽⁸⁾。'夫如是，则能补过者鲜矣。君能有终，则社稷之固也，岂惟群臣赖之。又曰：'衮职有阙，惟仲山甫补之⁽⁹⁾。'能补过也。君能补过，衮不废矣⁽¹⁰⁾。"

犹不改。宣子骤⁽¹¹⁾谏，公患之，使鉏麑贼之⁽¹²⁾。晨往，寝门辟矣⁽¹³⁾，盛服⁽¹⁴⁾将朝。尚早，坐而假寐。麑退，叹而言曰："不忘恭敬，民之主也⁽¹⁵⁾。贼民之主，不忠；弃君之命，不信。有一于此，不如死也！"触槐而死。

秋九月，晋侯饮赵盾酒⁽¹⁶⁾，伏甲⁽¹⁷⁾，将攻之。其右提弥明知之⁽¹⁸⁾，趋登⁽¹⁹⁾，曰："臣侍君宴，过三爵⁽²⁰⁾，非礼也。"遂扶以下。公嗾夫獒焉⁽²¹⁾，明搏而杀之。盾曰："弃人用犬，虽猛何为！"斗且出。提弥明死之⁽²²⁾。

初，宣子田于首山⁽²³⁾，舍于翳桑⁽²⁴⁾。见灵辄⁽²⁵⁾饿，问其病。曰："不食三日矣！"食之⁽²⁶⁾，舍其半。问之。曰："宦⁽²⁷⁾三年矣，未知母之存否。今近焉，请以遗⁽²⁸⁾之。"使尽之，而为之箪食⁽²⁹⁾与肉，置诸橐⁽³⁰⁾以与之。既而与为公介⁽³¹⁾，倒戟以御公徒而免之⁽³²⁾。问何故，对曰："翳桑之饿人也。"问其名居，不告而退。遂自亡也。

乙丑，赵穿⁽³³⁾攻灵公于桃园。宣子未出山而复⁽³⁴⁾。大史⁽³⁵⁾书曰："赵盾弑其君。"以示于朝。宣子曰："不然。"对曰："子为正卿，亡不越竟⁽³⁶⁾，反不讨贼⁽³⁷⁾，非子而谁？"宣子曰："呜呼！《诗》曰：'我之怀矣，自诒伊戚⁽³⁸⁾。'其我之谓矣。"

孔子曰："董狐，古之良史⁽³⁹⁾也，书法不隐⁽⁴⁰⁾。赵宣子，古之良大夫也，为法受恶⁽⁴¹⁾。惜也，越竟乃免。"

宣子使赵穿逆公子黑臀于周而立之⁽⁴²⁾。壬申，朝于武宫⁽⁴³⁾。

【注释】

（1）选自杨伯峻《春秋左传注》，中华书局 1990 年版。篇题是编者所加。《左传》是我国古代一部编年体的历史著作。西汉初称《左氏春秋》，后称《春秋左氏传》。是儒家经典之一，与《公羊传》《谷梁传》合称"《春秋》三传"。晋灵公：晋国国君，名夷皋，文公之孙，襄公之子，晋国第二十六君，在位十四年，是中国历史上有名的暴君。不君：不行君道。

（2）厚敛：加重征收赋税。雕墙：这里指修筑豪华宫室，过着奢侈的生活。

（3）宰夫：厨子。胹（ér）：煮，炖。熊蹯（fán）：熊掌。

（4）畚（běn）：筐篓一类盛物的器具。

（5）赵盾：赵衰之子，晋国正卿（相当于首相），谥号宣子。士季：士为之孙，晋国大夫，名会。

（6）不入（nà）：不采纳，不接受。

（7）三进：始进为入门，再进为由门入庭，三进为升阶当霤。及：到。霤：雷，屋檐下滴水的地方。

（8）"靡不"二句：出自《诗经·大雅·荡》。靡：没有什么。初：开端。鲜：少。克：能够。终：结束。

（9）"衮职"二句：出自《诗经·大雅·杰民》。衮（gǔn）：天子的礼服，借指天子，这里指周宣王。阙：过失。仲山甫：周宣王的贤臣。

（10）"君能"二句：比喻晋国的社稷可以不坏。这里，士季以衮比喻晋国社稷，以仲山甫比喻晋灵公。

（11）骤：多次。

（12）鉏麑（chú ní）：晋国力士。贼：刺杀。

（13）辟：开着。

（14）盛服：穿戴好上朝的礼服。

（15）主：主人，靠山。

（16）饮（yìn）赵盾酒：请赵盾喝酒。

（17）伏：埋伏。甲：披甲的士兵。

（18）右：车右。提弥明：晋国勇士，赵盾的车右。

（19）趋登：快步走上殿堂。

（20）三爵：三巡。爵：古时的酒器。

（21）嗾（sǒu）：唤狗的声音。獒（áo）：猛犬。

（22）死之：为之死。之：指赵盾。

（23）田：通"畋"，打猎。首山：首阳山，在今山西永济东南。

（24）舍：住一晚。翳（yì）桑：首山附近的地名。

（25）灵辄：人名，晋国人。

（26）食（sì）之：给他东西吃。

（27）宦（huàn）：给人当奴仆。

（28）遗（wèi）：送给。

（29）箪（dān）：盛饭的圆筐。食：饭。

（30）橐（tuó）：两头有口的口袋，用时以绳扎紧。

（31）与：参加。介：甲，指甲士。

（32）免之：使赵盾逃过劫难。

（33）赵穿：晋国大夫，赵盾的堂兄弟。

（34）"宣子"句：宣子没有走出晋国边境就回来重登卿位。

（35）大史：即太史，掌纪国家大事的史官，这里指晋国史官董狐。

（36）竟：同"境"。

（37）贼：弑君的人，指赵穿。

（38）佚诗。意思是我多所怀恋，不出境而返回，自找此忧心之事。

（39）良史：好史官。

（40）书法：记事的法则。隐：隐讳，不直写。

（41）恶：指弑君的恶名。

（42）递：迎。公子黑臀：即晋成公，文公之子，襄公之弟，名黑臀。

（43）武宫：晋武公的宗庙，在曲沃。

【解析】

　　本文出自《左传·宣公二年》，讲述晋灵公无道，多行不义，为大臣所杀之事。第一部分以典型的事例写晋灵公的苛政、奢侈，以及虚言接受士季的劝谏。第二部分写晋灵公不但不改正错误，反而对劝谏他的赵盾连续下毒手。第三部分写灵公被赵穿所杀，赵盾身背弑君之名。

　　文章开头就说"晋灵公不君"，定了贬斥晋灵公的调子，预示晋国要发生大乱，国家要失去稳定。晋灵公厚敛雕墙，违反儒家薄赋敛、轻徭役、藏富于民的思想。以弹子射人为乐，杀宰夫，不敬大臣。赵盾因晋灵公荒淫无道，苦谏其勤政爱民，触怒灵公，因而险遭灵公谋害。后来，赵盾的弟弟赵穿谋杀了晋灵公，迎回赵盾执掌大权。按照儒家的君臣关系，赵盾对国君做到了"忠"，这表现在他的直言敢谏；对国家做到了"敬"，表现在赵盾的恪尽职守，为了上朝，他起得很早，以至坐而假寐，并且是盛服等待。所以鉏麑作为灵公派来的杀手，也被赵盾巨大的人格魅力所感染，不忍下手。赵盾对老百姓也仁慈，他打猎时遇到饥饿的灵辄，不仅让他吃饱，还给他饭和肉带给家中的老母，这些细节都说明赵盾确乎是按臣道而行的一个良臣。但是，赵盾在史书上也留下了"弑君"的骂名，因为按照当时的礼法，只要赵盾没有离开国境，他和晋灵君的君臣关系就还存在，而赵盾回来没有讨贼，就是没有尽到为臣之道。史官董狐这样写，既尊重史实，体现了他作为史学家秉笔直书的优良传统，同时也暴露了当时伦理道德礼法的局限性。

紧张动人的情节赋予本文以强烈的故事性和戏剧性。其中士季与赵盾商议进谏所预示的危险，鉏麑行刺一段对鉏麑心理矛盾的刻画，提弥明搏獒场面之惊险，赵盾身背弑君之名的无力辩解等，这些情节的叙述和描写，有悬念、有虚实、有动感，或令人惊悚、动人心魄，或诱人体味、发人深省。

【思考与练习】

　　1. 将下列句子译为现代汉语。

　　(1)稽首而对曰："人谁无过？过而能改，善莫大焉。"

　　(2)晨往，寝门辟矣，盛服将朝。

　　(3)秋九月，晋侯饮赵盾酒，伏甲，将攻之。

　　(4)宦三年矣，未知母之存否。今近焉，请以遗之。

　　2.《晋灵公不君》一文从哪几个方面集中写出晋灵公的残暴和应得的下场？

　　3. 以儒家的观点如何认识《晋灵公不君》中赵盾这个人物？

　　4. 举例说明本文情节曲折，跌宕多姿的艺术特色。

《秋水》二则⁽¹⁾

庄　子

庄子钓于濮水

庄子钓于濮水⁽²⁾，楚王使大夫二人往先焉⁽³⁾，曰："愿以境内累矣⁽⁴⁾！"庄子持竿不顾，曰："吾闻楚有神龟，死已三千岁矣，王巾笥⁽⁵⁾而藏之庙堂之上⁽⁶⁾。此龟者，宁其死为留骨而贵，宁其生而曳尾涂中⁽⁷⁾乎？"二大夫曰："宁生而曳尾涂中。"庄子曰："往矣！吾将曳尾于涂中。"

惠子相梁

惠子⁽⁸⁾相梁⁽⁹⁾，庄子往见之。或⁽¹⁰⁾谓惠子曰："庄子来，欲代子相。"于是惠子恐，搜于国中三日三夜。庄子往见之，曰："南方有鸟，其名为鹓鶵⁽¹¹⁾，子知之乎？夫鹓鶵发于南海，而飞于北海；非梧桐不止，非练实不食，非醴泉⁽¹²⁾不饮。于是鸱⁽¹³⁾得腐鼠，鹓鶵过之，仰而视之曰：'吓⁽¹⁴⁾！'今子欲以子之梁国而吓我邪？"

【注释】

(1) 节选自(清)郭庆藩《庄子集释》，中华书局 2004 年版，每节小标题为编者所加。庄子(约前369—约前286年)名周，战国中期宋国蒙城人，先秦道家思想的代表人物。今本《庄子》共三十三篇，分"内篇""外篇""杂篇"三部分，为庄子及其后学所著。

(2) 濮水：水名，在今河南濮阳，当时庄子隐居于此。

(3) 大夫：古职官名。周代在国君之下有卿、大夫、士三等。往先焉：指先前往表达心意。焉：兼有"于之"的意思，意为到那里。

(4) "愿以"句：希望把国内政事托付于你，劳累你了。境内：四境之内，即指国内的政务。累：使……劳累。

(5) 巾：覆盖用的丝麻织品。这里名词用作动词，用锦缎包裹。笥(sì)：一种盛放物品的竹器。名词用作动词，用竹匣装。

(6) 藏之庙堂之上：指供奉于宗庙之中，用作占卜。

(7) 曳尾涂中：意为拖着尾巴，在污泥中自由自在地活着。曳：拖。涂：污泥。

(8) 惠子：即惠施，战国时宋国人，哲学家，庄子好友。

(9) 相梁：在魏国做相国。梁是魏国的都城，战国时期魏国迁都大梁。根据史实，魏国都城叫大梁，所以魏也叫梁。相：辅助君主的人，相当于后来的宰相。这里用作动词，做宰相的意思。

（10）或：有人。

（11）鹓鶵(yuān chú)：古代传说中像凤凰的鸟，习性高洁。

（12）醴(lǐ)泉：甘泉，甜美的泉水。醴：甘甜。

（13）鸱(chī)：鹞鹰。

（14）吓(hè)：模仿鹞鹰发怒的声音。下文的"吓"用作动词。

【解析】

《秋水》是《庄子》中的长篇，以开头二字作为篇名，讨论人应怎样去认识外物。全篇由两大部分组成。第一部分写北海海神与河神的谈话，指出人们要顺应事物的"自化"，返归本真。第二部分写了六个机智浪漫的寓言故事，每个故事都自成一体。

《庄子钓于濮水》的第一层写楚王派大夫请庄子出仕，第二层写庄子拒绝出仕。通过对庄子动作、神态、语言的描写，刻画庄子向往自由、超然物外、不为世俗所羁、视名利为浮云的思想，表现出其机敏善辩、超凡脱俗、珍爱生命、珍爱自由、不为名利所动、不屑与统治者同流合污的形象。

《惠子相梁》这则故事，辛辣地讥讽了醉心于功名富贵者的嘴脸，表现了庄子对功名利禄的态度。故事发展出人意料，人物形成鲜明对照，比喻巧妙贴切，收到言简意丰的效果。作为寓言，它给我们的启迪：在还未了解别人的真实意图，或还未了解事情的真相时，切不可妄加猜忌，否则只会自曝其丑。

《庄子》中的文章汪洋恣肆，文采雄伟瑰丽，想象丰富奇特，结构纵横变化，语言纯熟晓畅，叙事抒情无不穷形尽相。所选篇目巧妙地采用了寓言的形式，表现了庄子无意于功名利禄的清高品质。庄子对楚王的不屑、对惠子的蔑视，都没有直接道出，而是寓于一个虚构的故事中，用比喻来说明，使人感到意味隽永，具有更强的讽刺性。

【思考与练习】

1. 什么是寓言？在中国文学中，这个概念是由谁提出来的？

2. 庄子用什么方法谢绝了楚王之请？

3. 庄子擅用比喻，请指出《惠子相梁》中几种动物的比喻意义以及这样写的好处。

4. 选择其中一则，译为现代汉语。

李将军列传⁽¹⁾

司马迁

李将军广者，陇西成纪人也。其先曰李信，秦时为将，逐得燕太子丹者也。故槐里，徙成纪。广家世世受射⁽²⁾。孝文帝十四年，匈奴大入萧关，广以良家子⁽³⁾从军击胡，用⁽⁴⁾善骑射，杀首虏⁽⁵⁾多，为汉中郎。广从弟李蔡亦为郎，皆为武骑常侍，秩⁽⁶⁾八百石。尝从行，有所冲陷折关⁽⁷⁾及格⁽⁸⁾猛兽，而文帝曰："惜乎，子不遇时！如令子当高帝时，万户侯岂足道哉！"

匈奴大入上郡，天子使中贵人从广勒习兵击匈奴⁽⁹⁾。中贵人将骑数十纵⁽¹⁰⁾，见匈奴三人，与战。三人还射，伤中贵人，杀其骑且尽。中贵人走广。广曰："是必射雕者也⁽¹¹⁾。"广乃遂从百骑往驰三人。三人亡⁽¹²⁾马步行，行数十里。广令其骑张左右翼，而广身自射彼三人者，杀其二人，生得一人，果匈奴射雕者也。已缚之上马，望匈奴有数千骑，见广，以为诱骑⁽¹³⁾，皆惊，上山陈⁽¹⁴⁾。广之百骑皆大恐，欲驰还走。广曰："吾去大军数十里，今如此以百骑走，匈奴追射我立尽。今我留，匈奴必以我为大军之诱，必不敢击我。"广令诸骑曰："前！"前未到匈奴陈二里所⁽¹⁵⁾，止，令曰："皆下马解鞍！"其骑曰："虏多且近，即有急，奈何？"广曰："彼虏以我为走，今皆解鞍以示不走，用坚其意⁽¹⁶⁾。"于是胡骑遂不敢击。有白马将出护⁽¹⁷⁾其兵，李广上马与十余骑奔射杀胡白马将，而复还至其骑中，解鞍，令士皆纵马卧⁽¹⁸⁾。是时会暮，胡兵终怪之，不敢击。夜半时，胡兵亦以为汉有伏军于旁欲夜取之，胡皆引兵而去。平旦⁽¹⁹⁾，李广乃归其大军。大军不知广所之，故弗从。

后汉以马邑城诱单于，使大军伏马邑旁谷，而广为骁骑将军，领属护军将军⁽²⁰⁾。是时，单于觉之，去，汉军皆无功⁽²¹⁾。其后四岁，广以卫尉为将军，出雁门⁽²²⁾击匈奴。匈奴兵多，破败广军，生得广。单于素闻广贤，令曰："得李广必生致之。"胡骑得广，广时伤病，置广两马间，络而盛卧广⁽²³⁾。行十余里，广详⁽²⁴⁾死，睨⁽²⁵⁾其旁有一胡儿骑善马，广暂腾⁽²⁶⁾而上胡儿马，因推堕儿，取其弓，鞭马南驰数十里，复得其余军，因引而入塞。匈奴捕者骑数百追之，广行取胡儿弓，射杀追骑，以故得脱。于是至汉，汉下广吏⁽²⁷⁾。吏当⁽²⁸⁾广所失亡多，为虏所生得，当斩，赎为庶人⁽²⁹⁾。

顷之，家居数岁。广家与故颍阴侯孙屏野⁽³⁰⁾居蓝田南山中射猎。尝夜从一骑出，从人田间饮。还至霸陵亭，霸陵尉醉，呵⁽³¹⁾止广。广骑曰："故李将军。"尉曰："今将军尚不得夜行，何乃故也！"止广宿亭下。居无何⁽³²⁾，匈奴入杀辽西太守，败韩将军⁽³³⁾，后韩将军徙右北平。于是天子乃召拜广为右北平太守。广即请霸陵尉与俱，至军而斩之。

广居右北平，匈奴闻之，号曰"汉之飞将军"，避之数岁，不敢入右北平。

广出猎，见草中石，以为虎而射之，中石没镞⁽³⁴⁾，视之石也。因复更射之，终不能复入石矣。广所居郡闻有虎，尝自射之。及居右北平射虎，虎腾伤广，广亦竟射杀之。

广廉，得赏赐辄分其麾下⁽³⁵⁾，饮食与士共之。终广之身，为二千石⁽³⁶⁾四十余年，家无余财，终不言家产事。广为人长，猿臂⁽³⁷⁾，其善射亦天性也，虽其子孙他人学者，莫能及广。广讷口⁽³⁸⁾少言，与人居则画地为军陈，射阔狭以饮⁽³⁹⁾。专以射为戏，竟死。广之将兵，乏绝⁽⁴⁰⁾之处，见水，士卒不尽饮，广不近水，士卒不尽食，广不尝食。宽缓不苛，士以此爱乐为用。其射，见敌急，非在数十步之内，度不中不发，发即应弦而倒。用此⁽⁴¹⁾，其将兵数困辱，其射猛兽亦为所伤云。

居顷之，石建⁽⁴²⁾卒，于是上召广代建为郎中令。元朔六年，广复为后将军，从大将军军出定襄，击匈奴。诸将多中首虏率⁽⁴³⁾，以功为侯者，而广军无功。后二岁，广以郎中令将四千骑出右北平，博望侯张骞将万骑与广俱，异道⁽⁴⁴⁾。行可数百里，匈奴左贤王将四万骑围广，广军士皆恐，广乃使其子敢往驰之。敢独与数十骑驰，直贯胡骑，出其左右而还，告广曰："胡虏易与耳⁽⁴⁵⁾。"军士乃安。广为圜陈⁽⁴⁶⁾外向，胡急击之，矢下如雨。汉兵死者过半，汉矢且尽。广乃令士持满毋发⁽⁴⁷⁾，而广身自以大黄射其裨将⁽⁴⁸⁾，杀数人，胡虏益解⁽⁴⁹⁾。会日暮，吏士皆无人色，而广意气自如，益治军。军中自是服其勇也。明日，复力战，而博望侯军亦至，匈奴军乃解去。汉军罢⁽⁵⁰⁾，弗能追。是时广军几没，罢归。汉法，博望侯留迟后期，当死，赎为庶人。广军功自如⁽⁵¹⁾，无赏。

初，广之从弟李蔡与广俱事孝文帝。景帝时，蔡积功劳至二千石。孝武帝时，至代相。以元朔五年为轻车将军，从大将军⁽⁵²⁾击右贤王，有功中率，封为乐安侯。元狩二年中，代公孙弘为丞相。蔡为人在下中，名声出广下甚远，然广不得爵邑，官不过九卿，而蔡为列侯，位至三公。诸广之军吏及士卒或取封侯。广尝与望气⁽⁵³⁾王朔燕语，曰："自汉击匈奴而广未尝不在其中，而诸部校尉以下，才能不及中人，然以击胡军功取侯者数十人，而广不为后人，然无尺寸之功以得封邑者，何也？岂吾相不当侯邪？且固命也？"朔曰："将军自念，岂尝有所恨乎⁽⁵⁴⁾？"广曰："吾尝为陇西守，羌⁽⁵⁵⁾尝反，吾诱而降，降者八百余人，吾诈而同日杀之。至今大恨独此耳。"朔曰："祸莫大于杀已降，此乃将军所以不得侯者也。"

太史公曰：《传》⁽⁵⁶⁾曰"其身正，不令而行；其身不正，虽令不从"。其李将军之谓也？余睹李将军悛悛如鄙人⁽⁵⁷⁾，口不能道辞。及死之日，天下知与不知，皆为尽哀。彼其忠实心诚信于士大夫也！谚曰"桃李不言，下自成蹊⁽⁵⁸⁾"。此言虽小，可以喻大也。

【注释】

（1）节选自《史记·李将军列传》，中华书局1959年版。司马迁（前145年—？），字子长，夏阳（今陕西韩城南）人。中国西汉伟大的史学家、文学家、思想家，司马谈之子，元封三年（前108年）任太史令，继承父业，著述历史。他以"究天人之际，通古今之变，成一家之言"为目的创作了中国第一部纪传体通史——《史记》，被公认为是中国史书的典范。该书记载了从上古传说中的黄帝时期到汉武帝元狩元年，长达三千多年的历史，被鲁迅誉为"史家之绝唱，无韵之离骚"。

（2）受射：传习射箭。

（3）良家子：家世清白人家的子弟。汉朝军队的来源有两种：一种即所谓"良家子"；另一种是罪犯和贫民等。

（4）用：由于，因为。

（5）首虏：敌人的首级。

（6）秩：俸禄的等级。

（7）冲陷：冲锋陷阵。折关：抵御、拦阻，指抵挡敌人。

（8）格：斗。

（9）中贵人：宫中受宠的人，指宦官。勒：统帅，部署。

（10）将：率领。骑：骑兵。纵：放马驰骋。

（11）射雕者：射雕的能手。雕：猛禽，飞翔力极强且迅猛，能射雕的人必有很高的射箭本领。

（12）亡：通"无"。

（13）诱骑：诱敌的骑兵。

（14）陈：通"阵"，摆开阵势。

（15）所：表示大约的数目。二里所：即二里左右。

（16）用坚其意：以坚定他们的错误判断。

（17）护：监视。

（18）纵马卧：把马放开，随意躺下。

（19）平旦：清晨，天刚亮。

（20）领属：受统领节制。护军将军：即韩安国。

（21）"单于"三句：韩安国率军埋伏在马邑附近，设计诱骗单于，但被单于发觉，匈奴兵退去，所以汉军无功。

（22）雁门：雁门塞，当时的北方要塞，在今山西代县西北。

（23）络：用绳子编结的网兜。盛：放，装。

（24）详：通"佯"，假装。

（25）睨：斜视。

（26）暂腾：突然腾跃起来。暂：突然。

（27）下：交付。吏：执法的官吏。

（28）当：判断，判决。

（29）赎：古代罪犯交纳财物可减免刑罚，称为"赎罪"或"赎刑"。庶人：平民。

（30）颍阴侯孙：颍阴侯灌婴之孙灌强。屏野：退隐田野。屏：隐居。

（31）呵：大声喝斥。

（32）居无何：过了不久。

（33）韩将军：指韩安国。

（34）镞：箭头。

（35）辄：总是，就。麾下：部下。

（36）为二千石：做年俸二千石这一级的官。汉代的郡守、郎中令等都属于这个等级。

（37）猿臂：传说有一种通臂猿，左右两臂在肩部相通，可自由伸缩。这里形容李广的两臂像猿那样修长且灵活。

（38）讷口：说话迟钝，口拙。

（39）阔狭：指上句所说在地上画的军阵图中，有的行列宽，有的行列窄。射阔狭以饮：比赛射军阵图，射中窄的行列为胜，射中宽的行列及不中都为负，负者罚酒。

（40）乏绝：指缺水断粮。

（41）用此：因此。

（42）石建：当时任郎中令。

（43）首虏率：斩杀敌人首级和俘获敌人的数量规定。汉朝制度中，凡达到规定数量即可封侯。

（44）异道：走不同的路。

（45）易与：容易对付。与：打交道。

（46）圜陈：圆形的兵阵。圜：通"圆"。

（47）持满：把弓拉满。

（48）大黄：弩弓名，用兽角制成，色黄，体大，是当时射程最远的武器。禆（pí）将：副将。

（49）益：逐渐。解：散开。

（50）罢：通"疲"，疲惫。

（51）军功自如：功过相当。

（52）大将军：指卫青。

（53）望气：古代通过观察星象或气象来占卜吉凶的迷信活动。

（54）恨：悔恨。

（55）羌：古代西部的少数民族之一。

（56）《传》：汉朝人称《诗》《书》《易》《礼》《春秋》为经，解说经书的著作都称为《传》。这里的传是指《论语》。

（57）悛悛：老实厚道的样子。鄙人：乡下人。

（58）蹊：小路。

【解析】

　　《李将军列传》是司马迁的一篇力作，它记述了汉代名将李广的生平事迹。李广是英勇善战、智勇双全的英雄。他一生与匈奴战斗七十余次，常常以少胜多，险中取胜，以致匈奴人闻名丧胆，称之为"飞将军""避之数岁"。李广又是一位最能体恤士卒的将领。他治军简易，对士兵从不苛刻，尤其是他与士卒同甘共苦的作风，深得将士们的敬佩。正是由于李广这种战斗中身先士卒、生活中先人后己的品格，使士兵都甘愿在他麾下，"咸乐为之死"。然而，这位战功卓著、备受士卒爱戴的名将，却一生坎坷，终身未得封爵。皇帝嫌他命运不好，不敢重用，贵戚也借机对他排挤，终于导致李广含愤自杀。李广以自杀抗议朝廷对他的不公，控诉贵戚对他的无理。太史公也通过李广的悲剧结局揭露并谴责了统治者的任人唯亲、刻薄寡恩以及对贤能的压抑与扼杀，从而使这篇传记具有了更深一层的政治意义。

　　这篇作品充分展示了作者在撰写人物传记方面的杰出才能。抓住主要特征突出人物形象是司马迁最擅长的方法之一，在本文中作者就抓住李广最突出的特点，通过一些生动的故事和细节，着力加以描写，使人物形象极为鲜明。如写他以百骑机智地吓退匈奴数千骑，受伤被俘而能飞身夺马逃脱，率四千人被敌军四万人围困，仍能临危不惧，指挥若定等。通过这几个惊险的战斗故事，突出表现了李广的智勇双全。对李广的善射，作者更是不厌其详地精心描写，如射杀匈奴射雕手，射杀敌军白马将，射退敌人的追骑，误以石为虎而力射没镞，甚至平时还常以射箭与将士赌赛饮酒等。这些精彩的片断犹如一个个特写镜头，生动地展示了这位名将的风采。

　　司马迁写人物传记往往笔端含情，在这篇《李将军列传》中更是倾注了对李广的深切同情，同时也流露出对当权者的愤慨。作者的这些感情又主要是在叙事中体现出来的。如写李蔡"为人在下中，名声出广下远甚"，但却能封侯拜相。在这段文字中我们可感受到作者的愤愤不平。此外，如侧面衬托，反面对比，剪裁之精当，结构之起伏以及语言之精练流畅、生动传神等，都是这篇传记文学杰作的突出特点。

随着这篇杰作的问世，李广的英雄形象也渐渐铭刻在人们的心中。"但使龙城飞将在，不教胡马度阴山。"（王昌龄《出塞》）"君不见沙场征战苦，至今犹忆李将军。"（高适《燕歌行》）这些脍炙人口的唐诗佳句就生动地表达了后人对这位一代名将的敬慕赞佩之情。

【思考与练习】

1. 将下列句子译为现代汉语：

(1) 吾去大军数十里，今如此以百骑走，匈奴追射我立尽。

(2) 彼虏以我为走，今皆解鞍以示不走，用坚其意。

(3) 广出猎，见草中石，以为虎而射之，中石没镞，视之石也。

(4) 广廉，得赏赐辄分其麾下。

(5) 广乃令士持满毋发，而广身自以大黄射其裨将，杀数人，胡虏益解。

2. 说说司马迁是如何运用衬托对比的方法刻画李广的性格与命运的？

3. 分析李广悲剧人生的内因与外因。

4. 结合本文体会《史记》"不虚美、不隐恶"的"实录"精神。

归园田居⁽¹⁾　其一

陶渊明

少⁽²⁾无适俗韵⁽³⁾，性本爱丘山。误落尘网⁽⁴⁾中，一去三十年⁽⁵⁾。羁鸟恋旧林，池鱼思故渊⁽⁶⁾。开荒南野际，守拙⁽⁷⁾归园田。方宅⁽⁸⁾十余亩，草屋八九间。榆柳荫后檐，桃李罗堂前。暧暧⁽⁹⁾远人村，依依⁽¹⁰⁾墟里⁽¹¹⁾烟。狗吠深巷中，鸡鸣桑树巅⁽¹²⁾。户庭无尘杂⁽¹³⁾，虚室⁽¹⁴⁾有余闲。久在樊笼⁽¹⁵⁾里，复得返自然。

【注释】

(1) 选自逯钦立辑校《陶渊明集》，中华书局 1959 年版。陶渊明(365—427 年)，一名潜，字元亮，私谥靖节，故世号靖节先生，浔阳柴桑(今江西九江西南)人。陶渊明是中国古代田园诗人之宗，有《陶渊明集》。

(2) 少：少年时代。

(3) 适俗韵：适应世俗的意愿和气质。

(4) 尘网：仕途生活的拘束，犹如罗网。

(5) 三十年：有人认为是"十三年"之误(陶渊明实际做官十三年)，也有人认为"三十年"是故意夸张，古人有此语例。

(6)"羁鸟"二句：鸟恋旧林、鱼思故渊，借喻自己怀恋旧居。羁(jī)鸟：笼中之鸟。池鱼：池塘之鱼。

(7) 守拙：不随波逐流，固守节操。

(8) 方：通"旁"。方宅：房子周围。

(9) 暧暧(ài)：隐蔽暗淡的样子。

(10) 依依：依稀隐约的样子。

(11) 墟里：村落。

(12)"狗吠"二句：汉乐府《鸡鸣》诗云："鸡鸣高树巅，犬吠深巷中。"这里化用其意。

(13) 户庭无尘杂：门庭没有尘俗杂事。

(14) 虚室：虚静清幽的屋子。

(15) 樊笼：蓄鸟工具，这里比喻官场生活。

【解析】

公元405年(东晋安帝义熙元年)，陶渊明在江西彭泽做县令，不过八十多天，便声称不愿"为五斗米折腰向乡里小儿"，挂印回家。从此结束了时隐时仕、身不由己的生活，终老田园。归来后，作《归园田居》诗一组，共五首，描绘田园风光的美好与农村生活的淳朴可爱，抒发归隐后愉悦的心情。这是第一首。

诗的开篇说自己年轻时就没有适应世俗的性格，生来就喜爱大自然的风物。"误落尘网中"，很有些自责追悔的意味。以"尘网"比喻官场，体现诗人对污浊官场的鄙夷和厌恶。"羁鸟""池鱼"都是失去自由的动物，陶渊明用来自喻，表明他正像鸟恋归林、鱼思故渊一样思恋美好的大自然，回到自然即重获自由。那么生计如何维持呢？"开荒南野际"就可以弥补以前的过失，得以"守拙归园田"了。

接下来描述恬淡自然、清静安谧的田园风光。虽然陶渊明从小生活在庐山脚下，这里的丘山、村落原本十分熟悉，但这次是挣脱官场羁绊，从樊笼尘网中永远回到自由天地，所以有一种特殊的喜悦之情和清新之感。他后顾前瞻，远眺近观，方宅、草屋、榆柳、桃李、村落、炊烟，以至深巷狗吠、桑巅鸡鸣，无不是田园实景，又无一不构成诗人胸中的真趣。在这冲淡静谧之中，加几声鸡鸣狗吠，越发点染出乡居生活的宁静幽闲。

结尾四句由写景而写心，"虚室"与"户庭"对应，既指空闲寂静的居室，又指诗人悠然常闲的心境。结尾两句"久在樊笼里，复得返自然"回应了诗的开头。这里显示的人格，既非别墅隐士，又非田野农夫。罢官归隐的士大夫有优越的物质生活，锄禾田间的农夫缺乏陶渊明的精神生活，所以陶渊明是真正能领略自然之趣、真正能从躬耕劳作中获得心灵安适的诗人和哲人。"返自然"是这首诗的中心题旨。它是诗人的人生理想，也是这组田园诗的主旋律。

这是一首优秀的抒情诗。诗人采用寓情于景、借景抒情的方法，使描绘的生活图景和表达的思想感情交融在一起，形成一种艺术境界，使读者通过想象如同身临其境，感受到一种意境美。如诗中我们所感触到的田亩草屋，成荫的榆柳，列植的桃李，黄昏的远村，依依的炊烟，深巷中的狗吠，桑巅上的鸡鸣，这些平平常常的事物，经过诗人的点化，都增添了无穷的情趣，构成一幅幅优美的画面，它们有近有远，有动有静，有声有色，有淡有浓，有活泼的生机，有自然的趣味。将这些画面有机地组合起来，便又构成一幅清新自然，恬静美好的田园生活的图景，并从这图景中体会到诗人那归隐的无穷乐趣和乡居的安适心情。

【思考与练习】

1. 诗中用了哪些事物象征不自由的生活？

2. 课外阅读《归园田居》中的另外四首诗，概括陶渊明心目中的"自然"的内涵。

3. 有人说陶渊明的归隐是消极避世的态度，你如何看待他的归隐遁世？

宿五松山下荀媪家[(1)]

李 白

我宿五松下，寂寥[(2)]无所欢。
田家秋作苦[(3)]，邻女夜舂寒[(4)]。
跪进[(5)]雕胡饭[(6)]，月光明素盘[(7)]。
令人惭漂母[(8)]，三谢[(9)]不能餐。

【注释】

（1）选自（清）王琦注《李太白全集》，中华书局 1977 年版。李白（701—762 年），字太白，号青莲居士，唐朝浪漫主义诗人，被后人誉为"诗仙"。祖籍陇西成纪（待考），出生于西域碎叶城，四岁随父迁至剑南道绵州。李白存世诗文千余篇，有《李太白集》传世。五松山：在今安徽省铜陵市南。媪（ǎo）：妇人。

（2）寂寥：（内心）冷落孤寂。

（3）田家：农家。秋作：秋天的劳作。苦：劳动的辛苦，心中的悲苦。

（4）夜舂寒：夜间舂米寒冷。舂：将谷物或药倒进器具捣碎破壳。

（5）跪进：古人席地而坐，上半身挺直，坐在足跟上。

（6）雕胡饭：菰米饭。雕胡：即菰，俗称茭白，生在水中，秋天结实，叫菰米，可以做饭，古人当作美餐。

（7）素盘：白色的盘子，一说是素菜盘。

（8）惭：惭愧。漂母：在水边漂洗丝絮的妇人。《史记·淮阴侯列传》载：汉时韩信少时穷困，在淮阴城下钓鱼，一洗衣老妇见他饥饿，便给他饭吃。后来韩信助刘邦平定天下，功高封楚王，以千金报答漂母。此诗以漂母比荀媪。

（9）三谢：多次推托。

【解析】

这首诗是李白游五松山时，借宿在一位贫苦妇女荀媪家，受到殷勤款待后有感而作。

开头两句写出诗人寂寞的情怀。这偏僻的山村里没有什么可以使他欢乐的事情，他所接触的都是农民的艰辛和困苦。这就是三、四句所写的："田家秋作苦，邻女夜舂寒。"这里的"苦"字，不仅指劳动的辛苦，还指农民心中的悲苦。秋收季节，本来应该是欢乐的，可是在繁重赋税压迫下的农民没有一点欢笑。农民白天收割，晚上舂米，邻家妇女舂米的声音，从墙外传来，一声一声，显得十分凄凉。这个"寒"字，十分耐人寻味，它既是形容舂米声音的凄凉，也是推想邻女身上的寒冷。后面写到主人荀媪特地为李白做了美餐雕胡饭，将饭端来时还跪下身子呈给他，诗人被深深地感动了。荀媪这样诚恳地款待李白，使他很过意不去，又无法报答她，更感到受之有愧。于是李白再三地推辞致谢，实在不忍心享用她的这一顿美餐。

李白的性格本来是很高傲的，他不肯"摧眉折腰事权贵"，常常"一醉累月轻王侯"，在王公大人面前是那样地桀骜不驯。可是，对一个普通的山村妇女却是如此谦恭，如此诚挚，充分显示了李白的可贵品质。

李白的诗以豪迈飘逸著称，但这首诗却没有一点放纵，风格极为朴素自然。诗人用平铺直叙的写法，像在叙述他夜宿山村的过程，谈他的亲切感受，语言清淡，不露雕琢痕迹而颇有情韵，是李白诗中别具一格之作。

【思考与练习】

1. 李白的诗多以豪迈飘逸著称，请分析本诗的特别之处。
2. 这首诗表达了李白的哪些情感？请具体分析。
3. 翻译并背诵本诗。

钗头凤⁽¹⁾

陆　游

　　红酥手，黄縢⁽²⁾酒，满城春色宫墙⁽³⁾柳。东风恶，欢情薄，一怀愁绪，几年离索⁽⁴⁾。错、错、错！

　　春如旧，人空瘦，泪痕红浥鲛绡透⁽⁵⁾。桃花落，闲池阁⁽⁶⁾。山盟⁽⁷⁾虽在，锦书⁽⁸⁾难托。莫、莫、莫！

【注释】

　　(1)选自《陆游词集》，上海古籍出版社 2011 年版。陆游(1125—1210 年)，字务观，号放翁，越州山阴(今绍兴)人，南宋著名文学家，与王安石、苏轼、黄庭坚并称"宋代四大诗人"，著有《剑南诗稿》《渭南文集》《南唐书》《老学庵笔记》等。

　　(2)黄縢(téng)：此处指美酒。宋代官酒以黄纸为封，故以黄封代指美酒。

　　(3)宫墙：南宋以绍兴为陪都，故绍兴的某一段围墙有宫墙之说。

　　(4)离索：离群索居的简括。

　　(5)浥(yì)：湿润。鲛绡(jiāo xiāo)：神话传说鲛人所织的绡极薄，后泛指薄纱，这里指手帕。绡：生丝，生丝织物。

　　(6)池阁：池上的楼阁。

　　(7)山盟：旧时常用山盟海誓，指对山立盟，指海起誓。

　　(8)锦书：写在锦上的书信。

【解析】

　　陆游的《钗头凤》词，是一篇"风流千古"的佳作，它描述了一个凄美动人的爱情悲剧。据《历代诗馀》记载，陆游年轻时娶表妹唐婉为妻，感情深厚。但因陆母不喜唐婉，威逼二人各自另行嫁娶。数年之后的一天，陆游在沈园游春，与唐婉不期而遇。此情此景，陆游怅然久之，在沈园的粉壁上题下《钗头凤》一词。传说，唐婉见了这首《钗头凤》词后，感慨万千，亦提笔和《钗头凤·世情薄》词一首，回去不久即抑郁而终。

　　词的上阕通过追忆往昔美满的爱情生活，感叹被迫离异的痛苦，分两层意思。开头三句为第一层，回忆往昔与唐氏偕游沈园时的美好情景。"红酥手"不仅写出了唐氏为词人殷勤把盏时的美丽姿态，也表现出这对恩爱夫妻之间的柔情蜜意以及他们婚后生活的幸福美满。第三句又为这幅春园夫妻把酒图勾勒出一个广阔而深远的背景，点明了他们是在共赏春色。而唐氏手臂的红润，酒的黄封以及柳色的碧绿，又使这幅图画有了明丽而和谐的色彩感。"东风恶"数句为第二层，写词人被迫与唐氏离异后的痛苦心情。"东风恶"三字，一语双关，蕴含丰富，是全词的关键所在，也是造成词人爱情悲剧的症结所在。下面一连三句，又进一步把词人怨恨"东风"的心理抒写了出来，美满姻缘被迫拆散，使他们在感情上遭受巨大的折磨，几年来的离群索居带给他们的只是满怀愁怨。接下来，一连三个"错"字，连迸而出，是错误，是错落，更是错责，感情极为沉痛。至于到底是谁错了，是自己当初"不敢逆尊者意"而终"与妇诀"，还是对"尊者"的压迫行为的否定，或者是对不合理的婚姻制度的否定，词中没有明说，也不便于明说，留给读者来品味。

词的下阕，由感慨往事回到现实，进一步抒写唐婉被迫离异的巨大哀痛，也分为两层。开头三句为第一层，写沈园重逢时唐氏的表现。"春如旧"承上片"满城春色"句而来，这又是此时相逢的背景。依然是从前那样的春日，但是，人却今非昔比了。如今的唐婉，经过"东风"的无情摧残，憔悴消瘦。"泪痕"句通过刻画唐氏的表情动作，进一步表现出此次相逢时她的心理状态。旧园重逢，念及往事，她不能不哭，不能不泪流满面。但词人没直接写泪流满面，而是用了白描的手法，写她"泪痕红浥鲛绡透"，显得更委婉、更沉着，也更形象、更感人。而一个"透"字，不仅见其流泪之多，亦见其伤心之甚。词的最后几句是下阕的第二层，写词人与唐氏相遇以后的痛苦心情。"桃花落"两句与上片的"东风恶"句前后照应，桃花凋谢，园林冷落，这只是物事的变化，而人事的变化却更甚：曾经美丽的唐婉像桃花一样几近凋零，自己的心境，也像"池阁"一样凄寂冷落。一笔而兼有二意，很巧妙，也很自然。下面又转入直接赋情："山盟虽在，锦书难托。"这两句虽只寥寥八字，却很能表现出词人自己内心的痛苦之情。虽说自己情如山石，痴心不改，但事已至此，两人已各自成立家庭，再也无可补救了，这万千感慨还想它做什么，说它做什么？罢了！在极其沉痛的喟叹声中全词也就由此结束了。

这首词始终围绕着沈园这一特定的空间来安排自己的笔墨，全词节奏急促，声情凄紧，再加上"错，错，错"和"莫，莫，莫"先后两次感叹，荡气回肠，大有恸不忍言、恸不能言的情致。

【思考与练习】

1. 阅读下面唐婉的词，比较这两首词在情感表达和艺术手法方面的异同：

钗头凤

唐 婉

世情薄，人情恶，雨送黄昏花易落。晓风干，泪痕残。欲笺心事，独语斜阑。难、难、难！

人成各，今非昨，病魂常似秋千索。角声寒，夜阑珊。怕人寻问，咽泪装欢。瞒、瞒、瞒！

2. 感受这首词的语言美、意境美、形象美和感情美。

西厢记·长亭送别⁽¹⁾

王实甫

（夫人、长老⁽²⁾上云）今日送张生赴京，十里长亭，安排下筵席⁽³⁾。我和长老先行，不见张生小姐来到。

（旦、末、红同上）（旦云）今日送张生上朝取应⁽⁴⁾，早是离人伤感，况值那暮秋天气，好烦恼人也呵！"悲欢聚散一杯酒，南北东西万里程。"（唱）

［正宫］［端正好］碧云天，黄花地⁽⁵⁾，西风紧，北雁南飞。晓来谁染霜林醉？总是离人泪⁽⁶⁾。

［滚绣球］恨相见得迟，怨归去得疾。柳丝长玉骢⁽⁷⁾难系，恨不倩⁽⁸⁾疏林挂住斜晖。马儿迍迍⁽⁹⁾的行，车儿快快的随，却告了相思回避，破题儿又早别离⁽¹⁰⁾。听得道一声"去也"，松了金钏⁽¹¹⁾；遥望见十里长亭，减了玉肌。此恨⁽¹²⁾谁知？

（红云）姐姐今日怎么不打扮？（旦云）你那知我的心里呵！（唱）

［叨叨令］见安排着车儿、马儿，不由人熬熬煎煎的气；有甚么心情花儿、靥儿，打扮得娇娇滴滴的媚；准备着被儿、枕儿，只索⁽¹³⁾昏昏沉沉的睡；从今后衫儿、袖儿，都揾⁽¹⁴⁾做重重叠叠的泪。兀的不闷杀人也么哥！兀的不闷杀人也么哥！久已后书儿、信儿，索与我恓恓惶惶⁽¹⁵⁾的寄。

（做到）（见夫人科）（夫人云）张生和长老坐，小姐这壁坐，红娘将酒来。张生，你向前来，是自家亲眷，不要回避。俺今日将莺莺与你，到京师休辱没了俺孩儿，挣揣⁽¹⁶⁾一个状元回来者。（末云）小生托夫人余荫⁽¹⁷⁾，凭着胸中之才，视官如拾芥⁽¹⁸⁾耳。（洁⁽¹⁹⁾云）夫人主见不差，张生不是落后的人。（把酒了，坐）（旦长吁科）（唱）

［脱布衫］下西风黄叶纷飞，染寒烟衰草萋迷。酒席上斜签⁽²⁰⁾着坐的，蹙愁眉死临侵地⁽²¹⁾。

［小梁州］我见他阁泪汪汪不敢垂⁽²²⁾，恐怕人知；猛然见了把头低，长吁气，推整素罗衣⁽²³⁾。

［幺篇］虽然久后成佳配，奈时间⁽²⁴⁾怎不悲啼。意似痴，心如醉，昨宵今日，清减了小腰围。

（夫人云）小姐把盏者！（红递酒，旦把盏长吁科，云）请吃酒！（唱）

［上小楼］合欢未已，离愁相继。想着俺前暮私情，昨夜成亲，今日别离。我谂知⁽²⁵⁾这几日相思滋味，却原来比别离情更增十倍。

〔幺篇〕年少呵轻远别，情薄呵易弃掷。全不想腿儿相挨，脸儿相偎，手儿相携。你与俺崔相国做女婿，妻荣夫贵⁽²⁶⁾，但得一个并头莲，煞强如状元及第。

（夫人云）红娘把盏者！（红把酒科）（旦唱）

〔满庭芳〕供食太急，须臾对面，顷刻别离。若不是酒席间子母们当回避，有心待与他举案齐眉⁽²⁷⁾。虽然是厮守得一时半刻，也合着⁽²⁸⁾俺夫妻每共桌而食。眼底空留意⁽²⁹⁾，寻思起就里，险化做望夫石。

（红云）姐姐不曾吃早饭，饮一口儿汤水。（旦云）红娘，甚么汤水咽得下！（唱）

〔快活三〕将来的酒共食，尝着似土和泥。假若便是土和泥，也有些土气息，泥滋味。

〔朝天子〕暖溶溶玉醅⁽³⁰⁾，白泠泠⁽³¹⁾似水，多半是相思泪。眼面前茶饭怕不待要⁽³²⁾吃，恨塞满愁肠胃。"蜗角虚名，蝇头微利"⁽³³⁾，拆鸳鸯在两下里。一个这壁，一个那壁，一递一声长吁气。

（夫人云）辆⁽³⁴⁾起车儿，俺先回去，小姐随后和红娘来。（下）（末辞洁科）（洁云）此一行别无话儿，贫僧准备买登科录⁽³⁵⁾看，做亲的茶饭少不得贫僧的。先生在意，鞍马上保重者！从今经忏无心礼⁽³⁶⁾，专听春雷第一声⁽³⁷⁾。（下）（旦唱）

〔四边静〕霎时间杯盘狼藉，车儿投东，马儿向西，两意徘徊，落日山横翠。知他今宵宿在那里？有梦也难寻觅。

（旦云）张生，此一行得官不得官，疾早便回来。（末云）小生这一去白夺一个状元，正是"青霄⁽³⁸⁾有路终须到，金榜无名誓不归"。（旦云）君行别无所赠，口占一绝⁽³⁹⁾，为君送行："弃掷今何在，当时且自亲。还将旧来意，怜取眼前人。"（末云）小姐之意差矣，张珙更敢怜谁？谨赓⁽⁴⁰⁾一绝，以剖寸心："人生长远别，孰与最关亲？不遇知音者，谁怜长叹人？"（旦唱）

〔耍孩儿〕淋漓襟袖啼红泪，比司马青衫⁽⁴¹⁾更湿。伯劳东去燕西飞，未登程先问归期。虽然眼底人千里，且尽生前酒一杯。未饮心先醉，眼中流血，心内成灰。

〔五煞〕到京师服水土，趁程途节饮食⁽⁴²⁾，顺时自保揣身体⁽⁴³⁾。荒村雨露宜眠早，野店风霜要起迟！鞍马秋风里，最难调护⁽⁴⁴⁾，最要扶持。

〔四煞〕这忧愁诉与谁？相思只自知，老天不管人憔悴。泪添九曲黄河溢，恨压三峰华岳低⁽⁴⁵⁾。到晚来闷把西楼倚，见了些夕阳古道，衰柳长堤。

〔三煞〕笑吟吟一处来，哭啼啼独自归。归家若到罗帏里，昨宵个绣衾香暖留春住，今夜个翠被生寒有梦知。留恋你别无意，见据鞍⁽⁴⁶⁾上马，阁不住泪眼愁眉。

（末云）有甚言语嘱付小生咱？（旦唱）

〔二煞〕你休忧"文齐福不齐"⁽⁴⁷⁾，我只怕你"停妻再娶妻"。休要"一春鱼雁无消息"！我这里青鸾有信频须寄，你却休"金榜无名誓不归"。此一节君须记：若见了那异乡花草，再休似此处栖迟⁽⁴⁸⁾。

（末云）再谁似小姐？小生又生此念。（旦唱）

［一煞］青山隔送行，疏林不做美，淡烟暮霭相遮蔽。夕阳古道无人语，禾黍秋风听马嘶。我为甚么懒上车儿内，来时甚急，去后何迟⁽⁴⁹⁾？

（红云）夫人去好一会，姐姐，咱家去！（旦唱）

［收尾］四围山色中，一鞭残照里。遍人间烦恼填胸臆，量这些大小车儿如何载得起？

（旦、红下）（末云）仆童赶早行一程儿，早寻个宿处。泪随流水急，愁逐野云飞⁽⁵⁰⁾。

（下）

【注释】

（1）选自王季思校注《西厢记》，上海古籍出版社 1978 年版。此为《西厢记》第四本第三折，选本通称"长亭送别"。

（2）长老：寺庙的住持和尚。这里指普救寺的法本长老。

（3）筵席：原指宴饮时所设的座位，后泛指酒席。

（4）上朝取应：赴京赶考。

（5）碧云天，黄花地：语出范仲淹《苏幕遮》词："碧云天，黄叶地，秋色连波，波上寒烟翠。"黄花：指菊花。

（6）"晓来"二句：意谓是离人带血的泪，把深秋早晨的枫林染红了。

（7）玉骢（cōng）：毛色青白相杂的马，后用作马的美称。

（8）倩（qiàn）：请人代己做事之谓。

（9）迍（tún）：行动迟缓的样子。

（10）"却告"二句：是说刚刚摆脱了相思之苦，又开始了别离之愁。破题儿：唐宋时称诗赋起首点破题意的几句为破题，引申为事情的开端。

（11）金钏（chuàn）：金子做的镯子。

（12）恨：遗憾，不满意。

（13）只索：只须。

（14）揾（wèn）：擦，揩拭。

（15）恓恓惶惶：匆忙不安的样子，这里是急忙、赶紧的意思。

（16）挣揣：博取，夺得。

（17）余荫：恩泽，福分所及。

（18）拾芥：拾取小草，比喻轻而易举。

（19）洁：元代俗称和尚为洁郎，省称为洁，这里指法本长老。

（20）斜签着坐的：指张生。斜签着坐：侧身直腰坐在凳子边沿，是表示谦恭的坐姿。

（21）蹙(cù)：皱（眉头），收缩。死临侵地：死气沉沉的样子。

（22）阁泪汪汪不敢垂：强忍泪水而不敢任其流出。阁泪：含泪。

（23）推整素罗衣：意谓装作整理衣裳。推：借口，这里有假装的意思。

（24）时间：目下，眼前。

（25）谂(shěn)知：深知。

（26）"你与"二句：本指妻子可以依靠丈夫的爵位而尊贵，这里反其义用之，意谓说你与崔相国家做女婿，本已因妻而贵，大可不必再去求取功名了。

（27）举案齐眉：后汉梁鸿的妻子孟光给丈夫上饭时，总是把端饭的盘子高举至眉前以示恭敬。后形容夫妻相敬。

（28）合着：应让。

（29）眼底空留意：意谓母亲在座，有所避忌，不得与张生同桌共食以诉衷曲，只能以眉眼传情表达心意。

（30）玉醅(pēi)：美酒。

（31）白泠泠(líng)：这里形容清淡寡味。

（32）怕不待要：难道不想、何尝不想之意。

（33）"蜗角"二句：形容微不足道的虚名小利。

（34）辆：动词，驾好、套好。

（35）登科录：登载录取进士姓名的名册。

（36）经忏：指佛经。礼：这里是诵习的意思。

（37）春雷第一声：指科举考试夺魁的捷报。

（38）青霄：青云，比喻高官显爵。

（39）口占(zhàn)一绝：随口吟出一首绝句诗。口占：不打草稿，随口成文。

（40）赓(gēng)：续作。

（41）司马：古代官职的名称。司马青衫：白居易曾被贬为江州司马，在船上听歌伎演奏琵琶，泪湿青衫。比喻因遭遇相似而同情、感伤。

（42）趁程途节饮食：意谓路途中要节制饮食。趁：赶。趁程途：赶路。

（43）顺时自保揣身体：估量自己的身体情况，适应季节变化，自己保重。

（44）调护：调养护理。

（45）"泪添"二句：上句以水喻愁之多，下句以山喻愁之重。华岳三峰：即西岳华山的莲花峰、仙人掌、落雁峰。

（46）据鞍：跨鞍。

（47）文齐福不齐：意谓有文才而缺少福分，不能考中。

（48）栖迟：停留，耽搁。

（49）"来时"二句：时与后，都为语气词，相当于"呵"或"啊"。

（50）"泪随"二句：互文见义，谓睹秋云、见流水都引起对莺莺的思念而愁生泪落。

【解析】

《西厢记》是元杂剧中最著名的剧作。这折戏大致可以分为赴长亭途中、送别宴中和宴后话别三个段落，共有十九支曲文。主要写张生赴京赶考，莺莺送别的情景，刻画了莺莺离别时的痛苦心情和怨恨情绪，表现了张生和莺莺之间的真挚爱情，突出了莺莺的叛逆性格，强化了全剧歌颂婚姻自由、反对封建礼教的主题。

作为相国小姐的崔莺莺，环境的约束，封建礼教的教养，对她有着非常深刻的影响。她的青春觉醒，经历了不断追求和动摇的曲折过程。她既情不自禁地向爱情走去，但又竭力控制自己的感情，在行动上表现出来的就是反复"作假"。本折戏里面莺莺的唱词，非常有层次地表现了她复杂的内心世界，交织着对"前暮私情"的百般依恋，对即将来临的"南北东西万里程"的无限悲感，对追求"蜗角虚名，蝇头微利"而"拆鸳鸯在两下里"的作法的深深怨愤和对当时社会上"贵易交、富易妻"现象的隐忧。对人物心灵的深刻探索和真实描写是这折戏最具魅力的地方。

《长亭送别》还有一大亮点就是情景交融的艺术境界。戏中的景物描写不是零散孤立的，而是相互联系共同构成一个整体——秋景。从时间上说是从"晓来"之晨到"疏林挂着斜晖"，再到"落日"，最后至"残照"；就空间而言是起于"长亭路"，继而是长亭外的近景，然后是亭外远山、古道、田野，最后终于"残照"的天边。正因为景物之间具有纵的和横的关联，所以既独立又作为整体一部分的几幅清秋图便构成了秋的整体意境，又兼过渡、引起情节的作用。

《长亭送别》中的景物描写，又围绕着一个"情"字展开，以景造境，情境交辉，反复烘托渲染人物心理，十分生动细腻地刻画了崔张二人，尤其是莺莺依恋、哀伤、悲苦、关切、忧虑、孤独等复杂的心理。这折戏把男女之情写到了极致，崔张二人就是在长亭这样的意境时空下"话别"，从而演绎了一曲"两情若是久长时，也在朝朝暮暮"的情爱恋歌。

另外，王实甫的戏曲语言以富于文采为特色，曲词之美，与剧作的故事之美、人物之美、意境之美和谐统一，这在《长亭送别》一折中尤为突出。全折运用了比喻、夸张、用典、对比、对偶、排比、反复、叠音、设问等多种修辞方法来刻画人物形象，表现人物的心理，具有强烈的感染力。作者还善于把典雅凝练的古代诗词与通俗流畅的民间口语融为一体，从而形成清丽华美、生动活泼的语言风格。

【思考与练习】

1. 熟悉课文，了解本折的剧情以及人物的思想感情和性格特征。

2. 体会课文中情景交融的境界，了解景物描写的作用。

3. 体会课文修辞方法多种多样、融古代诗词与民间口语为一体的语言特色。

红楼梦·抄检大观园[1]

曹雪芹

　　一语未了，人报："太太来了。"凤姐听了诧异，不知为何事亲来，与平儿等忙迎出来。只见王夫人气色更变，只带一个贴己的小丫头走来，一语不发，走至里间坐下。凤姐忙奉茶，因陪笑问道："太太今日高兴，到这里逛逛。"王夫人喝命："平儿出去！"平儿见了这般，着慌不知怎么样了，忙应了一声，带着众小丫头一齐出去，在房门外站住，越性将房门掩了，自己坐在台矶上，所有的人，一个不许进去。凤姐也着了慌，不知有何等事。只见王夫人含着泪，从袖内掷出一个香袋子来，说："你瞧。"凤姐忙拾起一看，见是十锦春意香袋，也吓了一跳，忙问："太太从那里得来？"王夫人见问，越发泪如雨下，颤声说道："我从那里得来！我天天坐在井里，拿你当个细心人，所以我才偷个空儿。谁知你也和我一样。这样的东西，大天白日明摆在园里山石上，被老太太的丫头拾着，不亏你婆婆遇见，早已送到老太太跟前去了。我且问你，这个东西如何遗在那里来？"凤姐听得，也更了颜色，忙问："太太怎知是我的？"王夫人又哭又叹说道："你反问我！你想，一家子除了你们小夫小妻，余者老婆子们，要这个何用？再女孩子们是从那里得来？自然是那琏儿不长进下流种子那里弄来。你们又和气，当作一件顽意儿，年轻人儿女闺房私意是有的，你还和我赖！幸而园内上下人还不解事，尚未拣得。倘或丫头们拣着，你姊妹看见，这还了得。不然有那小丫头们拣着，出去说是园内拣着的，外人知道，这性命脸面要也不要？"凤姐听说，又急又愧，登时紫涨了面皮，便依炕沿双膝跪下，也含泪诉道："太太说的固然有理，我也不敢辩我并无这样的东西。但其中还要求太太细详其理：那香袋是外头雇工仿着内工[2]绣的，带子穗子一概是市卖货。我便年轻不尊重些，也不要这劳什子[3]，自然都是好的，此其一。二者这东西也不是常带着的，我纵有，也只好在家里，焉肯带在身上各处去？况且又在园里去，个个姊妹我们都肯拉拉扯扯，倘或露出来，不但在姊妹前，就是奴才看见，我有什么意思？我虽年轻不尊重，亦不能糊涂至此。三则论主子内我是年轻媳妇，算起奴才来，比我更年轻的又不止一个人了。况且他们也常进园，晚间各人家去，焉知不是他们身上的？四则除我常在园里之外，还有那边太太常带过几个小姨娘来，如嫣红、翠云等人，皆系年轻侍妾，他们更该有这个了。还有那边珍大嫂子，他不算甚老外，他也常带过佩凤等人来，焉知又不是他们的？五则园内丫头太多，保的住个个都是正经的不成？也有年纪大些的知道了人事，或者一时半刻人查问不到偷着出去，或借着因由同二门上小幺儿们打牙犯嘴[4]，外头得了来的，也未可知。如今不但我没此事，就连平儿我也可以下保的。太太请细想。"王夫人听了这一席话大近情理，因叹道："你起来。我也知道你是大家小姐出身，焉得轻薄至此，不过我气急了，拿了话激你。但如今却怎么处？你婆婆才打发人封了这个给我瞧，说是前日从傻大姐手里得的，把我气了个死。"凤姐道："太太快别生气。若被众人觉察了，保不定老太太不知道。且平心静气暗暗访察，才得确实；纵然访不着，外人也不能知道。这叫作'胳膊折在袖内'。如今惟有趁着赌钱的因由革了许多的人这空儿，把周瑞媳妇、旺儿媳妇等四五个贴近不能走话的人安插在园里，以查赌为由。再如今他们的丫头也太多了，保不住人大心大，生事作耗⁽⁵⁾，等闹出事来，反悔之不及。如今若无故裁革，不但姑娘们委屈烦恼，就连太太和我也过不去。不如趁此机会，以后凡年纪大些的，或有些咬牙难缠的⁽⁶⁾，拿个错儿撵出去配了人。一则保得住没有别的事，二则也可省些用度。太太想我这话如何？"王夫人叹道："你说的何尝不是，但从公细想，你这几个姊妹也甚可怜了。也不用远比，只说如今你林妹妹的母亲，未出阁时，是何等的娇生惯养，是何等的金尊玉贵，那才像个千金小姐的体统。如今这几个姊妹，不过比人家的丫头略强些罢了。通共每人只有两三个丫头像个人样，余者纵有四五个小丫头子，竟是庙里的小鬼。如今还要裁革了去，不但于我心不忍，只怕老太太未必就依。虽然艰难，难不至此。我虽没受过大荣华富贵，比你们是强的。如今我宁可省些，别委屈了他们。以后要省俭先从我来倒使的。如今且叫人传了周瑞家的等人进来，就吩咐他们快快暗地访拿这事要紧。"凤姐听了，即唤平儿进来吩咐出去。

一时，周瑞家的与吴兴家的、郑华家的、来旺家的、来喜家的现在五家陪房进来，余者皆在南方各有执事。王夫人正嫌人少不能勘察，忽见邢夫人的陪房王善保家的走来，方才正是他送香囊来的。王夫人向来看视邢夫人之得力心腹人等原无二意，今见他来打听此事，十分关切，便向他说："你去回了太太，也进园内照管照管，不比别人又强些。"这王善保家的正因素日进园去那些丫鬟们不大趋奉他，他心里大不自在，要寻他们的故事⁽⁷⁾又寻不着，恰好生出这事来，以为得了把柄。又听王夫人委托，正撞在心坎上，说："这个容易。不是奴才多话，论理这事该早严紧的。太太也不大往园里去，这些女孩子们一个个倒像受了封诰似的，他们就成了千金小姐了。闹下天来，谁敢哼一声儿。不然，就调唆姑娘的丫头们，说欺负了姑娘们了，谁还耽得起。"王夫人道："这也有的常情，跟姑娘的丫头原比别的娇贵些。你们该劝他们。连主子们的姑娘不教导尚且不堪，何况他们。"王善保家的道："别的都还罢了。太太不知道，一个宝玉屋里的晴雯，那丫头仗着他生的模样儿比别人标致些，又生了一张巧嘴，天天打扮的像个西施的样子，在人跟前能说惯道，掐尖⁽⁸⁾要强。一句话不投机，他就立起两个骚眼睛来骂人，妖妖趫趫⁽⁹⁾，大不成个体统。"王夫人听了这话，猛然触动往事，便问凤姐道："上次我们跟了老太太进园逛去，有一个水蛇腰、削肩膀、眉眼又有些像你林妹妹的，正在那里骂小丫头。我的心里很看不上那个轻狂样子，因同老太太走，我不曾说得。后来要问是谁，又偏忘了。今日对了坎儿，这丫头想必就是他了。"凤姐道："若论这些丫头们，共总比起来，都没晴雯生得好。论举止言语，他原有些轻薄。方才太太说的倒很像他，我也忘了那日的事，不敢乱说。"王善保家的便道："不用这样，此刻不难叫了他来太太瞧瞧。"王夫人道："宝玉房里常见我的只有袭人麝月，这两个笨笨的倒好。若有这个，他自不敢来见我的。我一生最嫌这样人，况且又出来这个事。好好的宝玉，倘或叫这蹄子⁽¹⁰⁾勾引坏了，那还了得。"因叫自己的丫头来，吩咐他到园里去，"只说我说有话问他们，留下袭人麝月伏侍宝玉不必来，有一个晴雯最伶俐，叫他即刻快来。你不许和他说什么。"

小丫头子答应了，走入怡红院，正值晴雯身上不自在，睡中觉才起来，正发闷，听如此说，只得随了他来。素日这些丫鬟皆知王夫人最嫌趫妆艳饰语薄言轻者，故晴雯不敢出头。今因连日不自在，并没有十分妆饰，自为无碍。及到了凤姐房中，王夫人一见他钗軃⁽¹¹⁾鬓松，衫垂带褪，有春睡捧心之遗风⁽¹²⁾，而且形容面貌恰是上月的那人，不觉勾起方才的火来。王夫人原是天真烂漫之人，喜怒出于心臆，不比那些饰词掩意之人，今既真怒攻心，又勾起往事，便冷笑道："好个美人！真像个病西施了。你天天作这轻狂样儿给谁看？你干的事，打量我不知道呢！我且放着你，自然明儿揭你的皮！宝玉今日可好些？"晴雯一听如此说，心内大异，便知有人暗算了他。虽然着恼，只不敢作声。他本是个聪敏过顶的人，见问宝玉可好些，他便不肯以实话对，只说："我不大到宝玉房里去，又不常和宝玉在一处，好歹我不能知道，只问袭人麝月两个。"王夫人道："这就该打嘴！你难道是死人，要你们作什么！"晴雯道："我原是跟老太太的人。因老太太说园里空大人少，宝玉害怕，所以拨了我去外间屋里上夜，不过看屋子。我原回过我笨，不能伏侍。老太太骂了我，说'又不叫你管他的事，要伶俐的作什么。'我听了这话才去的。不过十天半个月之内，宝玉闷了大家顽一会子就散了。至于宝玉饮食起坐，上一层有老奶奶老妈妈们，下一层又有袭人、麝月、秋纹几个人。我闲着还要作老太太屋里的针线，所以宝玉的事竟不曾留心。太太既怪，从此后我留心就是了。"王夫人信以为实了，忙说："阿弥陀佛！你不近宝玉是我的造化，竟不劳你费心。既是老太太给宝玉的，我明儿回了老太太，再撵你。"因向王善保家的道："你们进去，好生防他几日，不许他在宝玉房里睡觉。等我回过老太太，再处治他。"喝声："去！站在这里，我看不上这浪样儿！谁许你这样花红柳绿的妆扮！"晴雯只得出来，这气非同小可，一出门便拿手帕子握着脸，一头走，一头哭，直哭到园门内去。

这里王夫人向凤姐等自怨道："这几年我越发精神短了，照顾不到。这样妖精似的东西竟没看见。只怕这样的还有，明日倒得查查。"凤姐见王夫人盛怒之际，又因王善保家的是邢夫人的耳目，常调唆着邢夫人生事，纵有千百样言词，此刻也不敢说，只低头答应着。王善保家的道："太太请养息身体要紧，这些小事只交与奴才。如今要查这个主儿也极容易，等到晚上园门关了的时节，内外不通风，我们竟给他们个猛不防，带着人到各处丫头们房里搜寻。想来谁有这个，断不单只有这个，自然还有别的东西。那时翻出别的来，自然这个也是他的。"王夫人道："这话倒是。若不如此，断不能清的清白的白。"因问凤姐如何。凤姐只得答应说："太太说的是，就行罢了。"王夫人道："这主意很是，不然一年也查不出来。"于是大家商议已定。

　　至晚饭后，待贾母安寝了，宝钗等入园时，王善保家的便请了凤姐一并入园，喝命将角门皆上锁，便从上夜的婆子处抄检起，不过抄检出些多余攒下蜡烛灯油等物。王善保家的道："这也是赃，不许动，等明儿回过太太再动。"于是先就到怡红院中，喝命关门。当下宝玉正因晴雯不自在，忽见这一干人来，不知为何直扑了丫头们的房门去，因迎出凤姐来，问是何故。凤姐道："丢了一件要紧的东西，因大家混赖，恐怕有丫头们偷了，所以大家都查一查去疑。"一面说，一面坐下吃茶。王善保家的等搜了一回，又细问这几个箱子是谁的，都叫本人来亲自打开。袭人因见晴雯这样，知道必有异事，又见这番抄检，只得自己先出来打开了箱子并匣子，任其搜检一番，不过是平常动用之物。随放下又搜别人的，挨次都一一搜过。到了晴雯的箱子，因问："是谁的，怎不开了让搜？"袭人等方欲代晴雯开时，只见晴雯挽着头发闯进来，豁一声将箱子掀开，两手捉着底子，朝天往地下尽情一倒，将所有之物尽都倒出。王善保家的也觉没趣，看了一看，也无甚私弊之物。回了凤姐，要往别处去。凤姐儿道："你们可细细的查，若这一番查不出来，难回话的。"众人都道："都细翻看了，没什么差错东西。虽有几样男人物件，都是小孩子的东西，想是宝玉的旧物件，没甚关系的。"凤姐听了，笑道："既如此咱们就走，再瞧别处去。"

　　说着，一径出来，因向王善保家的道："我有一句话，不知是不是。要抄检只抄检咱们家的人，薛大姑娘屋里，断乎检抄不得的。"王善保家的笑道："这个自然。岂有抄起亲戚家来。"凤姐点头道："我也这样说呢。"一头说，一头到了潇湘馆内。黛玉已睡了，忽报这些人来，也不知为甚事。才要起来，只见凤姐已走进来，忙按住他不许起来，只说："睡罢，我们就走。"这边且说些闲话。那个王善保家的带了众人到丫鬟房中，也一一开箱倒笼抄检了一番。因从紫鹃房中抄出两副宝玉常换下来的寄名符儿⁽¹³⁾，一副束带上的披带，两个荷包并扇套，套内有扇子。打开看时皆是宝玉往年往日手内曾拿过的。王善保家的自为得了意，遂忙请凤姐过来验视，又说："这些东西从那里来的？"凤姐笑道："宝玉和他们从小儿在一处混了几年，这自然是宝玉的旧东西。这也不算什么罕事，撂下再往别处去是正经。"紫鹃笑道："直到如今，我们两下里的东西也算不清。要问这一个，连我也忘了是那年月日有的了。"王善保家的听凤姐如此说，也只得罢了。

　　又到探春院内，谁知早有人报与探春了。探春也就猜着必有原故，所以引出这等丑态来，遂命众丫鬟秉烛开门而待。一时众人来了。探春故问何事。凤姐笑道："因丢了一件东西，连日访察不出人来，恐怕旁人赖这些女孩子们，所以越性大家搜一搜，使人去疑，倒是洗净他们的好法子。"探春冷笑道："我们的丫头自然都是些贼，我就是头一个窝主。既如此，先来搜我的箱柜，他们所有偷了来的都交给我藏着呢。"说着便命丫头们把箱柜一齐打开，将镜奁、妆盒、衾袱、衣包若大若小之物一齐打开，请凤姐去抄阅。凤姐陪笑道："我不过是奉太太的命来，妹妹别错怪我。何必生气。"因命丫鬟们快快关上。平儿、丰儿等忙着替待书等关的关，收的收。探春道："我的东西倒许你们搜阅。要想搜我的丫头，这却不能。我原比众人歹毒，凡丫头所有的东西我都知道，都在我这里间收着，一针一线他们也没的收藏，要搜所以只来搜我。你们不依，只管去回太太，只说我违背了太太，该怎么处治，我去自领。你们别忙，自然连你们抄的日子有呢！你们今日早起不曾议论甄家，自己家里好好的抄家，果然今日真抄了。咱们也渐渐的来了。可知这样大族人家，若从外头杀来，一时是杀不死的，这是古人曾说的'百足之虫，死而不僵[14]'，必须先从家里自杀自灭起来，才能一败涂地！"说着，不觉流下泪来。凤姐只看着众媳妇们。周瑞家的便道："既是女孩子的东西全在这里，奶奶且请到别处去罢，也让姑娘好安寝。"凤姐便起身告辞。探春道："可细细的搜明白了？若明日再来，我就不依了。"凤姐笑道："既然丫头们的东西都在这里，就不必搜了。"探春冷笑道："你果然倒乖。连我的包袱都打开了，还说没翻。明日敢说我护着丫头们，不许你们翻了。你趁早说明，若还要翻，不妨再翻一遍。"凤姐知道探春素日与众不同的，只得陪笑道："我已经连你的东西都搜查明白了。"探春又问众人："你们也都搜明白了不曾？"周瑞家的等都陪笑说："都翻明白了。"那王善保家的本是个心内没成算的人，素日虽闻探春的名，那是为众人没眼力没胆量罢了，那里一个姑娘家就这样起来，况且又是庶出，他敢怎么。他自恃是邢夫人陪房，连王夫人尚另眼相看，何况别个。今见探春如此，他只当是探春认真单恼凤姐，与他们无干。他便要趁势作脸献好，因越众向前拉起探春的衣襟，故意一掀，嘻嘻笑道："连姑娘身上我都翻了，果然没有什么。"凤姐见他这样，忙说："妈妈走罢，别疯疯颠颠的。"一语未了，只听"拍"的一声，王家的脸上早着了探春一掌。探春登时大怒，指着王家的问道："你是什么东西，敢来拉扯我的衣裳！我不过看着太太的面上，你又有年纪，叫你一声妈妈，你就狗仗人势，天天作耗，专管生事。如今越性了不得了。你打谅我是同你们姑娘那样好性儿，由着你们欺负他，就错了主意！你搜检东西我不恼，你不该拿我取笑。"说着，便亲自解衣卸裙，拉着凤姐儿细细的翻。又说："省得叫奴才来翻我身上。"凤姐平儿等忙与探春束裙整袄，口内喝着王善保家的说："妈妈吃两口酒就疯疯颠颠起来。前儿把太太也冲撞了。快出去，不要提起了。"又劝探春休得生气。探春冷笑道："我但凡有气性，早一头碰死了！不然岂许奴才来我身上翻贼赃了。明儿一早，我先回过老太太、太太，然后过去给大娘陪礼，该怎么，我就领。"那王善保家的讨了个没意思，在窗外只说："罢了，罢了，这也是头一遭挨打。我明儿回了太太，仍回老娘家去罢。这个老命还要他做什么！"探春喝命丫鬟道："你们听他说的这话，还等我和他对嘴去不成。"待书等听说，便出去说道："你果然回老娘家去，倒是我们的造化了。只怕舍不得去。"凤姐笑道："好丫头，真是有其主必有其仆。"探春冷笑道："我们作贼的人，嘴里都有三言两语的。这还算笨的，背地里就只不会调唆主子。"平儿忙也陪笑解劝，一面又拉了待书进来。周瑞家的等人劝了一番。凤姐直待伏侍探春睡下，方带着人往对过暖香坞来。

彼时李纨犹病在床上，他与惜春是紧邻，又与探春相近，故顺路先到这两处。因李纨才吃了药睡着，不好惊动，只到丫鬟们房中——的搜了一遍，也没有什么东西，遂到惜春房中来。因惜春年少，尚未识事，吓的不知当有什么事，故凤姐也少不得安慰他。谁知竟在入画箱中寻出一大包金银锞子(15)来，约共三四十个，又有一副玉带板子(16)并一包男人的靴袜等物。入画也黄了脸。因问是那里来的，入画只得跪下哭诉真情，说："这是珍大爷赏我哥哥的。因我们老子娘都在南方，如今只跟着叔叔过日子。我叔叔婶子只要吃酒赌钱，我哥哥怕交给他们又花了，所以每常得了，悄悄的烦了老妈妈带进来叫我收着的。"惜春胆小，见了这个也害怕，说："我竟不知道。这还了得！二嫂子，你要打他，好歹带他出去打罢，我听不惯的。"凤姐笑道："这话若果真呢，也倒可恕，只是不该私自传送进来。这个可以传递，什么不可以传递。这倒是传递人的不是了。若这话不真，倘是偷来的，你可就别想活了。"入画跪着哭道："我不敢扯谎。奶奶只管明日问我们奶奶和大爷去，若说不是赏的，就拿我和我哥哥一同打死无怨。"凤姐道："这个自然要问的，只是真赏的也有不是。谁许你私自传送东西的！你且说是谁作接应，我便饶你。下次万万不可。"惜春道："嫂子别饶他这次方可。这里人多，若不拿一个人作法，那些大的听见了，又不知怎样呢。嫂子若饶他，我也不依。"凤姐道："素日我看他还好。谁没一个错，只这一次。二次犯下，二罪俱罚。但不知传递是谁。"惜春道："若说传递，再无别个，必是后门上的张妈。他常肯和这些丫头们鬼鬼祟祟的，这些丫头们也都肯照顾他。"凤姐听说，便命人记下，将东西且交给周瑞家的暂拿着，等明日对明再议。于是别了惜春，方往迎春房内来。

迎春已经睡着了，丫鬟们也才要睡，众人叩门半日才开。凤姐吩咐："不必惊动小姐。"遂往丫鬟们房里来。因司棋是王善保的外孙女儿，凤姐倒要看看王家的可藏私不藏，遂留神看他搜检。先从别人箱子搜起，皆无别物。及到了司棋箱中搜了一回，王善保家的说："也没有什么东西。"才要盖箱时，周瑞家的道："且住，这是什么？"说着，便伸手掣出一双男子的锦带袜并一双缎鞋来。又有一个小包袱，打开看时，里面有一个同心如意并一个字帖儿。一总递与凤姐。凤姐因当家理事，每每看开帖并账目，也颇识得几个字了。便看那帖子是大红双喜笺帖，上面写道："上月你来家后，父母已觉察你我之意。但姑娘未出阁，尚不能完你我之心愿。若园内可以相见，你可托张妈给一信息。若得在园内一见，倒比来家得说话。千万，千万。再所赐香袋二个，今已查收外，特寄香珠一串，略表我心。千万收好。表弟潘又安拜具。"凤姐看罢，不怒而反乐。别人并不识字。王家的素日并不知道他姑表姊弟有这一节风流故事，见了这鞋袜，心内已是有些毛病，又见有一红帖，凤姐又看着笑，他便说道："必是他们胡写的账目，不成个字，所以奶奶见笑。"凤姐笑道："正是这个账竟算不过来。你是司棋的老娘，他的表弟也该姓王，怎么又姓潘呢？"王善保家的见问的奇怪，只得勉强告道："司棋的姑妈给了潘家，所以他姑表兄弟姓潘。上次逃走了的潘又安就是他表弟。"凤姐笑道："这就是了。"因道："我念给你听听。"说着从头念了一遍，大家都唬了一跳。这王家的一心只要拿人的错儿，不想反拿住了他外孙女儿，又气又臊。周瑞家的四人又都问着他："你老可听见了？明明白白，再没的话说了。如今据你老人家，该怎么样？"这王家的只恨没地缝儿钻进去。凤姐只瞅着他嘻嘻的笑，向周瑞家的笑道："这倒也好。不用你们作老娘的操一点儿心，他鸦雀不闻的给你们弄了一个好女婿来，大家倒省心。"周瑞家的也笑着凑趣儿。王家的气无处泄，便自己回手打着自己的脸，骂道："老不死的娼妇，怎么造下孽了！说嘴打嘴，现世现报在人眼里。"众人见这般，俱笑个不住，又半劝半讽的。凤姐见司棋低头不语，也并无畏惧惭愧之意，倒觉可异。料此时夜深，且不必盘问，只怕他夜间自愧去寻拙志⁽¹⁷⁾，遂唤两个婆子监守起他来。带了人，拿了赃证回来，且自安歇，等待明日料理。

【注释】

（1）选自《红楼梦》第七十四回，人民文学出版社 1988 年版。

（2）内工：皇宫内工匠的手艺。

（3）劳什子：东西、玩意儿，含有轻蔑厌恶的意味。

（4）打牙犯嘴：打趣，抬杠。

（5）生事作耗：兴风作浪。

（6）咬牙难缠的：指说话刻薄、好搬弄是非的。

（7）寻故事：找茬，挑毛病。

（8）掐尖：逞能，出风头。

（9）妖妖趫趫（qiáo）：妖冶轻佻的样子。趫：行动轻捷，这里有举止轻浮的意思。

（10）蹄子：骂人的话，多用于对女子的蔑称。

（11）钗鬓（duǒ）：发髻上的钗饰将要脱落。鬓：下垂的样子。

（12）春睡捧心之遗风：这里讥讽女子的娇慵病弱。春睡：喻杨贵妃之醉态。捧心：指西施颦眉捧心之美。遗风：即余风，前人遗留下来的风韵、风致。

（13）寄名符儿：旧时迷信，恐小儿夭折，常寄名于道观为徒，道士所授之符箓，称寄名符。

（14）百足之虫，死而不僵：比喻某人或集团虽然失势了，但仍存在一定的气势和能量，不是立即就能彻底垮台的。百足：又称马陆，是一种节肢动物，切断后仍能蠕动。

（15）金银锞子：当时作货币用的小金锭或银锭。

（16）玉带版子：古代男人腰带上所嵌的装饰玉版。

（17）寻拙志：寻短见，自杀。

【解析】

《抄检大观园》节选自《红楼梦》第七十四回《惑奸谗抄检大观园，避嫌隙杜绝宁国府》。抄检大观园是《红楼梦》中的重大事件，其寓意是相当深刻的。大观园是作者精心虚构的一座人间仙境，是宝玉和少女们的人间乐园。这座花园寄寓了作者的人生及社会理想，它干净、闲雅、脱俗，人与人之间相亲相爱，主子与丫鬟之间几乎忽略了等级差别。里面没有功名利禄等世俗愿望的干扰，也没有外面世界的污浊恶臭。在宝玉看来，只有在园子里才能保持自己的真性情，女儿们才能永葆青春与清净。他希望这座花园能常驻人间，女儿们也永远不要离开这里。但是，大观园毕竟只是理想的存在，它依托于现实世界的外在形式，自然不能避免世俗的袭扰。大观园的最终命运，是归于毁灭，这是《红楼梦》悲剧精神的核心所在。抄检大观园，是毁灭的开始，所以惊心动魄。

抄检的起因是园子里发现了绣春囊。这可能是司棋与潘又安幽会时遗落在园里山石上的。这件东西是男欢女爱的象征，而园子里住的是未婚男女，所以才使王夫人感到震惊。她尤其担心宝玉乱性，做出风流情事，坏了名声。尤其是当她听信了王善保家的挑拨，见到晴雯打扮得像个病西施时，就越发动怒，于是下令抄检。

在这次事件中，邢夫人未出场，却扮演了一个可耻的角色。王夫人一来就怀疑绣春囊是凤姐所遗，显系邢夫人暗示的结果。邢夫人与王夫人面和心不和，妯娌间本有矛盾；与凤姐更是芥蒂很深，常常互相拆台。邢夫人借机一石二鸟，是想让王夫人与凤姐姑侄俩难堪。她还派王善保家的推波助澜，唯恐天下不乱，最终导致了抄检。所以说，此情节反映了妯娌、婆媳间的矛盾。

王熙凤在此间扮演的角色值得注意。当她被冤枉时，侃侃而谈，以五条理由辩白，终获王夫人信任，反映出她的机敏。当她知道邢夫人与王善保家的用心时，马上就明白了其中的奥妙，所以此后的言谈举止就特别讲究分寸，渐渐变被动为主动，最后把难堪又还给了邢夫人与王善保家的一方。凤姐管家有年，深明利害，有此翻云覆雨手段，是合乎情理的。从抄检过程看，凤姐只是奉命行事，并无故意加害园中人的用心。

对于抄检事件本身，园中主人的表现，作者主要写了探春、惜春两姐妹的反应。探春反应激烈，持坚决对抗的态度，认为这是家庭矛盾的结果，终将为家庭招来祸害。她从家族的全局利益着眼，义正词严，眼光敏锐，头脑清楚。她无所畏惧，不但顶撞凤姐，拂逆王夫人之意，且打了王善保家的耳光，表现出敢做敢当的勇气。惜春年幼执拗，始则惧怕，继则撵入画，与探春的态度形成了鲜明的对比。

关于丫鬟，主要写了晴雯、入画、司棋等人的反应。晴雯最无辜，却先遭谗陷，被王夫人痛骂，所以抄检之夜她的态度也最激烈。她兜箱底倒物的举动，突出表现了她内心的愤怒与火爆性情。然而，结果对她十分不利，在《红楼梦》第七十八回，她成了抄检的最大受害者。晴雯的命运，集中反映了宗法社会中大家庭家长们的刻薄无情。入画被撵事出有因，衬托出惜春冷面冷心的特点。司棋完全是邢、王两派家庭矛盾的牺牲品，但她无所畏惧，且毫无羞愧之意，可见她与表弟潘又安的相爱是出于真心的，她的性格也是泼辣大胆的。因此，她的行为虽有失检点，其悲剧命运却也同样值得寄予深深的同情。

从艺术上看，这段情节颇为曲折。事件的发生极为突兀，王夫人的怒气令人摸不着头脑。接着写凤姐的辩解与谋划，事情得以平息。不料，王善保家的又来挑拨是非，王夫人立即叫来晴雯呵斥，情势急转直下。抄检时由南至北，开始平淡无事，忽写探春大义凛然，最后以王善保家的打嘴现世作结，可以说波澜起伏，变幻不定，情节非常活泼生动。

借事写人，是曹写芹一贯的艺术追求。通过抄检大观园一事，作者描写了众人不同的反应，既展现了错综复杂的家庭矛盾，也刻画了人物的鲜明性格。王夫人缺乏心计，耳软面硬；凤姐精明干练，老于世故；王善保家的阴毒奸险，没有眼色；探春刚毅果敢，明辨是非；晴雯脾气刚烈，司棋敢做敢当等，均给读者留下了鲜明印象。

【思考与练习】

1. 红楼梦中抄检大观园的前因后果是什么？
2. 比较探春和晴雯两人的反抗性格。

父亲的病[1]

鲁　迅

大约十多年前罢，S城[2]中曾经盛传过一个名医的故事：

他出诊原来是一元四角，特拔十元，深夜加倍，出城又加倍。有一夜，一家城外人家的闺女生急病，来请他了，因为他其时已经阔得不耐烦，便非一百元不去。他们只得都依他。待去时，却只是草草地一看，说道"不要紧的"，开一张方，拿了一百元就走。那病家似乎很有钱，第二天又来请了。他一到门，只见主人笑面承迎，道，"昨晚服了先生的药，好得多了，所以再请你来复诊一回。"仍旧引到房里，老妈子便将病人的手拉出帐外来。他一按，冷冰冰的，也没有脉，于是点点头道，"唔，这病我明白了。"从从容容走到桌前，取了药方纸，提笔写道：

"凭票付英洋[3]壹百元正。"下面是署名，画押。

"先生，这病看来很不轻了，用药怕还得重一点罢。"主人在背后说。

"可以，"他说。于是另开了一张方：

"凭票付英洋贰百元正。"下面仍是署名，画押。

这样，主人就收了药方，很客气地送他出来了。

我曾经和这名医周旋过两整年，因为他隔日一回，来诊我的父亲的病。那时虽然已经很有名，但还不至于阔得这样不耐烦；可是诊金却已经是一元四角。现在的都市上，诊金一次十元并不算奇，可是那时是一元四角已是巨款，很不容易张罗的了；又何况是隔日一次。他大概的确有些特别，据舆论说，用药就与众不同。我不知道药品，所觉得的，就是"药引"的难得，新方一换，就得忙一大场。先买药，再寻药引。"生姜"两片，竹叶十片去尖，他是不用的了。起码是芦根，须到河边去掘；一到经霜三年的甘蔗，便至少也得搜寻两三天。可是说也奇怪，大约后来总没有购求不到的。

据舆论说，神妙就在这地方。先前有一个病人，百药无效；待到遇见了什么叶天士[4]先生，只在旧方上加了一味药引：梧桐叶。只一服，便霍然而愈[5]了。"医者，意也[6]。"其时是秋天，而梧桐先知秋气。其先百药不投，今以秋气动之，以气感气，所以……。我虽然并不了然，但也十分佩服，知道凡有灵药，一定是很不容易得到的，求仙的人，甚至于还要拼了性命，跑进深山里去采呢。

这样有两年，渐渐地熟识，几乎是朋友了。父亲的水肿是逐日利害，将要不能起床；我对于经霜三年的甘蔗之流也逐渐失了信仰，采办药引似乎再没有先前一般踊跃了。正在这时候，他有一天来诊，问过病状，便极其诚恳地说：

"我所有的学问，都用尽了。这里还有一位陈莲河⁽⁷⁾先生，本领比我高。我荐他来看一看，我可以写一封信。可是，病是不要紧的，不过经他的手，可以格外好得快……。"

这一天似乎大家都有些不欢，仍然由我恭敬地送他上轿。进来时，看见父亲的脸色很异样，和大家谈论，大意是说自己的病大概没有希望的了；他因为看了两年，毫无效验，脸又太熟了，未免有些难以为情，所以等到危急时候，便荐一个生手自代，和自己完全脱了干系。但另外有什么法子呢？本城的名医，除他之外，实在也只有一个陈莲河了。明天就请陈莲河。

陈莲河的诊金也是一元四角。但前回的名医的脸是圆而胖的，他却长而胖了：这一点颇不同。还有用药也不同。前回的名医是一个人还可以办的，这一回却是一个人有些办不妥帖了，因为他一张药方上，总兼有一种特别的丸散和一种奇特的药引。

芦根和经霜三年的甘蔗，他就从来没有用过。最平常的是"蟋蟀一对"，旁注小字道："要原配，即本在一窠中者。"似乎昆虫也要贞节，续弦或再醮，连做药资格也丧失了。但这差使在我并不为难，走进百草园，十对也容易得，将它们用线一缚，活活地掷入沸汤中完事。然而还有"平地木⁽⁸⁾十株"呢，这可谁也不知道是什么东西了，问药店，问乡下人，问卖草药的，问老年人，问读书人，问木匠，都只是摇摇头，临末才记起了那远房的叔祖，爱种一点花木的老人，跑去一问，他果然知道，是生在山中树下的一种小树，能结红子如小珊瑚珠的，普通都称为"老弗大"。

"踏破铁鞋无觅处，得来全不费工夫。"药引寻到了，然而还有一种特别的丸药：败鼓皮丸。这"败鼓皮丸"就是用打破的旧鼓皮做成；水肿一名鼓胀，一用打破的鼓皮自然就可以克伏他。清朝的刚毅因为憎恨"洋鬼子"，预备打他们，练了些兵称作"虎神营"⁽⁹⁾，取虎能食羊，神能伏鬼的意思，也就是这道理。可惜这一种神药，全城中只有一家出售的，离我家就有五里，但这却不象平地木那样，必须暗中摸索了，陈莲河先生开方之后，就恳切详细地给我们说明。

"我有一种丹，"有一回陈莲河先生说，"点在舌上，我想一定可以见效。因为舌乃心之灵苗……。价钱也并不贵，只要两块钱一盒……。"

我父亲沉思了一会，摇摇头。

"我这样用药还会不大见效，"有一回陈莲河先生又说，"我想，可以请人看一看，可有什么冤愆⁽¹⁰⁾……。医能医病，不能医命，对不对？自然，这也许是前世的事……。"

我的父亲沉思了一会，摇摇头。

凡国手，都能够起死回生的，我们走过医生的门前，常可以看见这样的扁额。现在是让步一点了，连医生自己也说道："西医长于外科，中医长于内科。"但是S城那时不但没有西医，并且谁也还没有想到天下有所谓西医，因此无论什么，都只能由轩辕岐伯⁽¹¹⁾的嫡派门徒包办。轩辕时候是巫医不分的，所以直到现在，他的门徒就还见鬼，而且觉得"舌乃心之灵苗"。这就是中国人的"命"，连名医也无从医治的。

不肯用灵丹点在舌头上，又想不出"冤愆"来，自然，单吃了一百多天的"败鼓皮丸"有什么用呢？依然打不破水肿，父亲终于躺在床上喘气了。还请一回陈莲河先生，这回是特拔，大洋十元。他仍旧泰然的开了一张方，但已停止败鼓皮丸不用，药引也不很神妙了，所以只消半天，药就煎好，灌下去，却从口角上回了出来。

从此我便不再和陈莲河先生周旋，只在街上有时看见他坐在三名轿夫的快轿里飞一般抬过；听说他现在还康健，一面行医，一面还做中医什么学报[12]，正在和只长于外科的西医奋斗哩。

中西的思想确乎有一点不同。听说中国的孝子们，一到将要"罪孽深重祸延父母[13]"的时候，就买几斤人参，煎汤灌下去，希望父母多喘几天气，即使半天也好。我的一位教医学的先生却教给我医生的职务道：可医的应该给他医治，不可医的应该给他死得没有痛苦。——但这先生自然是西医。

父亲的喘气颇长久，连我也听得很吃力，然而谁也不能帮助他。我有时竟至于电光一闪似的想道："还是快一点喘完了罢……"立刻觉得这思想就不该，就是犯了罪；但同时又觉得这思想实在是正当的，我很爱我的父亲。便是现在，也还是这样想。

早晨，住在一门里的衍太太[14]进来了。她是一个精通礼节的妇人，说我们不应该空等着。于是给他换衣服；又将纸锭和一种什么《高王经》[15]烧成灰，用纸包了给他捏在拳头里……。

"叫呀，你父亲要断气了。快叫呀！"衍太太说。

"父亲！父亲！"我就叫起来。

"大声！他听不见。还不快叫？！"

"父亲！！！父亲！！！"

他已经平静下去的脸，忽然紧张了，将眼微微一睁，仿佛有一些苦痛。

"叫呀！快叫呀！"她催促说。

"父亲！！！"

"什么呢？……不要嚷。……不……"他低低地说，又较急地喘着气，好一会，这才复了原状，平静下去了。

"父亲！！！"我还叫他，一直到他咽了气。

我现在还听到那时的自己的这声音，每听到时，就觉得这却是我对于父亲的最大的错处。

十月七日

（一九二六年）

【注释】

（1）选自《鲁迅全集》（第二卷），人民文学出版社1981年版。文章最初发表于1926年11月10日《莽原》半月刊第一卷第二十一期。

（2）S城：这里指绍兴城。

（3）英洋：即"鹰洋"，墨西哥银元，币面铸有鹰的图案。鸦片战争后曾大量流入我国。

（4）叶天士（1667—1746年）：名桂，号香岩，江苏吴县人。清乾隆时名医。他的门生曾搜集其药方编成《临证指南医案》十卷。

（5）霍然而愈：疾病迅速消除。

（6）医者，意也：语出《后汉书·郭玉传》："医之为言，意也。腠理至微，随气用巧。"又宋代祝穆编《古今事文类聚》前集："唐许胤宗善医。或劝其著书，答曰：'医言意也。思虑精则得之，吾意所解，口不能宣也。'"

（7）陈莲河：指何廉臣（1860—1929年），当时绍兴的中医。

（8）平地木：即紫金牛，常绿小灌木，一种药用植物。

（9）虎神营：清末端郡王载漪（文中说是刚毅，似误记）创设和率领的皇室卫队。李希圣在《庚子国变记》中说："虎神营者，虎食羊而神治鬼，所以诅之也。"

（10）冤愆：冤仇和过失。旧时迷信认为得罪了鬼神而招来的冤过。

（11）轩辕岐伯：指古代名医。轩辕：即黄帝，传说中的上古帝王。岐伯：传说中的上古名医。今所传著名医学古籍《黄帝内经》，是战国秦汉时医家托名黄帝与岐伯所作。

（12）中医什么学报：指《绍兴医药月报》。1924年春创刊，何廉臣任副总编辑，在第一期上发表《本报宗旨之宣言》，宣扬"国粹"。

（13）罪孽深重祸延父母：旧时一些人在父母死后印发的讣闻中，常有"不孝男××，罪孽深重不自殒灭祸延显考（或显妣）……"等一类套话。

（14）衍太太：作者从叔祖周子传的妻子。

（15）《高王经》：即《高王观世音》。据《魏书·卢景裕传》："……有人负罪当死，梦沙门教讲经，觉时如所梦，默诵千遍，临刑刀折，主者以闻，赦之。此经遂行于世，号曰《高王观世音》。"旧俗在人死时，把《高王经》烧成灰，捏在死者手里，大概源于这类故事，意思是死者到"阴间"如受刑时可减少痛苦。

【作品导读】

在鲁迅的作品中，有一个总的主题——反封建。在本文中，鲁迅借"父亲的病"不仅表达了对父亲的怀念、挚爱之情，而且抨击、嘲笑了与封建文化相关的中医和封建礼俗。作者对中医的批判，主要是通过对 S 城的两个所谓"名医"的描写进行的。前一个名医的医术和医道如何，鲁迅并没有明说，而是通过几个细节揭示出来：一个病人已经"冷冰冰的，也没有脉"，他依旧敲诈钱财；父亲经他看了两年，不仅病情毫无起色，而且还要应付他的奇怪"药引"。后一个名医陈莲河除了敲诈钱财，所不同的是"药引"更奇特，近似于痴人说梦，无异于谋财害命。最后为了掩饰自己的无能，竟然把治不好病的责任，推到鬼神和命运身上。不难看出，鲁迅对中医骗人的嘴脸深恶痛绝，这也是他后来去日本学西医的动因。鲁迅深层的意图：中国人长期生活在封建愚昧的状态下，如果能早一点睁眼看世界，就能避免很多的悲剧。因此，鲁迅对中医的嘲笑，并非是否定中医本身，而是借所谓"名医"的骗术，批判封建文化对中国人的愚弄。结尾处衍太太之流，维护着所谓封建礼教，迫使我对父亲大声叫喊，使他不能平静的离世，加剧了父亲的临终痛苦，也是封建文化的毒害。鲁迅作品在艺术上的一大特色，就是长于讽刺。本文对两个"名医"的描写，无论是叙述他们的形貌、刻画他们的动作，还是传达他们的语言，都透露出讽刺之情。

【思考与练习】

1. 本文是否定中医，还是反对封建文化？请谈谈你的理解。
2. 从哪些描写可以看出鲁迅对父亲的爱？
3. 本文在人物描写上，运用了什么手法？表达了什么感情？

喝　茶

周作人

　　前回徐志摩先生在平民中学讲"吃茶"，——并不是胡适之先生所说的"吃讲茶"，——我没有工夫去听，又可惜没有见到他精心结构的讲稿，但我推想他是在讲日本的"茶道"（英文 Teaism），而且一定说的很好。茶道的意思，用平凡的话来说，可以称作"忙里偷闲，苦中作乐"，在不完全的现世享乐一点美与和谐，在刹那间体会永久，是日本之"象征的文化"里的一种代表艺术。关于这一件事，徐先生一定已有透彻巧妙的解说，不必再来多嘴，我现在所想说的，只是我个人的很平常的喝茶罢了。

　　喝茶以绿茶为正宗，红茶已经没有什么意味，何况又加糖与牛奶？葛辛（George Gissing）的《草堂随笔》（Private Papers of Henry Ryecroft）确是很有趣味的书，但冬之卷里说及饮茶，以为英国家庭里下午的红茶与黄油面包是一日中最大的乐事，中国饮茶已历了百年，未必能领略此种乐趣与实益的万分之一，则我殊不以为然，红茶带"土斯"未始不可吃，但这只是当饭，在肚饥时食之而已；我的所谓喝茶，却是在喝清茶，在赏鉴其色与香与味，意未必在止渴，自然更不在果腹了。中国古昔曾吃过煎茶及抹茶，现在所用的都是泡茶，冈仓觉三在《茶之书》里很巧妙的称之曰"自然主义的茶"，所以我们所重的即在这自然之妙味。中国人上茶馆去，左一碗右一碗的喝了半天，好像是刚从沙漠里回来的样子，颇合于我的喝茶的意思（听说闽粤有所谓吃工夫茶者自然也有道理），只可惜近来太是洋场化，失了本意，其结果成为饭馆子之流，只在乡村间还保存一点古风，惟是屋宇器具简陋万分，或者但可称为颇有喝茶之意，而未可许为已得喝茶之道也。

　　喝茶当于瓦屋纸窗之下，清泉绿茶，用素雅的陶瓷茶具，同二三人共饮，得半日之闲，可抵十年的尘梦。喝茶之后，再去继续修各人的胜业，无论为名为利，都无不可，但偶然的片刻优游乃正亦断不可少，中国喝茶时多吃瓜子，我觉得不很适宜，喝茶时所吃的东西应当是轻淡的"茶食"。中国的茶食却变了"满汉饽饽"，其性质与"阿阿兜"相差无几；不是喝茶时所吃的东西了。日本的点心虽是豆米的成品，但那优雅的形色，相素的味道，很合于茶食的资格，如各色"羊羹"（据上田恭辅氏考据，说是出于中国唐时的羊肝饼）尤有特殊的风味。江南茶馆中有一种"干丝"，用豆腐干切成细丝，加姜丝酱油，重汤燉热，上浇麻油，出以供客，其利益为"堂倌"所独有。豆腐干中本有一种"茶干"，今变而为丝，亦颇与茶相宜。在南京时常食此品，据云有某寺方丈所制为最，虽也曾尝试，却已忘记，所记得者乃只是下关的江天阁而已。学生们的习惯，平常"干丝"既出，大抵不即食，等到麻油再加，开水重换之后，始行举箸，最为合式，因为一到即罄，次碗继至，不遑应酬，否则麻油三浇，旋即撤去，怒形于色，未免使客不欢而散，茶意都消了。

吾乡昌安门外有一处地方，名三脚桥(实在并无三脚，乃是三出，因以一桥而跨三叉的河上也)，其地有豆腐店曰周德和者，制茶干最有名。寻常的豆腐干方约寸半，厚三分，值钱二文，周德和的价值相同，小而且薄，几及一半，黝黑坚实，如紫檀片。我家距三脚桥有步行两小时的路程，故殊不易得，但能吃到油炸者而已。每天有人挑担设炉镬，沿街叫卖，其词曰：

　　辣酱辣，麻油炸，红酱搨，辣酱拓；周德和格五香油炸豆腐干。

其制法如上所述，以竹丝插其末端，每枚值三文。豆腐干大小如周德和，而甚柔软，大约系常品。惟经过这样烹调，虽然不是茶食之一，却也不失为一种好豆食。——豆腐的确也是极好的佳妙的食品，可以有种种的变化，惟在西洋不会被领解，正如茶一般。

日本用茶淘饭，名曰"茶渍"，以腌菜及"泽庵"(即福建的黄土萝卜，日本泽庵法师始传此法，盖从中国传去)等为佐，很有清淡而甘香的风味。中国人未尝不这样吃，惟其原因，非由穷困即为节省，殆少有故意往清茶淡饭中寻其固有之味者，此所以为可惜也。

十三年十二月

(1924 年 12 月作，选自《雨天的书》)

【作品导读】

有时候半天的闲情逸致，抵得过十年的纷纷扰扰。作者要说的是：人应该给自己的心灵留一份空间，在淡雅闲适的氛围下体会人生的意味。作者用淡泊的言语，勾勒出一种境界，一种理想，一种对于时间的漠视。瓦屋内、纸窗下，抿一口清茶，淡淡的苦味在舌尖和齿间停留，弥漫出幽幽的清香。人生的烦恼、生存的困境，都一一淡忘了。外面的尘世渐渐离我们远去，生命以一种自嘲的幽默感，在现实的泥沼中构建起一个简约、恬淡、纯真的灵魂。

【思考与练习】

请结合自己的认识，谈谈中国的茶文化。

故乡的野菜

汪曾祺

荠菜。荠菜是野菜，但在我的家乡却是可以上席的。我们那里，一般的酒席，开头都有八个凉碟，在客人入席前即已摆好。通常是火腿、变蛋(松花蛋)、风鸡、酱鸭、油爆虾(或呛虾)、蚶子(是从外面运来的，我们那里不产)、咸鸭蛋之类。若是春天，就会有两样应时凉拌小菜：杨花萝卜(即北京的小水萝卜)切细丝拌海蜇，和拌荠菜。荠菜焯过，碎切，和香干细丁同拌，加姜米，浇以麻油酱醋，或用虾米，或不用，均可。这道菜常传成宝塔形，临吃推倒，拌匀。拌荠菜总是受欢迎的，吃个新鲜。凡野菜，都有一种园种的蔬菜所缺少的清香。

荠菜大都是凉拌，炒荠菜很少人吃。荠菜可包春卷，包圆子(汤团)。江南人用荠菜包馄饨，称为菜肉馄饨，亦称"大馄饨"。我们那里没有用荠菜包馄饨的。我们那里的面店中所卖的馄饨都是纯肉馅的馄饨，即江南所说的"小馄饨"。没有"大馄饨"。我在北京的一家有名的家庭餐馆吃过这一家的一道名菜：翡翠蛋羹。一个汤碗里一边是蛋羹，一边是芥菜，一边嫩黄，一边碧绿，绝不混淆，吃时搅在一起。这种讲究的吃法，我们家乡没有。

枸杞头。春天的早晨，尤其是下了一场小雨之后，就可听到叫卖枸杞头的声音。卖枸杞头的多是附郭近村的女孩子，声音很脆，极能传远："卖枸杞头来!"枸杞头放在一个竹篮子里，一种长圆形的竹篮，叫做元宝篮子。枸杞头带着雨水，女孩子的声音也带着雨水。枸杞头不值什么钱，也从不用秤约，给几个钱，她们就能把整篮子倒给你。女孩子也不把这当作正经买卖，卖一点钱，够打一瓶梳头油就行了。

自己去摘，也不费事。一会儿功夫，就能摘一堆。枸杞到处都是。我的小学的操场原是祭天地的空地，叫做"天地坛"。天地坛的四边围墙的墙根，长的都是这东西。枸杞夏天开小白花，秋天结很多小果子，即枸杞子，我们小时候叫它"狗奶子"，因为很像狗的奶子。

枸杞头也都是凉拌，清香似尤甚于荠菜。

蒌蒿。小说《大淖记事》："春初水暖，沙洲上冒出很多紫红色的芦芽和灰绿色的蒌蒿，很快就是一片翠绿了。"我在书页下面加了一条注："蒌蒿是生于水边的野草，粗如笔管，有节，生狭长的小叶，初生二寸来高，叫做'蒌蒿薹子'，加肉炒食极清香。……"蒌蒿，字典上都注"蒌"音楼，蒿之一种，即白蒿。我以为蒌蒿不是蒿之一种，蒌蒿掐断，没有那种蒿子气，倒是有一种水草气。苏东坡诗："蒌蒿满地芦芽短"，以蒌蒿与芦芽并举，证明是水边的植物，就是我的家乡所说"蒌蒿薹子"。"蒌"字我的家乡不读楼，读吕。蒌蒿好像都是和瘦猪肉同炒，素炒好像没有。我小时候非常爱吃炒蒌蒿薹子。桌上有一盘炒蒌蒿薹子，我就非常兴奋，胃口大开。蒌蒿薹子除了清香，还有就是很脆，嚼之有声。

荠菜、枸杞我在外地偶尔吃过，蒌蒿薹子自十九岁离乡后从未吃过，非常想念。去年我的家乡有人开了汽车到北京来办事，我的弟妹托他们带了一塑料袋蒌蒿薹子来，因为路上耽搁，到北京时已经焐坏了。我挑了一些不太烂的，炒了一盘，还有那么一点意思。

马齿苋。中国古代吃马齿苋是很普遍的，马苋与人苋（即红白苋菜）并提。后来不知怎么吃的人少了。我的祖母每年夏天都要摘一些马齿苋，晾干了，过年包包子。我的家乡普通人家平常是不包包子的，只有过年才包，自己家里人吃，有客人来蒸一盘待客。不是家里人包的。一般的家庭妇女不会包，都是备了面、馅，请包子店里的师傅到家里做，做一上午，就够正月里吃了。我的祖母吃长斋，她的马齿苋包子只有她自己吃。我尝过一个，马齿苋有点酸酸的味道，不难吃，也不好吃。

马齿苋南北皆有。我在北京的甘家口住过，离玉渊潭很近，玉渊潭马齿苋极多。北京人叫作马苋儿菜，吃的人很少。养鸟的拔了喂画眉。据说画眉吃了能清火。画眉还会有"火"么？

莼菜。第一次喝莼菜汤是在杭州西湖的楼外楼，一九四八年四月。这以前我没有吃过莼菜，也没有见过。我的家乡人大都不知莼菜为何物。但是秦少游有《以莼姜法鱼糟蟹寄子瞻》诗，则高邮原来是有莼菜的。诗最后一句是"泽居备礼无麋鹿"，秦少游当时盖在高邮居住，送给苏东坡的是高邮的土产。高邮现在还有没有莼菜，什么时候回高邮，我得调查调查。

明朝的时候，我的家乡出过一个散曲作家王磐。王磐字鸿渐，号西楼，散曲作品有《西楼乐府》。王磐当时名声很大，与散曲大家陈大声并称为"南曲之冠"。王西楼还是画家。高邮现在还有一句歇后语："王西楼嫁女儿——画（话）多银子少"。王西楼有一本有点特别的著作：《野菜谱》。《野菜谱》收野菜五十二种。五十二种中有些我是认识的，如白鼓钉（蒲公英）、蒲儿根、马栏头、青蒿儿（即茵陈蒿）、枸杞头、野绿豆、蒌蒿、荠菜儿、马齿苋、灰条。江南人重马栏头。小时读周作人的《故乡的野菜》，提到儿歌："荠菜马栏头，姐姐嫁在后门头"，很是向往，但是我的家乡是不大有人吃的。灰条的"条"字，正字应是"藋"，通称灰菜。这东西我的家乡不吃。我第一次吃灰菜是在一个山东同学的家里，蘸了稀面，蒸熟，就烂蒜，别具滋味。后来在昆明黄土坡一中学教书，学校发不出薪水，我们时常断炊，就掳了灰菜来炒了吃。在北京我也摘过灰菜炒食。有一次发现钓鱼台国宾馆的墙外长了很多灰菜，极肥嫩，就弯下腰来摘了好些，装在书包里。门卫发现，走过来问："你干什么？"他大概以为我在埋定时炸弹。我把书包里的灰菜抓出来给他看，他没有再说什么，走开了。灰菜有点碱味，我很喜欢这种味道。王西楼《野菜谱》中有一些，我不但没有吃过，见过，连听都没听说过，如："燕子不来香"、"油灼灼"……

《野菜谱》上图下文。图画的是这种野菜的样子，文则简单地说这种野菜的生长季节，吃法。文后皆系以一诗，一首近似谣曲的小乐府，都是借题发挥。以野菜名起兴，写人民疾苦。如：

眼子菜

眼子菜，如张目，年年盼春怀布谷，犹向秋来望时熟。何事频年倦不开，愁看四野波漂屋。

猫耳朵

猫耳朵，听我歌，今年水患伤田禾，仓廪空虚鼠弃窝，猫兮猫兮将奈何！

江荠

江荠青青江水绿，江边挑菜女儿哭。爷娘新死兄趁熟，止存我与妹看屋。

抱娘蒿

抱娘蒿，结根牢，解不散，如漆胶。君不见昨朝儿卖客船上，儿抱娘哭不肯放。

这些诗的感情都很真挚，读之令人酸鼻。我的家乡本是个穷地方，灾荒很多，主要是水灾，家破人亡，卖儿卖女的事是常有的。我小时就见过。现在水利大有改进，去年那样的特大洪水，也没死一个人，王西楼所写的悲惨景象不复存在了。想到这一点，我为我的家乡感到欣慰。过去，我的家乡人吃野菜主要是为了度荒，现在吃野菜则是为了尝新了。喔，我的家乡的野菜！

一九九二年四月十四日

（载一九九二年第三期《钟山》）

【作品导读】

本文选自汪曾祺著，梁由之编《后十年集·散文随笔卷》，上海三联书店2016年9月第1版。

汪曾祺(1920—1997年)，江苏高邮人，当代作家、散文家、戏剧家，京派作家的代表人物。大部分作品收录在《汪曾祺全集》中。被誉为"抒情的人道主义者，中国最后一个纯粹的文人，中国最后一个士大夫"。汪曾祺从小受传统文化精神熏陶。1939年考入西南联大中国文学系，师从沈从文等名家学习写作。他是跨越几个时代的作家，也是在小说、散文、戏剧文学与艺术研究上都有建树的作家。1940年开始发表小说、诗和散文。1980年发表小说《受戒》，受到普遍赞誉。现已出版《汪曾祺短篇小说选》《晚饭花集》《汪曾祺自选集》以及多卷本《汪曾祺文集》等十几个作品集。他的小说被视为诗化小说，其中《大淖记事》获全国短篇小说奖。汪曾祺的散文很有特色，没有结构的苦心经营，也不追求主题的玄奥深奇，平淡质朴，娓娓道来，如话家常。因此品读汪曾祺的散文好像聆听一位性情和蔼、见识广博的老者谈话，虽然话语平常，但是饶有趣味。

【思考与练习】

1. 汪曾祺为什么称自己是一个"中国式的抒情人道主义者"？如何理解他的这些观点："我对人，更多地注意的是他的审美意义，你可以称我是一个生活现象的美食家。""我的人道主义不带任何理论色彩，很朴素，就是对人的关心，对人尊重和欣赏。""我的气质，大概是一个通俗抒情诗人。我永远只是一个小品作家，我写的一切，都是小品。"

2. 学习本文的写作手法，以故乡为题写一篇散文。

想北平

老　舍

设若让我写一本小说，以北平作背景，我不至于害怕，因为我可以捡着我知道的写，而躲开我所不知道的。让我单摆浮搁的讲一套北平，我没办法。北平的地方那么大，事情那么多，我知道的真觉太少了，虽然我生在那里，一直到廿七岁才离开。以名胜说，我没到过陶然亭，这多可笑！以此类推，我所知道的那点只是"我的北平"，而我的北平大概等于牛的一毛。

可是，我真爱北平。这个爱几乎是要说而说不出的。我爱我的母亲。怎样爱？我说不出。在我想作一件事讨她老人家喜欢的时候，我独自微微的笑着；在我想到她的健康而不放心的时候，我欲落泪。言语是不够表现我的心情的，只有独自微笑或落泪才足以把内心揭露在外面一些来。我之爱北平也近乎这个。夸奖这个古城的某一点是容易的，可是那就把北平看得太小了。我所爱的北平不是枝枝节节的一些什么，而是整个儿与我的心灵相黏合的一段历史，一大块地方，多少风景名胜，从雨后什刹海的蜻蜓一直到我梦里的玉泉山的塔影，都积凑到一块，每一小的事件中有个我，我的每一思念中有个北平，这只有说不出而已。

真愿成为诗人，把一切好听好看的字都浸在自己的心血里，像杜鹃似的啼出北平的俊伟。啊！我不是诗人！我将永远道不出我的爱，一种像由音乐与图画所引起的爱。这不但是辜负了北平，也对不住我自己，因为我的最初的知识与印象都得自北平，它是在我的血里，我的性格与脾气里有许多地方是这古城所赐给的。我不能爱上海与天津，因为我心中有个北平。可是我说不出来！

伦敦，巴黎，罗马与堪司坦丁堡，曾被称为欧洲的四大"历史的都城"。我知道一些伦敦的情形；巴黎与罗马只是到过而已；堪司坦丁堡根本没有去过。就伦敦，巴黎，罗马来说，巴黎更近似北平——虽然"近似"两字要拉扯得很远——不过，假使让我"家住巴黎"，我一定会和没有家一样的感到寂苦。巴黎，据我看，还太热闹。自然，那里也有空旷静寂的地方，可是又未免太旷；不象北平那样既复杂而又有个边际，使我能摸着——那长着红酸枣的老城墙！面着积水潭，背后是城墙，坐在石上看水中的小蝌蚪或苇叶上的嫩蜻蜓，我可以快乐的坐一天，心中完全安适，无所求也无可怕，像小儿安睡在摇篮里。是的，北平也有热闹的地方，但是它和太极拳相似，动中有静。巴黎有许多地方使人疲乏，所以咖啡与酒是必要的，以便刺激；在北平，有温和的香片茶就够了。

论说巴黎的布置已比伦敦罗马匀调的多了，可是比上北平还差点事儿。北平在人为之中显出自然，几乎是什么地方既不挤得慌，又不太僻静：最小的胡同里的房子也有院子与树；最空旷的地方也离买卖街与住宅区不远。这种分配法可以算——在我的经验中——天下第一了。北平的好处不在处处设备得完全，而在它处处有空儿，可以使人自由的喘气；不在有好些美丽的建筑，而在建筑的四围都有空闲的地方，使它们成为美景。每一个城楼，每一个牌楼，都可以从老远就看见。况且在街上还可以看见北山与西山呢！

好学的，爱古物的，人们自然喜欢北平，因为这里书多古物多。我不好学，也没钱买古物。对于物质上，我却喜爱北平的花多菜多果子多。花草是种费钱的玩艺，可是此地的"草花儿"很便宜，而且家家有院子，可以花不多的钱而种一院子花，即使算不了什么，可是到底可爱呀！墙上的牵牛，墙根的靠山竹与草茉莉，是多么省钱省事而也足以招来蝴蝶呀！至于青菜，白菜，扁豆，毛豆角，黄瓜，菠菜等等，大多数是直接由城外担来而送到家门口的。雨后，韭菜叶上还往往带着雨时溅起的泥点。青菜摊子上的红红绿绿几乎有诗似的美丽。果子有不少是由西山与北山来的，西山的沙果，海棠，北山的黑枣，柿子，进了城还带着一层白霜儿呀！哼，美国的橘子包着纸；遇到北平的带霜儿的玉李，还不愧杀！

是的，北平是个都城，而能有好多自己产生的花，菜，水果，这就使人更接近了自然。从它里面说，它没有像伦敦的那些成天冒烟的工厂；从外面说，它紧连着园林，菜圃与农村。采菊东篱下，在这里，确是可以悠然见南山的；大概把"南"字变个"西"或"北"，也没有多少了不得的吧。象我这样的一个贫寒的人，或者只有在北平能享受一点清福了。

好，不再说了吧；要落泪了，真想念北平呀！

【作品导读】

老舍（1899—1966年），原名舒庆春，字舍予，北京人，满族。中国现代作家。作品有《骆驼祥子》《四世同堂》《茶馆》等。

《想北平》是一篇散文。在一篇短短的散文中如何表现北平，老舍觉得很难："北平那么大，事情那么多"，那写什么呢？他又不愿"捡着我知道的写，而躲开我所不知道的"，更怕挂一漏万，埋没了北平的种种好处。如果只是机械地罗列平铺直叙，写成一篇北京风光指南，那就更没有味道了。因此，老舍决定写出"我的北平"，把对北平的感情上升到爱母亲的地位，他抛开一切美好的词语，用最通俗质朴的言辞，最能引人共鸣的表达方式，通过与巴黎等城市的比较突出北平的特点，表明北平与老舍是你中有我、我中有你的关系，表达"我的每一思念中有个北平"。老舍爱北平的理由有这样几个方面：动中有静；复杂而有边际；在人为之中显自然；花多菜多果子多；使人更接近自然……

【思考与练习】

　　1. 本文最后一段话的含义是什么？

　　2. 请以"想家乡"为题，写一篇散文。

现代诗歌三首

烦 忧

戴望舒

说是寂寞的秋的悒郁，
说是辽远的海的怀念。
假如有人问我烦忧的原故，
我不敢说出你的名字。
我不敢说出你的名字，
假如有人问我烦忧的原故：
说是辽远的海的怀念，
说是寂寞的秋的悒郁。

【作品导读】

我们读这首诗时，往往会被它的结构所吸引，被它的语言所感染，被它的情绪所打动。这首诗的结构，有如一个钟摆，摇过去再荡回来。戴望舒借鉴了古典诗歌的"回文体"，又做了相应的现代化改造，使回文的循环往复与情绪的愁苦烦忧，水乳交融般完美融合在一起。诗人只是说烦忧的感受，却不肯说出烦忧的原因，传达出剪不断、理还乱的心境。现代人的生活与古代人不一样，现代人的心境与古代人也不一样。心境是一种带有普遍性的情感，有什么样的生活经历遭遇，就会有什么样的心境。心境往往缘情而发，同时外观于物，达到物我同一。所以，这首诗，看似朦胧，其实可解："烦忧"的心境，由"悒郁"而外现为"寂寞的秋"，因"怀念"而外现为"辽远的海"。通过感情的外化，造成悲凉辽远的意境。因为采用了回环往复的复沓结构，更加渲染了这种烦忧的心境，可谓言有尽而意无穷。

【思考与练习】

试分析《烦忧》的结构与语言特点。

断　章

卞之琳

你站在桥上看风景，
看风景人在楼上看你。

明月装饰了你的窗子，
你装饰了别人的梦。

【作品导读】

　　本文选自卞之琳《中国新诗经典·鱼目集》，浙江文艺出版社 1997 年版。

　　卞之琳的诗歌，深得中国古典诗歌之精髓，又得西方诗艺之精华，吸收了现代汉语自然轻灵的词句，融合了婉约词与玄学诗的韵致，形成了自己独具特色的诗歌风格。这首诗粗粗一看，似乎不可理解，但是细细一读，一定会有所悟。这首诗的主旨并不在哪一行，而是在行与行、节与节的相对上。诗人自己也说："此中'装饰'的意思我不甚着重……我的意思也是着重在'相对'上。"这首诗的趣味就在于主客体的悄然置换：审美者成为审美对象，成为他人梦境里的角色。将"小桥"和"明月"进行时空转换，用"看"与"梦"互相连接点化为一个充满理趣的艺术境界。诗名叫作"断章"，好比古诗中的"绝句"，是有意打开缺口，引起完形的愿望。也是有意让诗情流溢，勾起你的想象和梦。面对这绝句般的短诗，你可以想得很多很长。

【思考与练习】

　　请谈谈《断章》的理趣与结构。

再别康桥

徐志摩

轻轻的我走了，
　正如我轻轻的来；
我轻轻的招手，

作别西天的云彩。

那河畔的金柳，
　是夕阳中的新娘，
波光里的艳影，
　在我的心头荡漾。

软泥上的青荇，
　油油的在水底招摇；
在康河的柔波里，
　我甘心做一条水草！

那榆阴下的一潭，
　不是清泉，是天上虹；
揉碎在浮藻间，
　沉淀着彩虹似的梦。

寻梦？撑一支长篙，
　向青草更青处漫溯；
满载一船星辉，
　在星辉斑斓里放歌。

但我不能放歌，
　悄悄是别离的笙箫；
夏虫也为我沉默，
　沉默是今晚的康桥！

悄悄的我走了，
　正如我悄悄的来；
我挥一挥衣袖，
　不带走一片云彩。

【作品导读】

本文选自徐志摩《徐志摩诗集》，四川文艺出版社 1981 年版。

在中国现代诗人中，徐志摩"所长是使一切诗的形式，使一切不习惯的诗的形式，嵌入自己作品，皆能在试验中契合无间"（沈从文，1984）。读徐志摩的每一首诗，如果你静下心来，都能听出不同的声音。在这首诗中，我们可以看见康桥的柔波，也可以听见河水的荡漾，还可以听见诗人的心声与歌声。第一节可视为"引子"或前奏，点化出全诗的抒情基调。连用三个"轻轻"的，不仅形成了一种音律美，同时也表现了诗人内心情感的失重状态。此后四节诗通过四幅画面的描绘，诗人的感情也如水波荡漾、跌宕起伏，情绪也达到了"漫溯"与"放歌"的高潮。第六节金玉之音戛然而止，代之以笙的清婉、箫的清幽，别离的笙箫悄悄地吹奏着一支无字无声的歌。连夏虫也沉默无语，康桥也默默无声。诗人的感情也洗去了当初的浮躁与不安，积淀成一片月光似的宁静与平和。完成了感情的"回归"，画出一个美丽的"圆"。然而这种离情别意毕竟太浓太浓，诗人忍不住回过头去再说一声"再见"，在对第一节语式的复沓变化中，诗人"悄悄"地"挥一挥衣袖"，毅然决然地"不带走一片云彩"，在结构上也画了一个"圆"。

【思考与练习】

1. 诗中运用了哪些意象？抒发了怎样的情感？

2. 如何体现了闻一多的"三美"理论？

3. 阅读徐志摩的《偶然》，回答下面的问题：

(1)"偶然"是个副词，为何不用"我和你""相遇""我是天空里的一片云"作标题？

(2)很多评论家认为这首诗充满了"张力"，请你谈谈对"张力"的理解。

当代诗歌三首

面朝大海，春暖花开

海　子

从明天起，做一个幸福的人
喂马、劈柴，周游世界
从明天起，关心粮食和蔬菜
我有一所房子，面朝大海，春暖花开

从明天起，和每一个亲人通信
告诉他们我的幸福
那幸福的闪电告诉我的
我将告诉每一个人

给每一条河每一座山取一个温暖的名字
陌生人，我也为你祝福
愿你有一个灿烂的前程
愿你有情人终成眷属
愿你在尘世获得幸福
我只愿面朝大海，春暖花开

【作品导读】

《面朝大海，春暖花开》是海子的抒情名篇，这首诗以朴素明朗而又隽永清新的语言，拟想了一种新鲜可爱、充满生机的幸福生活，表达了诗人真诚善良的祈愿，愿每一个陌生人在尘世中获得幸福。这首诗写于 1989 年 1 月 13 日，但是两个月后，海子却在山海关附近卧轨自杀，使得这首诗表面的轻松，与实际的沉重产生了分离。也许正是从这首诗中，我们得以窥见诗人在生命的最后对生存的思考。这个用心灵歌唱的诗人，一直都在渴望倾听远离尘嚣的美丽回音，他与世俗的生活始终相隔遥远，一直在企图摆脱尘世的羁绊与牵累。在 20 世纪 80 年代特殊的精神氛围中，海子只是一个与之密切相关的文化象征，代表了某种价值理念和精神原型，以超越现实的冲动和努力，审视个体生命的终极价值，质疑生存的本质和存在的理由，表现了一种激进的文化姿态和先锋意识。

【思考与练习】

请有感情地诵读这首诗，并谈谈你对幸福的理解。

远和近

顾 城

你，
一会看我，
一会看云。
我觉得，
你看我时很远，
你看云时很近。

【作品导读】

这首诗在朦胧诗里，是非常著名的诗篇，表达了人和自然、人和人的关系。这种关系充满了一种辩证的距离，近处的人很远，天上的云却很近。人与自然很近，人与人却很远。顾城说他想"用心中的纯银，铸一把钥匙，去开启那天国的门，向着人类。"可是"时间的马，累倒了。"即使在他最好的美丽诗篇里，也透露出淡淡的悲伤和失望。《远和近》虽只有短短的六句，却容纳了对历史的反思。"远""近"是物理距离，是客观存在，但在情感作用下，心理距离发生了变化——"远"可以变"近"，"近"可以变"远"。诗中用"你""我""云"心理距离的变换，反映了人与人之间的隔阂、猜疑和戒备，隐含着诗人对理想、和谐的人际关系的向往。诗中的"你""我""云"三个意象都具有一定的象征意义。"你""我"都生活在客观现实中，同属于社会的组成人员；"云"则象征着美丽淳朴的大自然。"你看我时很远"，这是地近心远，"咫尺天涯"；"你看云时很近"，这是地远心近，"天涯若比邻"。这首诗看似信手拈来，实则匠心独运，令人回味不已。

【思考与练习】

请谈谈你对"物理距离"与"心理距离"的看法。

致橡树

舒　婷

我如果爱你——
绝不像攀援的凌霄花，
借你的高枝炫耀自己；
我如果爱你——
绝不学痴情的鸟儿，
为绿荫重复单调的歌曲；
也不止像泉源，
常年送来清凉的慰藉；
也不止像险峰，
增加你的高度，衬托你的威仪。
甚至日光。
甚至春雨。
不，这些都还不够！
我必须是你近旁的一株木棉，
做为树的形象和你站在一起。
根，紧握在地下；
叶，相触在云里。
每一阵风过，
我们都相互致意，
但没有人，
听懂我们的言语。
你有你的铜枝铁干，
像刀、像剑，也像戟；
我有我红硕的花朵，
像沉重的叹息，
又像英勇的火炬。
我们分担寒潮、风雷、霹雳；
我们共享雾霭、流岚、虹霓。
仿佛永远分离，

却又终身相依。
这才是伟大的爱情，
坚贞就在这里：
爱——不仅爱你伟岸的身躯，
也爱你坚持的位置，足下的土地。

【作品导读】

　　《致橡树》是朦胧诗的代表作之一，创作于1977年3月，是"文化大革命"后最早的爱情诗。作为新时期文学的发轫之作，《致橡树》在文学史上的地位是不言自明的。《致橡树》是一首优美、深沉的抒情诗，诗人别具一格地选择了"木棉"与"橡树"两个中心意象，将细腻委婉而又深沉刚劲的感情蕴在新颖生动的意象之中。它所表达的爱，不仅是纯真的、炙热的，而且是高尚的、伟大的。它像一支古老而又清新的歌曲，拨动着人们的心弦。诗人以橡树为对象表达了爱情的热烈、诚挚和坚贞。诗中的橡树不是一个具体的对象，而是诗人理想中的爱人的象征。因此，这首诗在一定程度上，并不是单纯倾诉自己的热烈爱情，而是要表达一种爱情的理想和信念，通过亲切具体的形象来表达，颇有古人托物言志的意味。

【思考与练习】

　　请谈谈新时代的新青年，如何树立自立、自强的人生观、爱情观？

港台诗歌三首

青春（之一）

席慕蓉

所有的结局都已写好
所有的泪水也都已启程
却忽然忘了是怎么样的一个开始
在那个古老的不再回来的夏日

无论我如何地去追索
年轻的你只如云影掠过
而你微笑的面容极浅极淡
逐渐隐没在落日后的群岚

遂翻开那发黄的扉页
命运将它装订得极其拙劣
含着泪　我一读再读
却不得不承认
青春是一本太仓促的书

【作品导读】

席慕蓉(1943 年—)，女，蒙古族人。外祖母是蒙古族王族公主。席慕蓉在香港度过幼年，后随家人迁往台湾。1966 年以第一名的成绩毕业于比利时布鲁塞尔皇家艺术学院。1981 年，出版第一部诗集《七里香》，一年之内再版七次。读者遍及海内外。对于热心油画创作的席慕蓉来说，写诗不过是她绘画时的休息方式。她写诗是为了纪念一段过去的岁月，那个在心中存在过的小小世界。这首诗是席慕蓉"青春"诗章的第一首，也是备受读者喜爱的一首，充满着诗人对于青春的感悟和理解。语言淡雅，抒情灵动。

【思考与练习】

除了席慕蓉的这首诗，你还读过她哪些诗？请找出来，与同学们分享。

错　误

郑愁予

我打江南走过

那等在季节里的容颜如莲花的开落

东风不来，三月的柳絮不飞

你的心如小小的寂寞的城

恰若青石的街道向晚

跫音不响．三月的春帷不揭

你的心是小小的窗扉紧掩

我达达的马蹄声是美丽的错误

我不是归人，是个过客……

【作者简介】

郑愁予（1933 年—），本名郑文韬，现代诗诗人，出生于山东济南。大学毕业后赴美参与艾奥瓦大学"国际写作计划"，随后取得艺术硕士学位。曾任教艾奥瓦大学、耶鲁大学、香港大学等校。2005 年返台，担任国立东华大学第六任驻校作家。现任国立金门技术学院讲座教授、国立东华大学荣誉教授。郑愁予童年时就跟随当军人的父亲走遍了大江南北、长城内外。抗战期间，随母亲转徙各地，在避难途中，由母亲教读古诗词。15 岁开始创作新诗。1949 年随父至台湾。毕业于新竹中学。1956 年参与创立现代派诗社。1958 年毕业于台湾中兴大学。曾在基隆港务局任职。1968 年应邀参加爱荷华大学的"国际写作计划"，1970 年入爱荷华大学英文系创作班进修，获艺术硕士学位。诗集《郑愁予诗集Ⅰ》被列为"影响台湾三十年的三十本书"之一。

【作品导读】

有一种错误是美丽的，那便是爱的错误。台湾诗人郑愁予运用神来之笔，把它描写得更加美丽。通读全诗可以发现，诗人以凄美的笔调为我们讲述了一个动人的爱情故事：暮春三月，东风和煦，柳絮飘舞，在江南一个美丽的小城，一个女子在苦苦等待心上人的归来，她的心宛若孤寂的小城，没有东风，也没有柳絮，她听不到青石街道上意中人的足音，因而意态慵懒，云鬓不整，心灵也如窗扉紧闭，春帷不揭。浪迹天涯的"我"打这里走过，听到达达的马蹄声，企盼已久的她如莲花般绽开了笑颜，可"我"并不是她在等的人，她失意万分，盈盈笑靥又像夏末的莲花迅速地枯萎凋谢了。全诗不足百字，而故事情节却随着主人公的情感变化一波三折，先是漫长的期待，然后是听到马蹄声的惊喜，最后是失望，再后来又是无尽的等待。言已尽而意无穷，可谓余音袅袅，耐人寻味。

【思考与练习】

1. 谈谈现代诗歌中的古典情韵。
2. 你认为这首诗美在何处？

乡愁四韵

余光中

给我一瓢长江水啊长江水，
酒一样的长江水，
醉酒的滋味，
是乡愁的滋味，
给我一瓢长江水啊长江水。

给我一张海棠红啊海棠红，
血一样的海棠红，
沸血的烧痛，
是乡愁的烧痛，
给我一张海棠红啊海棠红。

给我一片雪花白啊雪花白，
信一样的雪花白，
家信的等待，
是乡愁的等待，
给我一片雪花白啊雪花白。

给我一朵腊梅香啊腊梅香，
母亲一样的腊梅香，
母亲的芬芳，

是乡土的芬芳，
给我一朵腊梅香啊腊梅香。

【作品导读】

　　台湾诗人余光中以"乡愁诗人"著称。他意蕴深刻的乡愁诗，写出了海外游子的思归之情，洋溢着诗人魂牵梦绕的"中国情结"。这首诗借长江水、海棠红、雪花白、腊梅香这些具体的实物，把抽象的乡愁具体化了，变成具体可感的东西，表达作者渴望与亲人团聚，渴望祖国统一的强烈愿望。作者把无形的乡愁化为四种事物，可见作者愁思之重。全诗分四个小节，将乡愁依次比喻，结构严谨而巧妙。

【思考与练习】

　　1. 请找出几首写乡愁的古诗，与本诗进行比较。
　　2. 余光中还有一首《乡愁》，请比较一下两首诗的不同：

乡　愁
余光中

小时候，
乡愁是一枚小小的邮票，
我在这头，母亲在那头。

长大后，
乡愁是一张窄窄的船票，
我在这头，新娘在那头。

后来啊，
乡愁是一方矮矮的坟墓，
我在外头，母亲在里头。

而现在，
乡愁是一湾浅浅的海峡，
我在这头，大陆在那头。

萧 萧

沈从文

　　乡下人吹唢呐接媳妇，到了十二月是成天有的事情。

　　唢呐后面一顶花轿，两个伕子平平稳稳的抬着，轿中人被铜锁锁在里面，虽穿了平时不上过身的体面红绿衣裳，也仍然得荷荷大哭。在这些小女人心中，做新娘子，从母亲身边离开，且准备作他人的母亲，从此必然将有许多新事情等待发生。像做梦一样，将同一个陌生男子汉在一个床上睡觉，做着承宗接祖的事情。这些事想起来，当然有些害怕，所以照例觉得要哭哭，就哭了。

　　也有做媳妇不哭的人。萧萧做媳妇就不哭。这女人没有母亲，从小寄养到伯父种田的庄子上，终日提个小竹兜箩，在路旁田坎捡狗屎。出嫁只是从这家转到那家。因此到那一天，这女人还只是笑。她又不害羞，又不怕。她是什么事也不知道，就做了人家的新媳妇了。

　　萧萧做媳妇时年纪十二岁，有一个小丈夫，年纪还不到三岁。丈夫比她年少十来岁，断奶还不多久。地方有这么一个老规矩，过了门，她喊他做弟弟。她每天应作的事是抱弟弟到村前柳树下去玩，到溪边去玩，饿了，喂东西吃，哭了，就哄他，摘南瓜花或狗尾草戴到小丈夫头上，或者连连亲嘴，一面说："弟弟，哪，啵。再来，啵。"在那满是肮脏的小脸上亲了又亲，孩子于是便笑了。孩子一欢喜兴奋，行动粗野起来，会用短短的小手乱抓萧萧的头发。那是平时不大能收拾蓬蓬松松在头上的黄发。有时候，垂到脑后那条小辫儿被拉得太久，把红绒线结也弄松了，生了气，就挞那弟弟几下，弟弟自然哇的哭出声来。萧萧于是也装成要哭的样子，用手指着弟弟的哭脸，说："哪，人不讲理，可不行！"

　　天晴落雨日子混下去，每日抱抱丈夫，也帮同家中作点杂事，能动手的就动手。又时常到溪沟里去洗衣，搓尿片，一面还捡拾有花纹的田螺给坐在身边的小丈夫玩。到了夜里睡觉，便常常做这种年龄人所做过的梦，梦到后门角落或别的什么地方捡得大把大把铜钱，吃好东西，爬树，自己变成鱼到水中各处溜，或一时仿佛身子很小很轻，飞到天上众星中，没有一个人，只是一片白，一片金光，于是大喊"妈！"人就吓醒了。醒来心里还只是跳。

　　吵了隔壁的人，不免骂着："疯子，你想什么！白天玩得疯，晚上就做梦！"

　　萧萧听着却不作声，只是咕咕的笑。也有很好很爽快的梦，为丈夫哭醒的事情。那丈夫本来晚上在自己母亲身边睡，吃奶方便，但是吃多了奶，或因另外情形，半夜大哭，起来放水拉稀是常有的事。丈夫哭到婆婆无可奈何，于是萧萧轻脚轻手爬起床来，睡眼迷蒙，走到床边，把人抱起，给他看月光，看星光；或者仍然啵啵的亲嘴，互相觑着，孩子气的"嗨嗨，看猫呵！"那样喊着哄着，于是丈夫笑了。玩一会会，困倦起来，慢慢的阖上眼。人睡定后，放上床，站在床边看着，听远处一传一递的鸡叫，知道天快到什么时候了，于是仍然蜷到小床上睡去。天亮后，虽不做梦，却可以无意中闭眼开眼，看一阵在面前空中变幻无端的黄边紫心葵花，那是一种真正的享受。

萧萧嫁过了门，做了拳头大的丈夫小媳妇，一切并不比先前受苦，这只看她一年来身体发育就可明白。风里雨里过日子，像一株长在园角落不为人注意的蓖麻，大叶大枝，日增茂盛，这小女人简直是全不为丈夫设想那么似的，一天比一天长大起来了。

夏夜光景说来如做梦。大家饭后坐到院中心歇凉，挥摇蒲扇，看天上的星同屋角的萤，听南瓜棚上纺织娘咯咯咯拖长声音纺车，远近声音繁密如落雨，禾花风翛翛吹到脸上，正是让人在各种方便中说笑话的时候。

萧萧好高，一个人常常爬到草料堆上去，抱了已经熟睡的丈夫在怀里，轻轻的轻轻的随意唱着自编的四句头山歌。唱来唱去却把自己也催眠起来，快要睡去了。

在院坝中，公公婆婆，祖父祖母，另外还有帮工汉子两个，散乱的坐在小板凳上，摆龙门阵学古，轮流下去打发上半夜。

祖父身边有个烟包，在黑暗中放光。这用艾蒿作成的烟包，是驱逐长脚蚊得力东西，蜷在祖父脚边，犹如一条乌梢蛇。间或又拿起来晃那么几下。

想起白天场上的事情，祖父开口说话："我听三金说，前天又有女学生过身。"

大家就哄然笑了起来。

这笑的意义何在？只因为在大家印象中，都知道女学生没有辫子，留下个鹌鹑尾巴，像个尼姑，又不完全像。穿的衣服像洋人，又不是洋人。吃的，用的，……总而言之，事事不同，一想起来就觉得怪可笑！

萧萧不大明白，她不笑。所以老祖父又说话了。他说："萧萧，你长大了，将来也会做女学生！"

大家于是更哄然大笑起来。

萧萧为人并不愚蠢，觉得这一定是不利于己的一件事情，所以接口便说："爷爷，我不做女学生。"

"你像个女学生，不做可不行。"

"我一定不做。"

众人有意取笑，异口同声的说："萧萧，爷爷说得对，你非做女学生不行！"

萧萧急得无可如何，"做就做，我不怕。"其实做女学生有什么不好，萧萧全不知道。

女学生这东西，在本乡的确永远是奇闻。每年一到六月天，据说放"水假"日子一到，照例便有三三五五女学生，由一个荒谬不经的热闹地方来，到另一个远地方去，取道从本地过身。从乡下人眼中看来，这些人都近于另一世界中活下的人，装扮奇奇怪怪，行为更不可思议。这种女学生过身时，使一村人都可以说一整天的笑话。

祖父是当地一个人物，因为想起所知道的女学生在大城中的生活情形，所以说笑话要萧萧也去作女学生。一面听到这话，就感觉一种打哈哈趣味，一面还有那被说的萧萧感觉一种惶恐，说这话的不为无意义了。

女学生由祖父方面所知道的是这样一种人：她们穿衣服不管天气冷暖，吃东西不问饥饱，晚上交到子时才睡觉，白天正经事全不作，只知唱歌打球，读洋书。她们都会花钱，一年用的钱可以买十六只水牛。她们在省里京里想往什么地方去时，不必走路，只要钻进一个大匣子中，那匣子就可以带她到地。城市中还有各种各样的大小不同匣子，都用机器开动。她们在学校，男女在一处上课读书，人熟了，就随意同那男子睡觉，也不要媒人，也不要财礼，名叫"自由"。她们也做做州县官，带家眷上任，男子仍然喊作"老爷"，小孩子叫"少爷"。她们自己不养牛，却吃牛奶羊奶，如小牛小羊；买那奶时是用铁罐子盛的。她们无事时到一个唱戏地方去，那地方完全像个大庙，从衣袋中取出一块洋钱来（那洋钱在乡下可买五只母鸡），买了一小方纸片儿，拿了那纸片到里面去，就可以坐下看洋人扮演影子戏。她们被冤了，不赌咒，不哭。她们年纪有老到二十四岁还不肯嫁人的，有老到三十四十居然还好意思嫁人的。她们不怕男子，男子不能使她们受委屈，一受委屈就上衙门打官司，要官罚男子的款，这笔钱她有时独占自己花用，有时和官平分。

她们不洗衣煮饭，也不养猪喂鸡；有了小孩子，也只花五块钱或十块钱一月，雇个人专管小孩，自己仍然整天看戏打牌，或者读那些没有用处的闲书。……

总而言之，说来事事都希奇古怪，和庄稼人不同，有的简直还可说岂有此理。这时经祖父一为说明，听过这活的萧萧，心中却忽然有了一种模模糊糊的愿望，以为倘若她也是个女学生，她是不是照祖父说的女学生一个样子去做那些事情？不管好歹，女学生并不可怕，因此一来，却已为这乡下姑娘初次体念到了。

因为听祖父说起女学生是怎样的人物，到后萧萧独自笑得特别久。笑够了时，她说："爷爷，明天有女学生过路，你喊我，我要看看。"

"你看，她们捉你去作丫头。"

"我不怕她们。"

"她们读洋书念经你也不怕？"

"念观音菩萨消灾经，念紧箍咒，我都不怕。"

"她们咬人，和做官的一样，专吃乡下人，吃人骨头渣渣也不吐，你不怕？"

萧萧肯定的回答说："也不怕。"

可是这时节萧萧手上所抱的丈夫，不知为甚么，在睡梦中哭了，媳妇于是用作母亲的声势，半哄半吓的说："弟弟，弟弟，不许哭，不许哭，女学生咬人来了。"

丈夫还仍然哭着，得抱起各处走走。萧萧抱着丈夫离开了祖父，祖父同人说另外一样古话去了。

萧萧从此以后心中有个"女学生"。做梦也便常常梦到女学生，且梦到同这些人并排走路。仿佛也坐过那种自己会走路的匣子，她又觉得这匣子并不比自己跑路更快。在梦中那匣子的形体同谷仓差不多，里面还有小小灰色老鼠，眼珠子红红的，各处乱跑，有时钻到门缝里去，把个小尾巴露在外边。

因为有这样一段经过，祖父从此喊萧萧不喊"小丫头"，不喊"萧萧"，却唤作"女学生"。在不经意中萧萧答应得很好。

乡下里日子也如世界上一般日子，时时不同。世界上人把日子糟蹋，和萧萧一类人家把日子吝惜是同样的，各有所得，各属分定。许多城市中文明人，把一个夏天完全消磨到软绸衣服、精美饮料以及种种好事情上面。萧萧的一家，因为一个夏天的劳作，却得了十多斤细麻，二三十担瓜。

作小媳妇的萧萧，一个夏天中，一面照料丈夫，一面还绩了细麻四斤。

到秋八月工人摘瓜，在瓜间玩，看硕大如盆、上面满是灰粉的大南瓜，成排成堆摆到地上，很有趣味。时间到摘瓜，秋天真的已来了，院子中各处有从屋后林子里树上吹来的大红大黄木叶。萧萧在瓜旁站定，手拿木叶一束，为丈夫编小小笠帽玩。

工人中有个名叫花狗，年纪二十三岁，抱了萧萧的丈夫到枣树下去打枣子。小小竹竿打在枣树上，落枣满地。

"花狗大，莫打了，太多了吃不完。"

虽这样喊，还不动身。到后，仿佛完全因为丈夫要枣子，花狗才不听话。

萧萧于是又警告她那小丈夫："弟弟，弟弟，来，不许捡了。吃多了生东西肚子痛！"

丈夫听话，兜了大堆枣子向萧萧身边走来，请萧萧吃枣子。

"姊姊吃，这是大的。"

"我不吃。"

"要吃一颗！"

她两手那里有空！木叶帽正在制边，工夫要紧，还正要个人帮忙！

"弟弟，把枣子喂我口里。"

丈夫照她的命令作事，作完了觉得有趣，哈哈大笑。

她要他放下枣子帮忙捏紧帽边，便于添加新木叶。

丈夫照她吩咐作事，但老是顽皮的摇动，口中唱歌。这孩子原来像一只猫，欢喜时就得捣乱。

"弟弟，你唱的是什么？"

"我唱花狗大告我的山歌。"

"好好的唱一个给我听。"

丈夫于是帮忙拉着帽边，一面就唱下去，照所记到的歌唱：

天上起云云起花，包谷林里种豆荚，豆荚缠坏包谷树，娇妹缠坏后生家。

天上起云云重云，地下埋坟坟重坟，娇妹洗碗碗重碗，娇妹床上人重人。

歌中意义丈夫全不明白，唱完了就问萧萧好不好。萧萧说好，并且问从谁学来的，她知道是花狗教他的，却故意盘问他。

"花狗大告我，他说还有好多歌，长大了再教我唱。"

听说花狗会唱歌，萧萧说："花狗大，花狗大，你唱一个正经好听的歌我听听。"

那花狗，面如其心，生长得不很正气，知道萧萧要听歌，人也快到听歌的年龄了，就给她唱"十岁娘子一岁夫"。那故事说的是妻年大，可以随便到外面作一点不规矩事情；夫年小，只知吃奶，让他吃奶。这歌丈夫完全不懂，懂到一点儿的是萧萧。把歌听过后，萧萧装成"我全明白"那种神气，她用生气的样子，对花狗说："花狗大，这个不行，这是骂人的歌！"

花狗分辩说："不是骂人的歌。"

"我明白，是骂人的歌。"

花狗难得说多话，歌已经唱过了，错了陪礼，只有不再唱。他看她已经有点懂事了，怕她回头告祖父，会挨顿臭骂，就把话支吾开，扯到"女学生"上头去。他问萧萧，看不看过女学生习体操唱洋歌的事情。

若不是花狗提起，萧萧几乎已忘却了这事情。这时又提到女学生，她问花狗近来有没有女学生过路，她想看看。

花狗一面把南瓜从棚架边抱到墙角去，告她女学生唱歌的事情，这些事的来源还是萧萧的那个祖父。他在萧萧面前说了点大活，说他曾经到官路上见过四个女学生，她们都拿得有旗帜，走长路流汗喘气之中仍然唱歌，同军人所唱的一模一样。不消说，这自然完全是胡诌的笑话。可是那故事把萧萧可乐坏了。因为花狗说这个就叫做"自由"。

花狗是起眼动眉毛、一打两头翘、会说会笑的一个人。听萧萧带着欲羡口气说"花狗大，你膀子真大"，他就说："我不止膀子大。"

"你身个子也大。"

"我全身无处不大。"

萧萧还不大懂得这个话的意思，只觉得憨而好笑。

到萧萧抱了她的丈夫走去以后，同花狗在一起摘瓜，取名字叫哑巴的，开了平时不常开的口。

"花狗，你少坏点。人家是十三岁黄花女，还要等十二年后才圆房！"

花狗不做声，打了那伙计一巴掌，走到枣树下捡落地枣去了。

到摘瓜的秋天，日子计算起来，萧萧过丈夫家有一年来了。

几次降霜落雪，几次清明谷雨，一家中人都说萧萧是大人了。天保佑，喝冷水，吃粗橱饭，四季无疾病，倒发育得这样快。婆婆虽生来像一把剪子，把凡是给萧萧暴长的机会都剪去了，但乡下的日头同空气都帮助人长大，却不是折磨可以阻拦得住。

萧萧十五岁时已高如成人，心却还是一颗糊糊涂涂的心。

人大了一点，家中做的事也多了一点。绩麻、纺线、洗衣、照料丈夫以外，打猪草推磨一些事情也要作，还有浆纱织布。凡事都学，学学就会了。

乡下习惯凡是行有余力的都可从劳作中攒点本分私房，两三年来仅仅萧萧个人份上所聚集的粗细麻和纺就的棉纱，也够萧萧坐到土机上抛三个月的梭子了。

丈夫早断了奶。婆婆有了新儿子，这五岁儿子就像归萧萧独有了。不论做什么，走到什么地方去，丈夫总跟在身边。丈夫有些方面很怕她，当她如母亲，不敢多事。他们俩实在感情不坏。

地方稍稍进步，祖父的笑话转到"萧萧你也把辫子剪去好自由"那一类事上去了。听着这话的萧萧，某个夏天也看过了一次女学生，虽不把祖父笑话认真，可是每一次在祖父说过这笑话以后，她到水边去，必不自觉的用手捏着辫子末梢，设想没有辫子的人那种神气，那点趣味。

打猪草，带丈夫上螺蛳山的山阴是常有的事。

小孩子不知事故，听别人唱歌也唱歌。一开腔唱歌，就把花狗引来了。

花狗对萧萧生了另外一种心，萧萧有点明白了，常常觉得惶恐不安。但花狗是男子，凡是男子的美德恶德都不缺少，劳动力强，手脚勤快，又会玩会说，所以一面使萧萧的丈夫非常欢喜同他玩，一面一有机会即缠在萧萧身边，且总是想方设法把萧萧那点惶恐减去。

山大人小，到处是树林蒙茸，平时不知道萧萧所在，花狗就站在高处唱歌逗萧萧身边的丈夫；丈夫小口一开，花狗穿山越岭就来到萧萧面前了。

见了花狗，小孩子只有欢喜，不知其他。他原要花狗为他编草虫玩，做竹箫哨子玩，花狗想方法支使他到一个远处去找材料，便坐到萧萧身边来，要萧萧听他唱那使人开心红脸的歌。她有时觉得害怕，不许丈夫走开；有时又像有了花狗在身边，打发丈夫走去反倒好一点。终于有一大，萧萧就这样给花狗把心窍子唱开，变成个妇人了。

那时节，丈夫走到山下采刺莓去了，花狗唱了许多歌，到后却向萧萧唱：

娇家门前一重坡，别人走少郎走多，铁打草鞋穿烂了，不是为你为哪个？

末了却向萧萧说："我为你睡不着觉。"他又说他赌咒不把这事情告给人。听了这些话仍然不懂什么的萧萧，眼睛只注意到他那一对粗粗的手膀子，耳朵只注意到他最后一句话。末了花狗大便又唱了许多歌给她听。她心里乱了。她要他当真对天赌咒，赌过了咒，一切好像有了保障，她就一切尽他了。

到丈夫返身时，手被毛毛虫螫伤，肿了一大片，走到萧萧身边。萧萧捏紧这一只小手，且用口去呵它，吮它，想起刚才的糊涂，才仿佛明白自己作了一点不大好的糊涂事。

花狗诱她做坏事情是麦黄四月，到六月，李子熟了，她欢喜吃生李子。

她觉得身体有点特别，在山上碰到花狗，就将这事情告给他，问他怎么办。

讨论了多久，花狗全无主意。虽以前自己当天赌得有咒，也仍然无主意。

原来这家伙个子大，胆量小。个子大容易做错事，胆量小做了错事就想不出办法。

到后，萧萧捏着自己那条乌梢蛇似的大辫子，想起城里了，她说："花狗大，我们到城里去自由，帮帮人过日子，不好么？"

"那怎么行？到城里去做什么？"

"我肚子大了，那不成。"

"我们找药去。场上有郎中卖药。"

"你赶快找药来，我想……"

"你想逃到城里去自由，不成的。人生面不熟，讨饭也有规矩，不能随便！"

"你这没有良心的，你害了我，我想死！"

"我赌咒不辜负你。"

"负不负我有什么用，帮我个忙，赶快拿去肚子里这块肉罢。我害怕！"

花狗不再做声，过了一会，便走开了。不久丈夫从他处拿了大把山里红果子回来，见萧萧一个人坐在草地上眼睛红红的，丈夫心中纳罕。看了一会，问萧萧："姊姊，为甚么哭？"

"不为甚么，毛毛虫落到眼睛窝里，痛。"

"我吹吹罢。"

"不要吹。"

"你瞧我，得这些这些。"

他把手中拿的和从溪中捡来放在衣口袋里的小蚌、石头全部陈列到萧萧面前，萧萧泪眼婆娑看了一会，勉强笑着说："弟弟，我们要好，我哭你莫告家中。告家中我可要生气!"到后这事情家中当真就无人知道。

过了半个月，花狗不辞而行，把自己所有的衣裤都拿去了。祖父问同住的长工哑巴，知不知道他为什么走路，走哪儿去？是上山落草，还是作薛仁贵投军？哑巴只是摇头，说花狗还欠了他两百钱，临走时话都不留一句，为人少良心。哑巴说他自己的话，并没有把花狗走的理由说明。因此这一家希奇一整天，谈论一整天。不过这工人既不愉走物件，又不拐带别的，这事情过后不久，自然也就把他忘掉了。

萧萧仍然是往日的萧萧。她能够忘记花狗就好了，但是肚子真有些不同了，肚中东西总在动，使她常常一个人干发急，尽做怪梦。

她脾气坏了一点，这坏处只有丈夫知道，因为她对丈夫似乎严厉苛刻了好些。

仍然每天同丈夫在一处，她的心，想到的事自己也不十分明白。她常想，我现在死了，什么都好了。可是为什么要死？她还很高兴活下去，愿意活下去。

家中人不拘谁在无意中提起关于丈夫弟弟的话，提起小孩子，提起花狗，都像使这话如拳头，在萧萧胸口上重重一击。

到九月，她担心人知道更多了，引丈夫庙里去玩，就私自许愿，吃了一大把香灰。吃香灰被她丈夫看见了，丈夫问这是做甚么，萧萧就说肚痛，应当吃这个。萧萧自然说谎。虽说求菩萨保佑，菩萨当然没有如她的希望，肚子中长大的东西依旧在慢慢的长大。

她又常常往溪里去喝冷水，给丈夫看见时，丈夫问她，她就说口渴。

一切她所想到的方法都没有能够使她与自己不欢喜的东西分开。大肚子只有丈夫一人知道，他却不敢告这件事给父母晓得。因为时间长久，年龄不同，丈夫有些时候对于萧萧的怕同爱，比对于父母还深切。

她还记得那花狗赌咒那一天里的事情，如同记着其他事情一样。到秋天，屋前屋后毛毛虫都结茧，成了各种好看蝶蛾，丈夫像故意折磨她一样，常常提起几个月前被毛毛虫螫手的旧话，使萧萧心里难过。她因此极恨毛毛虫，见了那小虫就想用脚去踹。

有一天，又听人说有好些女学生过路，听过这话的萧萧，睁了眼做过一阵梦，愣愣的对日头出处痴了半天。

萧萧步花狗后尘，也想逃走，收拾一点东西预备跟了女学生走的那条路上城去自由。但没有动身，就被家里人发觉了。这种打算照乡下人说来是一件大事，于是把她两手捆了起来，丢在灶屋边，饿了一天。

家中追究这逃走的根源，才明白这个十年后预备给小丈夫生儿子继香火的萧萧肚子已被另一个人抢先下了种。这在一家人生活中真是了不得的一件大事！一家人的平静生活，为这件新事全弄乱了。生气的生气，流泪的流泪，骂人的骂人，各按本分乱下去。悬梁，投水，吃毒药，被禁困着的萧萧，诸事漫无边际的全想到了，究竟是年纪太小，舍不得死，却不曾做。于是祖父从现实出发，想出个聪明主意，把萧萧关在房里，派两人好好看守着，请萧萧本族的人来说话，照规矩，看是"沉潭"还是"发卖"？萧萧家中人要面子，就沉潭淹死了她，舍不得死就发卖。萧萧只有一个伯父，在近处庄子里为人种田，去请他时先还以为是吃酒，到了才知是这样丢脸事情，弄得这老实忠厚的家长手足无措。

大肚子作证，什么也没有可说。照习惯，沉潭多是读过"子曰"的族长爱面子才作出的蠢事。伯父不读"子曰"，不忍把萧萧当牺牲，萧萧当然应当嫁人作"二路亲"了。

这也是一种处罚，好像极其自然，照习惯受损失的是丈夫家里，然而却可以在改嫁上收回一笔钱，当作赔偿损失的数目。那伯父把这事情告给了萧萧，就要走路。萧萧拉着伯父衣角不放，只是幽幽的哭。伯父摇了一会头，一句话不说，仍然走了。

一时没有相当的人家来要萧萧，送到远处去也得有人，因此暂时就仍然在丈夫家中住下。这件事情既经说明白，照乡下规矩，倒又像不甚么要紧，只等待处分，大家反而释然了。先是小丈夫不能再同萧萧在一处，到后又仍然如月前情形，姊弟一般有说有笑的过日子了。

丈夫知道了萧萧肚子中有儿子的事情，又知道因为这样萧萧才应当嫁到远处去。但是丈夫并不愿意萧萧去，萧萧自己也不愿意去。大家全莫名其妙，只是照规矩像逼到要这样做，不得不做。究竟是谁定的规矩，是周公还是周婆，也没有人说得清楚。

在等候主顾来看人，等到十二月，还没有人来，萧萧只好在这人家过年。

萧萧次年二月间，十月满足，坐草生了一个儿子，团头大眼，声响宏壮。

大家把母子二人照料得好好的，照规矩吃蒸鸡同江米酒补血，烧纸谢神。一家人都欢喜那儿子。

生下的既是儿子，萧萧不嫁别处了。

到萧萧正式同丈夫拜堂圆房时，儿子已经年纪十岁，有了半劳动力，能看牛割草，成为家中生产者一员了。平时喊萧萧丈夫做大叔，大叔也答应，从不生气。

这儿子名叫牛儿。牛儿十二岁时也接了亲，媳妇年长六岁。媳妇年纪大，方能诸事作帮手，对家中有帮助。唢呐到门前时，新娘在轿中呜呜的哭着，忙坏了那个祖父，曾祖父。

这一天，萧萧，抱了自己新生的毛毛，在屋前榆蜡树篱笆间看热闹，同十年前抱丈夫一个样子。

1929 年作
1957 年 2 月校改字句

【作品导读】

选自《沈从文全集》第 8 卷，北岳文艺出版社 2002 年 12 月版。

这篇小说中的"湘西世界"的乡情风俗、自然景致和人事命运浑然一体，描绘出美丽得让人忧愁的牧歌情调，展示了湘西底层人民的"自在状态"与朴素坚韧的生命本性。

萧萧是个无依无靠的孤儿，"风里雨里过日子，像一株长在园角落不为人注意的蓖麻；大叶大枝，日增茂盛。"她和沈从文《边城》中的翠翠、《长河》中的天天一样，天真单纯、无知无识，无法把握自己的命运，只是被习惯的生活裹挟着向前。身为"童养媳"的萧萧被长工花狗把肚子睡大，她幻想着和花狗到城里去自由，花狗却一个人溜之大吉。萧萧预备跟了女学生走的那条路进城去自由，可是还没有动身就被家人发现了。萧萧也想过死，但又舍不得死。这样她的命运就得由本族人决定：要么"沉潭"，要么"发卖"。萧萧的伯父舍不得让她"沉潭"，于是她就在婆家等待"发卖"，结果还没有等到人来买，萧萧就生下了一个大儿子，婆家也就舍不得卖她，于是她就做了小丈夫的大妻子。在对萧萧的形象塑造和命运关注中，隐含着作家对原始蒙昧与封建宗法交织的"湘西世界"的思考与批判。

小说写风景、写风俗、写生存状态、写湘西小儿女的心事与命运，平淡而辽远。作家有哀痛、有惆怅，但不刻意渲染人物的外部冲突，只是把这一切隐藏在人物、景物和场景之中，在日常的生活事件中揭示人物的内心世界。小说的语言同样植根在湘西生活的土壤，质朴清新的叙述间杂以富有地方色彩和生活气息的乡言村语。

【思考与练习】

1. 这篇小说刻画了萧萧怎样的命运？小说的风格和语言有什么特点？
2. 阅读沈从文的《边城》，结合《萧萧》看看作家写出了怎样的"湘西世界"？

项 链

[法]居伊·德·莫泊桑

她也是一个美丽动人的姑娘，好像由于命运的差错，生在一个小职员的家里。她没有陪嫁的资产，也没有甚么法子让一个有钱的体面人认识她，了解她，爱她，娶她；最后只得跟教育部的一个小书记结了婚。

她不能够讲究打扮，只好穿得朴朴素素，但是她觉得很不幸，好像这降低了她的身分似的。因为在妇女，美丽、丰韵、娇媚，就是她们的出身；天生的聪明，优美的资质，温柔的性情，就是她们唯一的资格。

她觉得她生来就是为着过高雅和奢华的生活，因此她不断地感到痛苦。住宅的寒伦，墙壁的黯淡，家具的破旧，衣料的粗陋，都使她苦恼。这些东西，在别的跟她一样地位的妇人，也许不会挂在心上，然而她却因此痛苦，因此伤心。她看着那个替她做琐碎家事的勃雷大涅省的小女仆，心里就引起悲哀的感慨和狂乱的梦想。她梦想那些幽静的厅堂，那里装饰着东方的帷幕，点着高脚的青铜灯，还有两个穿短裤的仆人，躺在宽大的椅子里，被暖炉的热气烘得打盹儿。她梦想那些宽敞的客厅，那里张挂着古式的壁衣，陈设着精巧的木器，珍奇的古玩。她梦想那些华美的香气扑鼻的小客室，在那里，下午五点钟的时候，她跟最亲密的男朋友闲谈，或者跟那些一般女人所最仰慕最乐于结识的男子闲谈。

每当她在铺着一块三天没洗的桌布的圆桌边坐下来吃晚饭的时候，对面，她的丈夫揭开汤锅的盖子，带着惊喜的神气说："啊！好香的肉汤！再没有比这更好的了！……"这时候，她就梦想到那些精美的晚餐，亮晶晶的银器；梦想到那些挂在墙上的壁衣，上面绣着古装人物，仙境般的园林，奇异的禽鸟；梦想到盛在名贵的盘碟里的佳肴；梦想到一边吃着粉红色的鲈鱼或者松鸡翅膀，一边带着迷人的微笑听客人密谈。

她没有漂亮服装，没有珠宝，甚么也没有。然而她偏偏只喜爱这些，她觉得自己生在世上就是为了这些。她一向就想望着得人欢心，被人艳羡，具有诱惑力而被人追求。

她有一个有钱的女朋友，是教会女校的同学，可是她再也不想去看望她了，因为看望回来就会感到十分痛苦。由于伤心、悔恨、失望、困苦，她常常整天地哭好几天。

然而，有一天傍晚，她丈夫得意扬扬地回家来，手里拿着一个大信封。

"看呀，"他说，"这里有点东西给你。"

她高高兴兴地拆开信封，抽出一张请柬，上面印着这些字：

　　教育部部长乔治·郎伯诺及夫人，恭请路瓦栽先生与夫人于一月十八日（星期一）光临教育部礼堂，参加夜会。

　　她不像她丈夫预料的那样高兴，她懊恼地把请柬丢在桌上，咕哝着说：

　　"你叫我拿着这东西怎么办呢？"

　　"但是，亲爱的，我原以为你一定很喜欢的。你从来不出门，这是一个机会，这个，一个好机会！我费了多大力气才弄到手。大家都希望得到，可是很难得到，一向很少发给职员。你在那儿可以看见所有的官员。"

　　她用恼怒的眼睛瞧着他，不耐烦地大声说：

　　"你打算让我穿甚么去呢？"

　　他没有料到这个，结结巴巴地说：

　　"你上戏园子穿的那件衣裳，我觉得就很好，依我……"

　　他住了口，惊惶失措，因为看见妻子哭起来了，两颗大大的泪珠慢慢地顺着眼角流到嘴角来了。他吃吃地说：

　　"你怎么了？你怎么了？"

　　她费了很大的力，才抑制住悲痛，擦干她那润湿的两腮，用平静的声音回答：

　　"没有甚么。只是，没有件象样的衣服，我不能去参加这个夜会。你的同事，谁的妻子打扮得比我好，就把这请柬送给谁去吧。"

　　他难受了，接着说：

　　"好吧，玛蒂尔德。做一身合适的衣服，你在别的场合也能穿，很朴素的，得多少钱呢？"

　　她想了几秒钟，合计出一个数目，考虑到这个数目可以提出来，不会招致这个俭省的书记立刻的拒绝和惊骇的叫声。

　　末了，她迟疑地答道：

　　"准数呢，我不知道，不过我想，有四百法郎就可以办到。"

　　他脸色有点发白了。他恰好存着这么一笔款子，预备买一杆猎枪，好在夏季的星期天，跟几个朋友到南代尔平原去打云雀。

　　然而他说：

　　"就这样吧，我给你四百法郎。不过你得把这件长衣裙做得好看些。"

　　夜会的日子近了，但是路瓦栽夫人显得郁闷、不安、忧愁。她的衣服却做好了。她丈夫有一天晚上对她说：

　　"你怎么了？看看，这三天来你非常奇怪。"

她回答说：

"叫我发愁的是一粒珍珠、一块宝石都没有，没有甚么戴的。我处处带着穷酸气，很想不去参加这个夜会。"

他说：

"戴上几朵鲜花吧。在这个季节里，这是很时新的。花十个法郎，就能买两三朵别致的玫瑰。"

她还是不依。

"不成，……在阔太太中间露穷酸相，再难堪也没有了。"

她丈夫大声说：

"你多么傻呀！去找你的朋友佛来思节夫人，向她借几样珠宝。你跟她很有交情，这点事满可以办到。"

她发出惊喜的叫声：

"真的！我倒没想到这个。"

第二天，她到她的朋友家里，说起自己的烦闷。

佛来思节夫人走近她那个镶着镜子的衣柜，取出一个大匣子，拿过来打开了，对路瓦栽夫人说：

"挑吧，亲爱的。"

她先看了几副镯子，又看了一挂珍珠项圈，随后又看了一个威尼斯式的镶着宝石的金十字架，做工非常精巧。她在镜子前边试这些首饰，犹豫不决，不知道该拿起哪件，放下哪件。她不断地问着：

"再没有别的了吗？"

"还有呢。你自己找吧，我不知道哪样合你的意。"

忽然她在一个青缎子盒子里发现一挂精美的钻石项链，她高兴得心也跳起来了。她双手拿着那项链发抖。她把项链绕着脖子挂在她那长长的高领上，站在镜前对着自己的影子出神好半天。

随后，她迟疑而焦急地问：

"你能借给我这件吗？我只借这一件。"

"当然可以。"

她跳起来，搂住朋友的脖子，狂热地亲她，接着就带着这件宝物跑了。

夜会的日子到了，路瓦栽夫人得到成功。她比所有的女宾都漂亮、高雅、迷人，她满脸笑容，兴高采烈。所有的男宾都注视她，打听她的姓名，求人给介绍；部里机要处的人员都想跟她跳舞，部长也注意她了。

她狂热地兴奋地跳舞，沉迷在欢乐里，甚么都不想了。她陶醉于自己的美貌胜过一切女宾，陶醉于成功的光荣，陶醉在人们对她的赞美和羡妒所形成的幸福的云雾里，陶醉在妇女们所认为最美满最甜蜜的胜利里。

她是早晨四点钟光景离开的。她丈夫从半夜起就跟三个男宾在一间冷落的小客室里睡着了。那时候，这三个男宾的妻子也正舞得快活。

她丈夫把那件从家里带来预备给她临走时候加穿的衣服，披在她的肩膀上。这是件朴素的家常衣服，这件衣服的寒伧味儿跟舞会上的衣服的豪华气派很不相称。她感觉到这一点，为了避免那些穿着珍贵皮衣的女人看见，想赶快逃走。

路瓦栽把她拉住，说：

"等一等，你到外边要着凉的。我去叫一辆马车来。"

但是她一点也不听，赶忙走下台阶。他们到了街上，一辆车也没看见，他们到处找，远远地看见车夫就喊。

他们在失望中顺着塞纳—马恩省河走去，冷得发抖，终于在河岸上找着一辆拉晚儿的破马车。这种车，巴黎只有夜间才看得见；白天，它们好像自惭形秽，不出来。

车把他们一直拉到马丁街寓所门口，他们惆怅地进了门。在她，一件大事算是完了。她丈夫呢，就想着十点钟得到部里去。

她脱下披在肩膀上的衣服，站在镜子前边，为的是趁这荣耀的打扮还在身上，再端详一下自己。但是，她猛然喊了一声。脖子上的钻石项链没有了。

她丈夫已经脱了一半衣服，就问：

"甚么事情？"

她吓昏了，转身向着他说：

"我……我……我丢了佛来思节夫人的项链了。"

他惊惶失措地直起身子，说：

"甚么！……怎么啦！……哪儿会有这样的事！"

他们在长衣裙褶里、大衣褶里寻找，在所有口袋里寻找，竟没有找到。

他问：

"你确实相信离开舞会的时候它还在吗？"

"是的，在教育部走廊上我还摸过它呢。"

"但是，如果是在街上丢的，我们总听得见声响。一定是丢在车里了。"

"是的，很可能。你记得车的号码吗？"

"不记得。你呢，你没注意吗？"

"没有。"

他们惊惶地面面相觑。末后，路瓦栽重新穿好衣服。

"我去，"他说，"把我们走过的路再走一遍，看看会不会找着。"

他出去了。她穿着那件参加舞会的衣服，连上床睡觉的力气也没有，只是倒在一把椅子里发呆，精神一点也提不起来，甚么也不想。

七点钟光景，她丈夫回来了。甚么也没找着。

后来，他到警察厅去，到各报馆去，悬赏招寻，也到所有车行去找。总之，凡有一线希望的地方，他都去过了。

她面对着这不幸的灾祸，整天等候着，整天在惊恐的状态里。

晚上，路瓦栽带着瘦削苍白的脸回来了，一无所得。

"应该给你的朋友写信，"他说，"说你把项链的搭钩弄坏了，正在修理。这样，我们才有周转的时间。"

她照他说的写了封信。

过了一个星期，他们所有的希望都断绝了。

路瓦栽，好像老了五年，他决然说：

"应该想法赔偿这件首饰了。"

第二天，他们拿了盛项链的盒子，照着盒子上的招牌字号找到那家珠宝店。老板查看了许多帐簿，说：

"太太，这挂项链不是我卖出的；我只卖出这个盒子。"

于是他们就从这家珠宝店到那家珠宝店，凭着记忆去找一挂同样的项链。两个人都愁苦不堪，快病倒了。

在皇宫街一家铺子里，他们看见一挂钻石项链，正跟他们找的那一挂一样，标价四万法郎。老板让了价，只要三万六千。

他们恳求老板，三天以内不要卖出去。他们又订了约，如果原来那一挂在二月底以前找着，那么老板可以拿三万四千收回这一挂。

路瓦栽现有父亲遗留给他的一万八千法郎。其余的，他得去借。

他开始借钱了。向这个借一千法郎，向那个借五百法郎，从这儿借五个路易，从那儿借三个路易。他签了好些债券，订了好些使他破产的契约。他跟许多放高利贷的人和各种不同国籍的放债人打交道。他顾不得后半世的生活了，冒险到处签著名，却不知道能保持信用不能。未来的苦恼，将要压在身上的残酷的贫困，肉体的苦楚，精神的折磨，在这一切的威胁之下，他把三万六千法郎放在商店的柜台上，取来那挂新的项链。

路瓦栽夫人送还项链的时候，佛来思节夫人带着一种不满意的神情对她说：

"你应当早一点还我，也许我早就要用它了。"

佛来思节夫人没有打开盒子。她的朋友正担心她打开盒子。如果她发觉是件代替品，她会怎样想呢？会怎样说呢？她不会把她的朋友当作一个贼吗？

路瓦栽夫人懂得穷人的艰难生活了。她一下子显出了英雄气概，毅然决然打定了主意。她要偿还这笔可怕的债务。她就设法偿还。她辞退了女仆，迁移了住所，租赁了一个小阁楼住下。

她懂得家里的一切粗笨活儿和厨房里的讨厌的杂事了。她刷洗杯盘碗碟，在那油腻的盆沿上和锅底上磨粗了她那粉嫩的手指。她用肥皂洗衬衣，洗抹布，晾在绳子上。每天早晨，她把垃圾从楼上提到街上，再把水从楼下提到楼上，走上一层楼，就站住喘气。她穿得像一个穷苦的女人，胳膊上挎着篮子，到水果店里，杂货店里，肉铺里，争价钱，受嘲骂，一个铜子一个铜子地节省她那艰难的钱。

月月都得还一批旧债，借一些新债，这样来延缓清偿的时日。

她丈夫一到晚上就给一个商人誊写帐目，常常到了深夜还在抄写五个铜子一页的书稿。

这样的生活继续了十年。

第十年年底，债都还清了，连那高额的利息和利上加利滚成的数目都还清了。

路瓦栽夫人现在显得老了。她成了一个穷苦人家的粗壮耐劳的妇女了。她胡乱地挽着头发，歪斜地系着裙子，露着一双通红的手，高声大气地说着话，用大桶的水刷洗地板。但是有时候，她丈夫办公去了，她一个人坐在窗前，就回想起当年那个舞会来，那个晚上，她多么美丽，多么使人倾倒啊！

要是那时候没有丢掉那挂项链，她现在是怎样一个境况呢？谁知道呢？谁知道呢？人生是多么奇怪，多么变幻无常啊，极细小的一件事可以败坏你，也可以成全你！

有一个星期天，她到极乐公园去走走，舒散一星期来的疲劳。这时候，她忽然看见一个妇人领着一个孩子在散步。原来就是佛来思节夫人，她依旧年轻，依旧美丽动人。

路瓦栽夫人无限感慨。她要上前去跟佛来思节夫人说话吗？当然，一定得去。而且现在她把债都还清，她可以完全告诉她了。为甚么不呢？

她走上前去。

"你好，珍妮。"

那一个竟一点也不认识她了。一个平民妇人这样亲昵地叫她，她非常惊讶。她磕磕巴巴地说：

"可是……太太……我不知道……你一定是认错了。"

"没有错。我是玛蒂尔德·路瓦栽。"

她的朋友叫了一声：

"啊！……我可怜的玛蒂尔德，你怎么变成这样了！……"

"是的，多年不见面了，这些年来我忍受着许多苦楚，……而且都是因为你！……"

"因为我？……这是怎么讲的？"

"你一定记得你借给我的那挂项链吧，我戴了去参加教育部夜会的那挂。"

"记得。怎么样呢？"

"怎么样？我把它丢了。"

"哪儿的话！你已经还给我了。"

"我还给你的是另一挂，跟你那挂完全相同。你瞧，我们花了十年工夫，才付清它的代价。你知道，对于我们这样甚么也没有的人，这可不是容易的啊！……不过事情到底了结了，我倒很高兴了。"

佛来思节夫人停下脚步，说：

"你是说你买了一挂钻石项链赔我吗？"

"对呀。你当时没有看出来？简直是一模一样的啊。"

于是她带着天真的得意的神情笑了。

佛来思节夫人感动极了，抓住她的双手，说：

"唉！我可怜的玛蒂尔德！可是我那一挂是假的，至多值五百法郎！……"

【作品导读】

在外国文学史上，有三位作家被誉为"短篇小说之王"，即俄国的契诃夫，法国的莫泊桑，美国的欧·亨利。莫泊桑的小说，往往以出人意料之外，又在情理之中的结尾，引起人们的回味与思考。

学习这篇小说，主要讨论的是，玛蒂尔德到底是个什么样的人？观点多种多样，有正面的，有反面的，有正反兼有的。例如，首先是"诚实守信"观。有借必有还，当寻觅无果时，她和丈夫决定赔偿。其次是"勤劳坚强"观。玛蒂尔德勇敢面对生活中的不幸，"显出了英雄气概，毅然决然打定主意，偿还这笔可怕的债务。"尽管十年艰辛使她变成了一个美丽不再、粗壮耐劳的妇女，但她用行动证明了她的勤劳坚强。三是"纯洁高尚"观。晚会上，玛蒂尔德高雅迷人，压倒所有的女宾。所有的男宾都注视她，连部长也注意她了，这应该是她利用美貌改变命运的最好时机。然而，玛蒂尔德来参加晚会只是为了展示美貌，让自己唯一的"价值"得到承认，并没有出卖自己的人格和美貌。四是"热爱生活"观。玛蒂尔德社会地位不高，生活也很一般，但她不甘于现状，对未来充满美好的憧憬和向往，希望生活得更好些，这反映了她积极向上的生活观。即使遇到了天大的挫折，她也没有悲观厌世，更没有自寻短见，而是用行动改善着自己的生活，她心里始终充满了对生活的热爱。人性是复杂的，命运是多变的。为了更好地把握自己的人生和命运，更深刻地理解生命的价值和意义，听一听莫泊桑的思考和感叹，应该是很有意义的。

【思考与练习】

1. 你是如何认识玛蒂尔德的性格与命运的？
2. 试续写《项链》结尾，使之符合情理。

我有一个梦想

[美]马丁·路德·金

一百年前，一位伟大的美国人签署了解放黑奴宣言，今天我们就是在他的雕像前集会。这一庄严宣言犹如灯塔的光芒，给千百万在那摧残生命的不义之火中受煎熬的黑奴带来了希望。它之到来犹如欢乐的黎明，结束了束缚黑人的漫漫长夜。

然而一百年后的今天，我们必须正视黑人还没有得到自由这一悲惨的事实。一百年后的今天，在种族隔离的镣铐和种族歧视的枷锁下，黑人的生活备受压榨。一百年后的今天，黑人仍生活在物质充裕的海洋中一个穷困的孤岛上。一百年后的今天，黑人仍然萎缩在美国社会的角落里，并且意识到自己是故土家园中的流亡者。今天我们在这里集会，就是要把这种骇人听闻的情况公诸于众。

就某种意义而言，今天我们是为了要求兑现诺言而汇集到我们国家的首都来的。我们共和国的缔造者草拟宪法和独立宣言的气壮山河的词句时，曾向每一个美国人许下了诺言，他们承诺给予所有的人以生存、自由和追求幸福的不可剥夺的权利。

就有色公民而论，美国显然没有实践她的诺言。美国没有履行这项神圣的义务，只是给黑人开了一张空头支票，支票上盖着"资金不足"的戳子后便退了回来。但是我们不相信正义的银行已经破产，我们不相信，在这个国家巨大的机会之库里已没有足够的储备。因此今天我们要求将支票兑现——这张支票将给予我们宝贵的自由和正义保障。

我们来到这个圣地也是为了提醒美国，现在是非常急迫的时刻。现在绝非侈谈冷静下来或服用渐进主义的镇静剂的时候。现在是实现民主的诺言的时候。现在是从种族隔离的荒凉阴暗的深谷攀登种族平等的光明大道的时候，现在是向上帝所有的儿女开放机会之门的时候，现在是把我们的国家从种族不平等的流沙中拯救出来，置于兄弟情谊的磐石上的时候。

如果美国忽视时间的迫切性和低估黑人的决心，那么，这对美国来说，将是致命伤。自由和平等的爽朗秋天如不到来，黑人义愤填膺的酷暑就不会过去。1963 年并不意味着斗争的结束，而是开始。有人希望，黑人只要撒撒气就会满足；如果国家安之若素，毫无反应，这些人必会大失所望。黑人得不到公民的权利，美国就不可能有安宁或平静，正义的光明的一天不到来，叛乱的旋风就将继续动摇这个国家的基础。

但是对于等候在正义之宫门口的心急如焚的人们，有些话我是必须说的。在争取合法地位的过程中，我们不要采取错误的做法。我们不要为了满足对自由的渴望而抱着敌对和仇恨之杯痛饮。我们斗争时必须永远举止得体，纪律严明。我们不能容许我们的具有崭新内容的抗议蜕变为暴力行动。我们要不断地升华到以精神力量对付物质力量的崇高境界中去。

现在黑人社会充满着了不起的新的战斗精神，但是我们却不能因此而不信任所有的白人。因为我们的许多白人兄弟已经认识到，他们的命运与我们的命运是紧密相连的，他们今天参加游行集会就是明证。他们的自由与我们的自由是息息相关的。我们不能单独行动。

当我们行动时，我们必须保证向前进。我们不能倒退。现在有人问热心民权运动的人："你们什么时候才能满足？"

只要黑人仍然遭受警察难以形容的野蛮迫害，我们就决不会满足。

只要我们在外奔波而疲乏的身躯不能在公路旁的汽车旅馆和城里的旅馆找到住宿之所，我们就决不会满足。

只要黑人的基本活动范围只是从少数民族聚居的小贫民区转移到大贫民区，我们就决不会满足。

只要我们的孩子被"仅限白人"的标语剥夺自我和尊严，我们就绝不会满足。

只要密西西比州仍然有一个黑人不能参加选举，只要纽约有一个黑人认为他投票无济于事，我们就绝不会满足。

不！我们现在并不满足，我们将来也不满足，除非正义和公正犹如江海之波涛，汹涌澎湃，滚滚而来。

我并非没有注意到，参加今天集会的人中，有些受尽苦难和折磨，有些刚刚走出窄小的牢房，有些由于寻求自由，曾在居住地惨遭疯狂迫害的打击，并在警察暴行的旋风中摇摇欲坠。你们是人为痛苦的长期受难者。坚持下去吧，要坚决相信，忍受不应得的痛苦是一种赎罪。

让我们回到密西西比去，回到亚拉巴马去，回到南卡罗来纳去，回到佐治亚去，回到路易斯安那去，回到我们北方城市中的贫民区和少数民族居住区去，要心中有数，这种状况是能够也必将改变的。我们不要陷入绝望而不可自拔。

朋友们，今天我对你们说，在此时此刻，我们虽然遭受种种困难和挫折，我仍然有一个梦想。这个梦想是深深扎根于美国的梦想中的。

我梦想有一天，这个国家会站立起来，真正实现其信条的真谛："我们认为这些真理是不言而喻：人人生而平等。"

我梦想有一天，在佐治亚的红山上，昔日奴隶的儿子将能够和昔日奴隶主的儿子坐在一起，共叙兄弟情谊。

我梦想有一天，甚至连密西西比州这个正义匿迹，压迫成风，如同沙漠般的地方，也将变成自由和正义的绿洲。

我梦想有一天，我的四个孩子将在一个不是以他们的肤色，而是以他们的品格优劣来评价他们的国度里生活。

今天，我有一个梦想。

我梦想有一天，亚拉巴马州能够有所转变，尽管该州州长现在仍然满口异议，反对联邦法令，但有朝一日，那里的黑人男孩和女孩将能与白人男孩和女孩情同骨肉，携手并进。

我今天有一个梦想。

我梦想有一天，幽谷上升，高山下降，坎坷曲折之路成坦途，圣光披露，满照人间。

这就是我们的希望。我怀着这种信念回到南方。有了这个信念，我们将能从绝望之岭劈出一块希望之石。有了这个信念，我们将能把这个国家刺耳的争吵声，改变成为一支洋溢手足之情的优美交响曲。

有了这个信念，我们将能一起工作，一起祈祷，一起斗争，一起坐牢，一起维护自由；因为我们知道，终有一天，我们是会自由的。

在自由到来的那一天，上帝的所有儿女们将以新的含义高唱这支歌："我的祖国，美丽的自由之乡，我为您歌唱。你是父辈逝去的地方，你是最初移民的骄傲，让自由之声响彻每个山岗。"

如果美国要成为一个伟大的国家，这个梦想必须实现。让自由之声从新罕布什尔州的巍峨峰巅响起来！让自由之声从纽约州的崇山峻岭响起来！让自由之声从宾夕法尼亚州阿勒格尼山的顶峰响起来！

让自由之声从科罗拉多州冰雪覆盖的落基山响起来！让自由之声从加利福尼亚州蜿蜒的群峰响起来！不仅如此，还要让自由之声从佐治亚州的石岭响起来！让自由之声从田纳西州的瞭望山响起来！

让自由之声从密西西比的每一座丘陵响起来！让自由之声从每一片山坡响起来！

当我们让自由之声响起来，让自由之声从每一个大小村庄、每一个州和每一个城市响起来时，我们将能够加速这一天的到来，那时，上帝的所有儿女，黑人和白人，犹太教徒和非犹太教徒，耶稣教徒和天主教徒，都将手携手，合唱一首古老的黑人灵歌："终于自由啦！终于自由啦！感谢全能的上帝，我们终于自由啦！"

【作者简介】

选自钱满素编《我有一个梦想》，陆建德、许立中等译，中国社会科学出版社 1993

年版。

马丁·路德·金(1929—1968 年)，美国牧师，民权运动领袖。他也是当代美国自由主义的象征，通称金牧师。因采用非暴力推动美国的民权进步而举世瞩目。1963 年 8 月 28 日在林肯纪念堂前发表《我有一个梦想》的演说，并因此获得 1964 年诺贝尔和平奖。其后，他将目标重新设定在结束贫困和终止越南战争上。1968 年 4 月 4 日金在孟菲斯被白人优越主义者刺杀身亡。身后在 1977 年和 2004 年被追授总统自由勋章和国会金质奖章。1983 年美国设立马丁·路德·金纪念日，并定为联邦法定假日。

【作品导读】

1963 年 8 月 28 日，美国著名黑人领袖马丁·路德·金在华盛顿主持了一次有 25 万人参加的集会，然后他领导群众从华盛顿纪念碑下游行到林肯纪念堂。数百万人观看了那次盛会，许多人至今记忆犹新。马丁·路德·金在那次群众大会上发表了一篇使美国人民难忘的演说——《我有一个梦想》。当马丁·路德·金结束演讲，从讲坛上走下来时，人们竟然不知所措。因为演讲结束得太突然了，人们还想他继续讲下去。马丁·路德·金在走出教堂的时候，鼓掌声一直跟随着他，人们还探着身想触摸他。这一年他只有 26 岁，未来的生命还不足 12 年又 4 个月。马丁·路德·金一生受到无数次的恐吓，曾十次被人以各种各样的方式监禁，三次入狱，三次被行刺，第一次被精神病人捅了一刀，第二次在教堂被扔进了炸弹，第三次是 1968 年 4 月 4 日，在孟菲斯被白人优越主义者刺杀身亡。

1986 年 1 月，总统罗纳德·里根签署法令，规定每年一月的第三个星期一，为马丁·路德·金全国纪念日，以纪念这位伟人，并且定为法定假日。迄今为止美国只有三个以个人纪念日为法定假日的例子，分别为纪念发现美洲大陆的哥伦布的 Columbus Day（十月第二个星期一），纪念乔治·华盛顿的 Presidents Day（二月第三个星期一），以及此处提到的马丁·路德·金纪念日。2011 年 8 月 28 日，马丁·路德·金的纪念雕像在华盛顿国家广场揭幕。此前，只有华盛顿、杰弗逊、林肯和罗斯福等几位美国历史上著名的总统在这里立有纪念塑像，这是第一位生前作为社会批评家的平民政治人物的塑像，也是第一位非洲裔政治领袖的纪念塑像，其意义非同一般。正是他以和平抗争维护了《独立宣言》和《联邦宪章》所倡导的自由平等、民主正义的基本价值观，使他和几位总统一样，为美国人民广泛推崇。

《我有一个梦想》由三部分组成：首先，回顾并肯定林肯签署《解放黑奴宣言》的重大意义；其次，揭示黑人生活的现状，提出自己的正当要求，强调"非暴力抵抗"；最后，以描绘"梦想"的方式来展望前途。

这篇演讲词，言辞雄辩，气势磅礴，语气诚恳，逻辑性强，具有极强的鼓动性和艺术感染力。他擅长用整句构成排比，用短句增强力度，用《圣经》的修辞方式，把思想表达得既清晰又生动。最后以灵歌结尾，增加了形象性和感染力。直至今日，对全世界反对种族歧视、种族隔离和争取民主自由解放，都产生着不可估量的深远影响。

【思考与练习】

1. 请说说马丁·路德·金为什么既反对种族歧视，又主张"非暴力抵抗"？
2. 演讲的语言与书面语有何不同？请以"我有一个梦想"为题，写一篇演讲稿。

世间最美的坟墓

——记 1928 年的一次俄国旅行

[奥]斯蒂芬·茨威格

　　我在俄国所见到的景物再没有比托尔斯泰墓更宏伟、更感人的了。这将被后代怀着敬畏之情朝拜的尊严圣地，远离尘嚣，孤零零地躺在林荫里。顺着一条羊肠小路信步走去，穿过林间空地和灌木丛，便到了墓冢前；这只是一个长方形的土堆而已，无人守护，无人管理，只有几株大树庇荫。他的外孙女跟我讲，这些高大挺拔、在初秋的风中微微摇动的树木是托尔斯泰亲手栽种的。小的时候，他的哥哥尼古莱和他在他们听保姆或村妇讲过一个古老传说，提到亲手种树的地方会变成幸福的所在。于是他们俩就在自己庄园的某块地上栽了几株树苗，这个儿童游戏不久也就忘了。托尔斯泰晚年才想起这桩儿时往事和关于幸福的奇妙许诺，饱经忧患的老人突然从中获到了一个新的、更美好的启示。他当即表示愿意将来埋骨于那些亲手栽种的树木之下。

　　后事就这样办了，完全按照托尔斯泰的愿望；他的墓成了世间最美的、给人印象最深刻的、最感人的坟墓。它只是树林中的一个小小长方形土丘，上面开满鲜花——nulla crux, nulla coroma——没有十字架，没有墓碑，没有墓志铭，连托尔斯泰这个名字也没有。这个比谁都感到受自己的声名所累的伟人，就像偶尔被发现的流浪汉、不为人知的士兵一般不留名姓地被人埋葬了。谁都可以踏进他最后的安息地，围在四周的稀疏的木栅栏是不关闭的——保护列夫·托尔斯泰得以安息的没有任何别的东西，唯有人们的敬意；而通常，人们却总是怀着好奇，去破坏伟人墓地的宁静。这里，逼人的朴素禁锢住任何一种观赏的闲情，并且不容许你大声说话。风儿在俯临这座无名者之墓的树木之间飒飒响着，和暖的阳光在坟头嬉戏；冬天，白雪温柔地覆盖这片幽暗的土地。无论你在夏天还是冬天经过这儿，你都想象不到，这个小小的、隆起的长方形包容着当代最伟大的人物当中的一个。然而，恰恰是不留姓名，比所有挖空心思置办的大理石和奢华装饰更扣人心弦：今天，在这个特殊的日子里，成百上千到他的安息地来的人中间没有一个有勇气，哪怕仅仅从这幽暗的土丘上摘下一朵花留作纪念。人们重新感到，这个世界上再也没有比这最后留下的、纪念碑式的朴素更打动人心的了。残废者大教堂大理石穹隆底下拿破仑的墓穴，魏玛公候之墓中歌德的灵寝，西敏司寺里莎士比亚的石棺，看上去都不像树林中的这个只有风儿低吟，甚至全无人语声，庄严肃穆，感人至深的无名墓冢那样能剧烈震撼每一个人内心深藏着的感情。（张厚仁译）

【作品导读】

选自刘西普《笑与泪——外国散文名著精品赏析》，河北人民出版社 1993 年版。

斯蒂芬·茨威格（1881—1942 年），奥地利著名作家、小说家、传记作家。擅长写小说、人物传记，也写诗歌戏剧、传记、散文特写和翻译作品。以描摹人性化的内心冲动，比如骄傲、虚荣、妒忌、仇恨等朴素情感著称。作品有《月光小巷》《看不见的珍藏》《一个陌生女人的来信》《象棋的故事》《伟大的悲剧》等。

列夫·尼古拉耶维奇·托尔斯泰（1828—1910 年）是十九世纪末二十世纪初俄国最伟大的文学家，也是世界文学史上最杰出的作家之一，他的文学作品在世界文学中占有非常重要的地位。代表作有《安娜·卡列尼娜》《战争与和平》《复活》以及自传体小说三部曲《幼年》《少年》《青年》等。他以自己漫长一生的辛勤创作，登上了当时欧洲批判现实主义文学的高峰。

《世间最美的坟墓》是斯蒂芬·茨威格 1928 年到俄国旅行，拜谒了托尔斯泰墓，有感于托尔斯泰墓的朴素，称颂它为"世间最美的坟墓"。《世间最美的坟墓》是一篇平淡其外激情其中的散文。表面看这似乎是一篇游记，实质上是一篇抒情散文，表达了这样一种观念：精神的力量可以长久地震撼人们的心灵，并让人们永久铭记。

【思考与练习】

1. 思考题目中的"美"具有哪几层意思？
2. 理解"朴素"与"最美"的深刻内涵。

口才训练

学习提示

　　职业教育使受教育者具备职业能力——特定职业能力、通用职业能力和基础职业能力。其中，基础职业能力具有普遍的适用性和广泛的可迁移性，其影响辐射到整个通用职业能力和特定职业能力领域，对人的终身发展和终身成就影响深远。语言表达能力的培养和训练，是学习者基础职业能力养成不可或缺的一环。语言表达能力是现代社会对职业人的基本素质要求，较高的口才技巧能够提高执行力和工作绩效。

　　本模块以口才训练为目标，包括口才与训练方法认知、通用口才技能训练、职业口才技能训练。通过本模块的学习，能使学生建立自我训练的意识，按照口才训练方法进行训练，能让学生了解应聘面试流程以及其中需口语表述的内容，知晓求职面试应储备哪些方面的口才技能；能经过演讲训练，准确、流畅地表述自己的观点，且具有一定的说服力；能根据自己的专业或行业特色，进行职业口才的自我发展。总之，在提高普通话音准水平的基础上，培养学生在现实社会中的人际沟通能力并构建和谐的人际关系，提高其在职场中的言语交际能力而胜任未来的工作岗位。

第一单元　口才与训练方法认知

【任务导入】

金先生刚刚拿到驾驶证，就高高兴兴驾着爱车出游了。新手上路，结果没注意看交通标志，逆行违章，被交警拦下罚款。他去银行缴了罚款后，银行的小姐微笑着，把相关的单据递给他，说："欢迎再来！"

金先生本来就生气，听她这么一说就更恼火了："你说谁？你站起来！"

银行小姐很委屈："我们单位都是这么要求的呀。"

金先生："那好，我在八宝山工作，你来扫墓，我也说：欢迎再来！下回诚邀你们全家一起来！"

问题讨论

1. 银行小姐按照单位规定，对金先生说道别的礼貌语。可是金先生为什么发那么大的火？

2. 这个小故事对你有什么启发？

【学习目标】

知识目标

1. 正确认知口才及其相关概念，了解口才的作用及其对未来职业的影响。

2. 了解口才训练的体系、内容和有效训练方法。

技能目标

1. 能建立自我训练的意识，按口才训练方法训练、提高职业口语技能。

2. 能从自身综合素质入手，提高口语表达技能。

【任务描述】

"说"和"能说会道"一样吗？"口才"等不等于"口语"？请阅读"知识概述"，逐一回答"动脑筋"提出的小问题，知晓要从自身综合素质入手才能提高口语表达技能的道理。

【知识概述】

一、口才的概念

(一)口才

口才是口语交际中，表达者准确、生动地运用连贯、标准的有声语言，并辅之以适当的体态，取得圆满交际效果的口头表达能力。

(二)口语与口才

口语与书面语相对应。凡是从口中说出的话语都称为口语。口才则指说话过程中体现出的个人才能，即善于用口语准确、恰当、生动地表达自己思想感情的能力，包括个人人格与智慧的各种储备以及运用和发挥这些储备的能力。

所以，口才高于口语。如果用"说"指代"口语"，那么一个人有"口才"，就要用"能说会说""说得好"表示了。

【动脑筋】

1. 请联系你的专业(职业)回答：在你的工作语言中，口语与口才有什么不同?

2. 示例：以导游工作语言(给游客做景点讲解)为例。

二、口才的特点

(一)明确的目的性

口语表达总是有较明确的目的性，自觉地围绕一个中心阐发自己的观点，每一句话都为传播一定的信息或表达一定思想而服务。

【小故事】

1. 一个贼深夜潜进一家偷东西，不想惊醒了熟睡的主人夫妻俩。妻子吓得不知所措；丈夫知道硬拼不行，急中生智，对妻子喊道："别怕! 快把鸟枪拿来!"

妻子慌张，茫然，问："哪有鸟枪?"

"在墙上挂着!"

"胡说!"妻子反驳道。

"胡说?"丈夫见妻子不明白，又不能挑明，又喊："就把'胡说'拿来! '胡说'比鸟枪更厉害!"

贼一听，"妈呀，鸟枪就够厉害的了，'胡说'比鸟枪还厉害? 让'胡说'打着就倒大霉了! 赶紧逃命吧!"于是夺门而出。

2. 法国著名作家大仲马的小说畅销世界。一次，意大利一家书店老板获悉大仲马即将光临，便立刻把别的作者的书统统从书架上取下，全部换上大仲马的著作，想讨好一下这位大名鼎鼎的作家。大仲马到书店一看，询问别人的书都到哪儿去了。老板急不择言，应声答道："都卖完了。"这话使大仲马莫名惊诧：想不到自己竟然成了这里的头号滞销书作家。

（二）高度的适应性、得体性

口语表达者为实现特定的目的，在因人、因事、因物、因景而进行的言语中，必须选用特定的表达方式和技巧以切合语言内容，切合特定语境，切合自己的身份和交际对象的特点，才能创造出效果良好的口才佳品来。

1）对象的差异性

人和人之间的个体差异决定了交际中不可能只用一套模式化的表达方式，必须根据交际对象的不同情况，如年龄、性别、身份、职业、文化、性格、心理等因素，确定交际内容和方式，即说话人必须顾及听者，说话要看对象。

【动脑筋】

下面是探视病人的几种说法，请比较其效果：

1."我听医生说了，你这病还真得当成回事来治，1 号病房的那位和你一样的病，昨天进太平间了！唉！"

2."瞧你垂头丧气的样儿，有点小病就打不起精神来，还有点男子汉的气魄没有？"

3."你呀，真是个怕死鬼，不就那一点病吗？阎王还没向你发请帖呢！"

2）时空的情景性

话语交流需随机应变。交际双方应根据特定的场合采用适当的语言表达，使之与交际场合相吻合。例如，微信或 QQ 聊天，话题较随便、自然；而庄重场合的谈话，话题则较集中，逻辑性强，多用正式词语。

【小故事】

著名国画大师张大千先生为人一向孤傲。在一次为他举行的饯行宴会上，大家入席坐定，都有点拘谨。宴会开始后，张大千举杯向戏剧大师梅兰芳敬酒："梅先生，你是君子，我是小人。我先敬你一杯！"听了这句祝酒词，众宾客都愣住了，梅兰芳也不解其意。接着，张先生笑着说："你是君子——动口，我是小人——动手！"这话正好合着唱戏动口、绘画动手（君子动口不动手），于是逗得宾客大笑不止，梅先生也乐不可支，举杯一饮而尽。气氛顿时变得十分热烈。

【动脑筋】

1. 结合说话要看语境，说说"任务导入"中的银行小姐为什么出错？金先生的话又错在哪里？

2. 你能举个例子说明说话如何契合场合吗？

3）情意的真切性

说得好听、动听并不意味着要说话人虚情假意、阿谀奉承。话要说得真诚才能打动听众。"感人心者，莫先乎情"。假设你的同学或同事生病了，你说："你多么幸运啊，但愿我也生点小病，休息几天。"想想看，对方会喜欢听吗？他可能感到你在揶揄他吧。

（三）综合性

口才是一个人素质和能力的综合反映。素质主要包括思想境界、道德情操、知识学问和天赋秉性。能力主要包括观察能力、思维能力、决断能力、记忆能力、表达能力、交际能力和应变能力。

【动脑筋】

你从事的职业，其口才有哪些特点？

三、口才要素与训练

（一）口才要素及其形成条件

1）口才的七要素

说话与口有关，但又不仅仅关乎"口"，而是说话者综合素养的体现。通常人们将综合素养的基本内涵归纳为"德、才、学、识、胆、情、体"七个方面。口才是一门综合性的艺术，影响表达效果的不仅仅是清晰、生动的口语，还有体态和神情动作，所以还要培养审美情趣，从而提高鉴赏力。

2）口才形成的条件

形成良好的口才，有三个方面的条件：文化素质、思维能力和语言素养。如果将形成口才的智能结构比喻成北京外国语大学网络学院的"彩虹塔"（图1-1），文化素质就是又宽又厚的塔基，它包括人的品德修养、文化修养、知识积累等；思维能力就是塔身，它包括思辨能力、应变能力和想象力；语言素养则是塔顶，它表现为口语表达能力。所谓口才训练即围绕上述三个方面培养口才，即积累文化知识，提升品德修养，进行思维训练，掌握语言知识和运用技巧。

	口语能力	
思辨能力	应变能力	想象力
品德修养	文化修养	知识积累

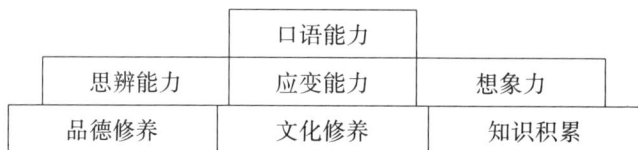

图 1-1　口才形成的智能结构

（二）口才能力目标与训练体系

1）口才能力目标

（1）说明能力　即把话说得准确明白的能力。

（2）吸引能力　即吸引旁人倾听自己说话，使之愿意听，能听进去，并有所乐、有所得的能力。

（3）说服能力　即通过言语的表达，使人心悦诚服的能力。

（4）感人能力　即用语言感动人的能力，讲话人以自己的真情感动听者，获得以情动人的效应。

（5）创造能力　即根据思想表达的需要创造语言（创造性地运用语言来表达自己思想）的能力。

（6）控制能力　即控制自己语言所能引起的后果的能力：①准确把握说话分寸的能力，既要把意思说清楚，又不说过头，说得恰如其分，这是一种控制能力。②针对不同的听者和不同的情况，准确预测和有效控制听者对自己语言所能做出反应的能力。③在说话过程中已经出现问题的情况下，改用恰当的语言进行补救的能力。

【动脑筋】

下面有五个故事，请用口才能力目标衡量故事主人公的口才。

1. 数学家陈景润非常有学问，曾经写过不少专著，但他在讲授数学课的时候，很难让学生听得明白，最后只能离开讲台，转向对数学知识的研究方向了。

2. 1991 年 11 月，中国电影"金鸡奖"与"百花奖"在北京揭晓。李雪健因主演《焦裕禄》中的焦裕禄，获得这两项大奖的"最佳男主角"奖。他在台上致答谢词时说："苦和累都让一个好人——焦裕禄受了；名和利却让一个傻小子——李雪健得了……"他的话音刚落，赢得全场一片掌声。

3. 考官问一个应聘者："为什么你要选择教师这个职业？"应聘者回答说："我小时候曾立志长大后要做伟人的妻子。但现在，我知道我能做伟人妻子的机会实在渺茫，所以又改变主意，决定做伟人的老师。"

4. 林肯正在演讲，有人递给他一张纸条。他打开纸条，纸上写着："笨蛋。"林肯脸上掠过一丝不快，但很快恢复了平静，笑着说："我曾经收到过很多匿名信，但大部分都只有正文，没有署名；而今天正好相反，刚才哪位先生只署上了自己的名字，却忘了写正文？"说完，他便继续演讲。

5. 老人有三个儿子，两个大儿子在城市扎了根，他与小儿子相依为命。乔治·拜伦要介绍小儿子进城，多次被老人拒绝。拜伦最后对老人说："假如把你的小儿子介绍给石油大王洛克菲勒做女婿，你同意我把你的小儿子介绍进城吗？"老人经过激烈思考终于同意了。拜伦找到石油大王洛克菲勒对他说："如果我能让你女儿嫁给世界银行的副总裁，你会同意吗？"洛克菲勒同意了。拜伦又找到世界银行总裁对他说："如果我把石油大王洛克菲勒的女婿介绍给你做副总裁，你是否会考虑再设置一个职位？"总裁也同意了。

2）口才训练体系与内容

口才训练体系由语言能力训练和与职业相关的口才技能训练组成，它包括：逻辑思维训练、口才心理训练、记忆训练、倾听训练、语音训练、体态语训练、职业口才技能训练等方面。

口才训练以培养提高语言素养、口才技巧为主要内容，它包括：语言（语音等）、副语言（如语调、节奏等）和体态语、生活语言（现实生活中的"活"语言）。

口才训练体系、内容的层次结构，如图 1-2 所示。

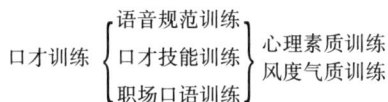

口才训练 { 语音规范训练 / 口才技能训练 / 职场口语训练 } 心理素质训练 / 风度气质训练

图 1-2　口才训练层次示意

大学语文课程对口才训练的各方面均有涉及和培养，本单元的内容侧重于语言及其技巧。

【动脑筋】

请回忆"彩虹塔"，回答以下问题：

1. 你的专业（或职业）口才的塔基、塔身、塔顶各是什么？

2. 这三大块和你的专业课程、通识课程有什么联系？

【练一练】

生活中"活"的语言，是语言永不枯竭的源泉。请带领本校新生做一次"××市一日游"，你会用上"给力""神马""生快""逗比""暴爽""狂漂亮""巨好吃"等新鲜语言吗？请说出更多的新词、新语及新表达法。

（三）口才训练方法

【小案例】

1. 我国著名的数学家华罗庚，不仅有超群的数学才华，而且是一位不可多得的"辩才"。他从小就注意培养自己的口才，学习普通话，他还背了唐诗四五百首，以此来锻炼自己的"口舌"。

2. 日本前首相田中角荣，少年时曾患有口吃病，但他不被困难吓倒。为了克服口吃，练就口才，他常常朗诵、慢读课文，为了准确发音，他对着镜子纠正嘴和舌根的部位，严肃认真，一丝不苟。

3. 美国前总统林肯为了练口才，徒步 30 英里（1 英里 = 1.609 千米），到一个法院去听律师们的辩护词，看他们如何论辩，如何做手势，他一边倾听，一边模仿。他听到那些云游八方的福音传教士挥舞手臂、声震长空的布道，回来后也学他们的样子。他曾对着树、树桩、成行的玉米练习口才。

【练一练】

请逐一尝试以下方法，并在其中找到适合自己的训练方法。

1. 速读法：快速地朗读（大声而清晰地读）。这种训练方法能练就口齿伶俐、语音准确、吐字清晰的本领。请在本教材中任选一篇课文速读。

2. 背诵法：既要"背"，还要"诵"。这种训练方法，一是能培养记忆能力，二是能练气练音量，三是能培养口头表达能力。请在本教材中选一首诗歌背诵。

3. 练声法：即用深呼吸、夸张读音节、读绕口令的办法，练就一副好嗓子，练就悦耳动听的音色，练出字正腔圆的语音。请在本教材中选一首诗歌，拉长每个音节，拉长声调。

4. 复述法：把文本内容或别人的话复述一遍。其目的在于练习记忆力、反应力和语言的连贯性。请在本教材中选一篇记叙文进行复述。

5. 模仿法：模仿别人说话。最好是模仿播音员、主持人、演员等人的声音、语调、神态、动作，边听、边看、边模仿。既能提高口语能力，还会丰富词汇，增长文学知识。请选一段视频，模仿其中的角色道白。

6. 描述法：类似于看图说话，比以上几种训练法更高一个层次，要求说话人自己组织语言进行描述。这个方法可达到训练语言组织能力和语言的条理性的目的。请描述本教材的封面。

7. 角色扮演法：扮演设定的情景中的各种人物。训练难度较高。这种模拟训练能够培养说话人语言的适应性、个性，以及适当的表情、动作表达。请分角色表演本教材中霍桑的《大卫的机遇》。

8. 讲故事法：故事里面既有独白，又有人物对话，还有描述性、叙述性的语言，所以讲故事可以训练人的多种口语能力。讲述本单元里"动脑筋""小故事"中的任意一个故事。

【小链接】

这是一份口才自我训练计划，如果你觉得有益，可效仿(择其一二在"实训项目"环节展示)。

1. 自我暗示：每天清晨默念10遍"我一定要最大胆地发言，我一定要最大声地说话，我一定要最流畅地演讲。我一定行! 今天一定是幸福快乐的一天!"

2. 想象训练：至少花5分钟想象自己在公众场合成功地演讲，想象自己成功的时刻。

3. 至少5分钟在镜前学习微笑，展示自己的手势及形态。

4. 每天至少与3个人有意识地交流思想。

5. 每天大声朗诵或大声讲话至少5分钟。

6. 每天给亲人、同学讲一个故事或完整叙述一件事情。

实训项目

实训名称：引发学习欲求。

实训要求：激发积极主动的口语交际欲。

操作提示：1. 分组，每组不多于6人，按照实训内容分组讨论。以组为单位，每组请一位代表参加，班内交流发言；2. 教师事先布置实训内容。学生课前准备，实训时间用于展示，每组提交交流记录；3. 教师巡视组内交流，以确保每位同学都参与活动。

实训评测：以学生参与活动的活跃度评定成绩。

实训内容：

1. 组内讨论：

(1)你希望在口才训练部分学到什么? 你认为怎样才能学好它?

(2)从本单元介绍的训练方法中任选一个，尝试一下，在组内做一次复述/背诵/……

2. 制订一份口才的自我训练计划，在组内交流，交流之后再做进一步修改、完善，使计划具体、可行。

第二单元　通用口才技能训练

【学习目标】

知识目标

1. 了解口才技能所运用的语音、词汇、句式等语言要素。
2. 知晓语音规范及技巧的训练方法。
3. 了解常用的词语、句式及其选用技巧。

技能目标

1. 能经过语音训练，克服方音，说标准的普通话。
2. 能恰当运用停顿、重音、语速、句调、语气等技巧，使口语表达生动准确，有吸引力。
3. 能恰当选用词语、句式，形成明白晓畅、典雅端庄、礼貌委婉的口语风格。

【任务描述】

俗语曰：一句话说得人笑起来，一句话说得人跳起来；又有"酒逢知己千杯少，话不投机半句多"之说。练就好口才，不仅能准确地把意思表达出来，而且要在此基础上更上一层楼：说得好，说得人愿意听，说得人喜欢听。请阅读下文，了解练就好口才要做好哪些方面的"功课"，请逐一实践每部分中的"练一练"，并通过"实训项目"提高自己的口语表达技能。

【知识概述】

一、口才技能的语音要素

语音是人类说话的声音，它是有内容的语言成分的外部形式。口才技能的语音要素主要表现为说话时语音标准、规范；吐字清晰、流畅，不带口头禅；语速、音量适中；善用语气、语调、节奏、重音等语音技巧（表2-1）。

表 2-1　口语语音要素

语音准则	各要素应用的理由	不应出现的现象
汉语标准音（普通话）	一口标准流利的普通话是口语的规范要求，也是最基本的职业口语要求	方音重，影响听者理解话语的意义
口齿清晰	吐字清晰，思维有逻辑性，口语组织力强，表达流畅	含混不清、口吃；听者听得吃力，理解困难
音色优美	音色优美，嗓音圆润，给听者以美的享受	沉闷、沙哑，不悦耳
音响适中	音量的大小根据现场的空间情况调整，既让人听清楚，又不引人反感	声音太低难以听清；声音过高则刺耳，令人生厌
节奏感强	善用重音、停顿、语气等语音技巧，抑扬顿挫，语调有变化	像背书；平板、无变化

（一）语音标准

现代汉语俗称普通话，是正式场合的工作语言。方言的通行地域有限，而普通话有广泛的受众基础，一个职员如果只会说方言，不能说标准的汉语，工作就会受到很多限制，甚者有损单位形象。

口语的首要原则是规范，语音规范为其一，《中华人民共和国宪法》总纲第十九条明确规定："国家推广全国通用的普通话。"2001 年 1 月 1 日起施行的《国家通用语言文字法》明确了普通话作为国家通用语言的地位。作为一名大学生，应学习参加普通话培训与测试，获得语音标准凭据——普通话水平等级证书（应不低于二级乙等）。

（二）口齿清晰、音色优美

口头交际借助声波传播语言信息，而声波瞬间即逝。心理学家曾做过测试：听话的过程中能够精确留在记忆中的不超过 7~8 秒。一个听者在没有文字可凭的情况下，仅凭借听觉接受信息，对说者在清晰度、流畅度、语速、音响度等方面都有一定要求。

1）口齿清晰

说话的目的是将信息输送给接受者——听话人，所以说者要为听者着想。听众仅以语音（无文字凭据）接受信息，声波又瞬间即逝，只有说话时口齿清晰才能保障信息顺利地上递下传。所以若想让他人知道你说的内容，首先要口齿清晰，说得清楚、连贯，不结巴，不带口头禅。如果发音吐字含混不清，或说话期期艾艾，磕磕绊绊，那么听者听起来就很吃力，不能轻松、准确地理解话语。有的人喜欢重复"这个……"，或每句后面用"啊"，一句话中"杂质"频现，都会影响话语的清晰和流畅，应力戒口语中的这些坏习惯。

2）音色优美

在发音准确、口齿清晰的基础上，秘书、导游、营销人员、播音员等还应美化声音，为口语锦上添花，音色优美，嗓音圆润，给听者以美的享受。声带与嗓音虽有先天因素，但通过后天的学习与训练也能掌握运用声音的技能。

（三）音量、语速适中

1）音量

音量的大小要根据现场的空间情况进行调整，既要让听者听清楚，又不引人反感。过高过低都不合适，声音太大、刺耳，令人生厌；声音太小则难以听清。

针对不同的交际环境选择合适的音量，例如，电话沟通，与上级、客户、同事面对面的交流，应选择中等音量，声音轻柔；而主持会议，发布通知等信息，音量要大，洪亮而有力。要把信息用声音传送到所有听者的耳朵里，只有用足够的响度让人听清楚，才能让人接收语音承载的话语意义。

2）语速

语音留在记忆中的时间短至数秒，说话的速度就不可太快，否则影响听解。一般的发言每分钟200字左右，最快不能超过每分钟280字。新手的语速往往比较快，急于把话赶紧说完，给人留下毛躁的印象，应注意放慢语速；但是过慢的语速又会让人感觉说话人拖拖沓沓。那么怎么掌握语速呢？日常会话的自然语速即可，不要用极端的速度：像说快板——过快，像念悼词——过慢。

另外，听觉注意力的时间不长，因此，发言最好也不太长，以简短有效为佳，冗长的发言反而使被吸收的信息大大减少。

【动脑筋】

阅读下面的文字，回忆自己与人沟通时是怎么做的，语音有哪些地方需要改进。

任何时候都不要以自己说为中心，而要以别人的听为中心和目标，不要认为："今天让我传达的信息，我都跟你们说过了！我的任务完成了（至于你们听到多少，又记住多少，将会遵照执行多少，那就不是我的事儿了）。"

永远都要自问：他们听明白我的话了吗？我是不是说得含糊不清/过快/声音太低/……了？

（四）基本的语音技巧

1）语气

语气指说话的口气。语气能透露说话人的感情色彩，是语句内在感情的显露，它表现在声音气息的变化上（表2-2）。

表 2-2 语气的声音变化

序号	感情色彩	声音气息变化	序号	感情色彩	声音气息变化
1	爱意	气徐声柔	5	愤怒	气粗声重
2	憎恨	气足生硬	6	悲哀	气沉声缓
3	着急	气短声促	7	恐惧	气提声滞
4	喜气	气满声高	8	疑豫	气细声黏

【动脑筋】

董事长说长沙有个会议，让你或小沈参加，考虑到小沈是长沙人，开会可以顺路回家，你用什么语气表达你的意思？

a. 你去。　b. 你去吧。　c. 你去！　d. 你去，好吗？

2）语调

语调指语音的高低升降轻重调配。

语调与语气有交叉，可表达不同的语气，表现出说话人喜怒哀乐等感情。语调表现语气，落实在每句的句调上。语调有平直调→、高升调↗、降抑调↘、曲折调（升高再降低或先降后升）四种。

【练一练】

下面是一出短剧，请用不同的语调读小杨的台词，再比较不同语调的表达效果。

［六月中旬某日，午休时间］

［办公室，空调运转，室内凉气习习］

小杨刚吃完午饭，在手机上下五子棋，兴味正浓。

电话铃响起来。

是王厂长来电话："小杨啊，没休息呀。去环保局张秘书长那儿取文件，现在就去啊！"

小杨用上扬的句调答道："好！↗"虽然心里很不情愿这时候顶着高温冒着酷暑出门，但是他没有让上司在电话里听出他的情绪。

王厂长满意地挂了机。

小杨看看未下完的棋，又望望窗外的烈日，叹口气。但他不敢迟疑，赶紧出门……

3）重音

一句话如果有十个音节，每个音节说的时候平均用力，每句话说的时候都这么处理，那么听起来就像敲木鱼，平板而没有生气。使用重音就会有改观，就有了节奏和变化。

显示重音可以用以下方法：一是加大音量；二是拖长音节；三是一字一顿；四是夸大声调的调值。运用重音的同时还要发好轻声（用缩短音长的办法），正确地发好轻声，重音也能被突出出来：这样的（轻声）好事谁做的？真是太谢谢（轻声）了！

【练一练】

读下列各句，用上文所教的办法读出重音，根据括号内的提示了解重音规律/类型：

风停了，雨住了，太阳出来啦。（短句子中谓语常为重音）

我们去北京。（谓语后又出现宾语时，宾语常为重音）

像花儿一样鲜艳，像露珠一样晶莹。（作比喻的词语常为重音）

小张会唱歌。（不是别人）

小张会唱歌。（不是不会）

小张会唱歌。（不是听歌）

小张会唱歌。（不是会唱戏）

古时候有个人，一手拿着矛，一手拿着盾在街上叫卖。（并列）

人固有一死，或重于泰山，或轻于鸿毛。（对比）

你怎么这么糊涂！（加重"糊涂"一词的音量，可传达出说话人惊愕气恼的感情）

这可是大买卖呀！（升高"大"的音量，轻重对比鲜明，把说话者那种引诱、贪婪的形象表现出来）

我恨不得杀（sh—a—）了他。（重音慢说、快中显慢的方法可以加深听众的印象，达到强调的目的）

小明，轻点呀！（重音轻说。重音词由实变虚，声少气多，语势减弱，与非重音的响亮形成反衬）

祝福大家前程似锦，身心健康，万－事－如－意。（一字一顿。停顿也是加强重音的方法，尤其是一字一顿更可加强表达力度，给人留下更深刻的印象）

4）停顿

人说话的时候停顿首先是生理需要，得呼吸喘气，这就是自然停顿。书面语中用标点符号表示应该停顿的地方，那么口语中如何停顿呢？

"新疆｜代表｜团长｜途｜跋涉｜来｜到北京。"这句话的停顿出了很多错，一是话要一句一句说，不能一个词一顿；二是"长途"是一个词，不应该在词的中间停顿；三是停顿错了地方，造成意义破碎。应该是："新疆代表团｜长途跋涉｜来到北京。"

巧妙运用停顿技巧会达到出乎意料的表达效果。例如，"这个婆娘不是人"，一个长停顿，然后给出下句"九天仙女下凡尘"。此时停顿是必不可少的环节，如果不懂得此处停顿的作用，就没法获得其独特的表达效果。

【练一练】

读出"｜"所示停顿，注意这些停顿与重音的配合。

每天的太阳 | 是您的，晚霞 | 是您的，健康 | 是您的，安全 | 也 | 是 | 您的。

最贵的一张 | 值一千元。

要知道，给 | 永远比拿愉快。（强调"给"——奉献精神）

她买了一件衣服 | 很漂亮，她又做了一件事 | 十分愚蠢。

荷姐姐说："娘上了年纪，眼神不济了，我的手指比脚丫子还笨，往后你得学做针线活儿。"郑整儿说："这 | 太 | 难为人了，我好歹 | 是个男子汉。"

二、口才技能的词语锤炼

口语交际对词语使用的要求首先是用语规范、准确，其次是风格端庄典雅。无论是对同学、朋友，还是对领导或者企业客户，彬彬有礼的谈吐，端庄典雅的用语，含蓄委婉的应对与拒绝，机智灵巧的语意转换，都是提高口才技能的训练内容。

（一）词意准确

口语语境里的信息传递，准确是第一要义，所选用的词语必须规范、准确，不能含糊其辞，晦涩难懂。

【动脑筋】

1. 通知会议的时间、地点、参会人名等信息，怎样做到用词准确？

2. 以听者的接收效果衡量用词的准确度。"没事"和"有空"是一个意思，用哪个词听者不反感？

你现在没事吧，麻烦你帮我把这个送到二车间。

你现在有空吗？麻烦你帮我把这个送到二车间。

3. 下句中"研究"和"适当的时候"是什么意思？这样用词是否违背准确性？

这件事我已经向上级做了汇报，在研究呢，适当的时候会把结果告诉您。

（二）词语色彩恰当

词除了有客观的理性意义，还带有附加的色彩意义，主要有语体色彩、感情色彩、形象色彩、地域色彩等。

1）感情色彩

尽量将褒扬色彩的词语用于交际对象，特别是对领导、来访者、商业客户等，对同事和下属亦然，即使话语内容不值得用褒义词，也可以选用中性词，不随便使用贬义词。例如，当你需要同事帮忙时，可以先说"哎，买新衣服啦！好漂亮……"再说正事："能帮我准备一下会议室吗？明天安检人员要来咱们厂，下午总经理开会要用呢！"用褒义词对听者表达适当赞赏，使之更乐于接受话语交流的内容。

词的色彩在语境中会发生转移，如"别尽说漂亮话"，"漂亮"的褒义变为贬义。

巧妙使用词语的色彩还可以增添婉转的语气。

a."菜咸了点儿，招待不周，请各位见谅，不过'咸中有味儿淡中鲜'嘛。"用"点儿"淡化了对中性词"咸"的否定。

b."新工人总的来说还不错，就是动作慢点儿。"委婉地批评新人干活不利索。

2）形象色彩

描绘事物形态、动态、颜色、声音等的词语。车间、办公室工作并非每时每刻都平淡无奇，色彩词语在融洽职工关系、活跃气氛、营造欢快和谐氛围时就派上用场了：

a. 保管员小陆整天乐呵呵的，大家都愿意到他那里领东西。

b. 今天谈判顺利，彭经理，尝尝这道狮子头，扬州名菜啊不油不腻，愿咱们的工程圆圆满满！

c. 话务员小李唇红齿白，清丽俊俏。客户就愿意接她的电话——声音脆脆的，甜甜的。

需要注意的是，口语语境用的自然都是口语词汇，但在正式的工作场景，尤其是用于服务对象，有些口语词汇则不能用——必须摒弃俚俗词语，包括熟语中的糟粕，因其不雅；方言词通常为口语词，因地域色彩浓郁而影响受众理解，也不应使用。

【练一练】

1. 礼貌词语

（1）尽可多地说出礼貌的称谓语：×先生、×厂长、×董事长……

（2）尽可多地说出礼貌的问候语：您好、见到您很高兴、久仰、幸会……

（3）尽可多地说出致谢语：谢谢、感谢帮助、让您费心了……

（4）致歉：对不起、实在不好意思、给您添麻烦了、请谅解、请包涵……

（5）用"请""能"等词语：请您把关、请斧正、能指导一下吗、请审阅……

（6）尽可多地说出自谦语：才疏学浅、学养不足、望尘莫及、人微言轻……

2. 端庄严肃词语（口语里用书面语、成语、古语词体现正式、严肃、端庄、典雅风格）

（1）将口语词换成书面语词：小孩儿→儿童，好看→漂亮/美丽，快→迅速……

（2）多掌握古语词：铭记、教诲、瞻仰、拜访、矍铄、巾帼、绸缪、斡旋、追随……

（3）多掌握成语：高瞻远瞩、物换星移、顾全大局、焕然一新、礼尚往来、开诚布公……

3. 含蓄、委婉语

（1）避讳：关门→打烊，死亡→牺牲，猪舌（折本）→口条/猪润……

（2）委婉：胖→富态、丰腴、丰满，瘦→苗条、骨感，老态龙钟→高寿、古稀之年……

（3）含蓄：不同意、没结果→再研究，拒绝邀请→要考虑考虑，不签字→待批复……

4. 语意转换

资深（老）、智慧经营（投机发财）、发展中（落后）、负增长（下降）、健谈（啰唆）……

三、口才技能的句式选择

在语音要素部分我们已了解到，声波瞬间即逝，要保障信息传播的畅达与有效，在句式上应首选短句。短句是口语中常用的句式，词语少，结构简单。口头交流要力避长句，长句词语多，结构复杂，冗长的句子听起来困难，容易造成信息丢失。

另外，也常用口语句式，它的特点和短句有所交叉，口语句式往往是短句，结构简单，不用或少用关联词语，不用文言词与文言句式。例如，"倘若人人有闲暇，敬请参加本社春日冶游。"口头通知时改为"要是各位周末有时间，参加社里的春游活动啊"，"倘若"改为"要是"，"春日冶游"变为"春游活动"，后一句更容易听懂。

选用说者"上口"、听者"入耳"的口语句式、短句句式，为沟通创造便利。下面重点学习礼貌、语气委婉的句式。

（一）语气婉转礼貌的句式

1）使用带有商量口吻的祈使句

句子根据表达语气，分为陈述句、祈使句、感叹句、疑问句四类。祈使句分为两种：一种是表示命令、禁止的祈使句，一般带有强制性，口气强硬、坚决；这类祈使句口气未免强烈，有失礼貌，除非必须，从业者应尽量少用。另一种是表示请求、劝阻的祈使句，这类祈使句语气和缓，可以用来表达请求、敦促、商请、建议和劝阻，职前应掌握这个用法，为尽快适应岗位打下基础。

（1）表示请求的祈使句　多以肯定形式出现，使用语气词"吧"或"啊"。表示劝阻的祈使句，多以否定形式出现，使用语气词"啊"或"了"。用语气词"吧"带有商量的口气，用"啊"则略带敦促的意味。

a. 说啊。带催促的意思，含有"说啊，怎么不说呢"的意思。

b. 说吧。有商请的意味，含有"说吧，我听你说"的意思。

（2）请求或敦促别人做事　总是有商量的余地，比较客气，因此宜于使用重叠形式的动词，有时配以敬辞"请"，常用主语。

a. 您说说。/您坐坐，我就来。/您先请。

b. 小张，别客气，咱们自己人嘛。

c. 不用了吧。

d. 王先生，您别着急啊（我马上办好）。

【练一练】

将下列句子改为祈使句，体会表示请求、劝阻语气和缓的祈使句。

a. 你们应该把问题汇报上去。

b. 他的事你到底还管不管了？

c. 你先走！

d. 有啥好客气的！

2）使用含独立语的句式

独立语是表示对情况的推测与估计的插入语，其语气委婉，对所说事实不做完全的肯定，留有商量、重新考虑的余地，在请示性和建议性对话中经常使用。例如，"王主任，你看，这么办行不行？""下周的商洽会我是这样安排的，您看，合适不合适？"

或者是为了引起听者的注意，使之能同意所说的内容。例如，"您瞧，小金的计划挺周密的哦。"

客观叙述的事件也可以用插入语突出句中的某一点内容。例如，"周董，王鹏一向，你晓得的，做事规矩、利索，让人放心的呢。"

（二）弱化语意的疑问句、否定句

1）使用否定句

（1）否定句语意弱　对同一事物或意思可以用肯定句表示，也可以用否定句表示，但二者语意的轻重、强弱有别，否定的说法语意弱些。例如，"今天天气糟糕。""今天天气不好/不太好。"前一句的语意比后一句重。

【动脑筋】

如果批评新来的小王，哪一句的沟通效果好？

a. 小王，动作这么慢，难怪出活儿少。

b. 小王，动作不快啊，出活儿出得不多呢，多练练手哦。

【练一练】

将肯定句改为否定句，体会否定句比肯定句的语意轻。

a. 长这么丑（还出来混）！

b. 太幼稚了。

c. 这间会议室真冷，另找一间开会。

d. 个子矮了，面试准吃亏。

（2）委婉的双重否定　　人们都知道双重否定表示强烈的肯定，但有的双重否定句可用来表示一种委婉的语气。这种双重否定句的特征是用"不＋能愿动词＋不＋动词（谓语中心）"的格式，句末可带语气词。例如：

不能不＋动词……（＋语气词）

不会不＋动词……（＋语气词）

不敢不＋动词……（＋语气词）

【动脑筋】

下面的句子直接用肯定句，语气会怎样？

a. 张总，我们这次谈判能成功，不能不感谢您的鼎力相助啊！

b. 李部长，今晚有个重要会议，您不会不来吧。

c. 这恐怕不会不是事实吧。（比较：铁证如山，这就是事实！）

2）使用疑问句

此处所指问句都属于无疑而问，问的目的是增强表达效果。从语气强弱的角度考虑，一些疑问句的语气比陈述句弱，可以用来表达婉转、客气的语气。比较以下各组句子的语气：

a. 下属：张秘书，你希望我去吗？

　　张秘书：我有必要回答吗？

b. 下雨了，明天再走。

　　下雨了，明天再走不好么？

c. 怎么不敲门就进来了。

　　进来前，是不是先敲门？

d. 我先发言/我必须先说/我就不能先说吗?！

　　我先说两句，好吗？

a 句中张秘书对下属的回答用反问句，语气过于强烈，非常不友好。b 句用后一句的疑问句式，就有了商量的口吻，加浓了劝导的意味，使听者易于接受建议。c 句的批评用后一句的疑问句式，口语婉转，听的人更愿意接受淡化了的批评。d 句中"好吗"的疑问句式给出的是征询的意味，客气而礼貌，没有咄咄逼人的蛮横，更易于争得先发言的次序。

【练一练】

将下列句子改为疑问句，使其表达婉转、和缓的语气。

a. 你想想，这难道不是事实吗？

b. 快，往屋里搬东西！

c. 催他！（又是他最后一个，拖了后腿）

d. 没长眼睛啊，头儿正忙哪!

【动脑筋】

销售部的小夏是刚来的，"李主任，我有个问题想请教您。"李主任正忙得不可开交。这儿有三个句子，请你帮主任选一个，应答小夏。

a. 没看我正忙着吗?

b. 忙着呢，待会儿再说!

c. 小夏，过半小时再来找我，你看行吗?

实训项目一

实训名称：语音技巧训练。

实训要求：掌握语音技巧，读出丰富的句调、语气、快慢语速、重音停顿等。

操作提示：①教师课前将训练任务布置给学生；②学生用课余时间练习；③做语音技巧练习的同时，练习普通话的音准；④课堂分组，每组 4 人，每两组结成对子，展示、互评。

实训评测：在训练材料中选取一段短文，综合考核语音音准、技巧，根据普通话的发音、语声准确变化与丰富多样评定成绩。

实训内容：

1. 句调训练

(1)朗读《狼和小羊》这篇文章，注意句调的变化。

狼来到小溪边，看见小羊正在那儿喝水。

狼非常想吃小羊，就故意找茬儿，说："你把我喝的水弄脏了! 你安的什么心?"

小羊吃了一惊，温和地说："我怎么会把您喝的水弄脏呢? 您站在上游，水是从您那儿流到我这儿来的，不是从我这儿流到您那儿去的。"

狼气冲冲地说："就算这样吧，你总是个坏家伙! 我听说去年你在背地里说我的坏话!"

可怜的小羊喊道："啊，亲爱的狼先生，那是不会有的事儿，去年我还没生下来哪!"

狼不想再争辩了，龇着牙逼近小羊，大声嚷道："你这个小坏蛋! 说我坏话的不是你就是你爸爸，反正都一样。"说着就往小羊身上扑去。

(2)根据提示，用恰当的语调读出下面的句子。

①你到这里来过?

a. 高兴。(这太好了!)

b. 惊讶。(真没想到。)

c. 怀疑。（这可能吗？）

d. 责怪。（你不应该来呀！）

e. 愤怒。（太不像话啦！）

f. 惋惜。（唉！无可挽回的过失。）

g. 轻蔑。（这种地方你也来，你是什么东西？）

h. 冷漠。（来没来过与我无关。）

②你这个人！

a. 奇怪。（你怎么突然变卦了？）

b. 气愤。（你竟然干这种事？）

c. 埋怨。（你怎么姗姗来迟！）

d. 惋惜。（多下点工夫就好了！）

e. 感激。（你想得真周到！）

f. 嗔怪。（你真会缠人！）

（3）下面的句子有不同的句调，请试读。

①你不认识我啦？我是三车间的呀！

②对不起，请你委屈一下。

③年轻，有无可比拟的优势。

④他呀，说什么风太大，天太冷，路又远，就是不愿意去。

⑤雨花石不卖的吗？

⑥听说！听说！可是为什么就不找他本人了解情况呢？

⑦啊!? 怎么会是这样！

⑧世界上最简单明了的是什么？是真理，真理。

⑨要做你自己做，我可没兴趣。

⑩什么人权自由，平等博爱，全是骗人的鬼话！

2. 停顿训练

（1）试用不同的停顿读出下列句子的不同意思。

①妈妈看见女儿笑了。

②我不会修电脑。

③我同意他也同意，你怎么样？

（2）用恰当的停顿读出下列语句。

①饭总是要吃的，事情总是要做的。

②我就偏不信这个邪。

③你丢下自己的小孙孙，把伤员背进了防空洞，而当你再去抢救小孙孙的时候，房子已经塌了。

④每个人都有自己的人生航线，但是没有一条会是笔直的路线，它充满着曲折，我的经历就是这样。

3. 语速训练

读句子，注意语速的变化。

(1)天啊，这是什么世道？为什么？为什么他们这样狠心？

(2)月光如流水一般，静静地泻在这一片叶子和花上。薄薄的轻雾浮起在荷塘，叶子和花仿佛在牛乳中洗过一样，又像笼着轻纱的梦。虽然是满月，天上却有一层淡淡的云，所以不能朗照，但我以为这恰是到了好处的——酣眠固不可少，小睡也别有一番风味。

(3)反动派暗杀李先生的消息传出以后，大家听了都悲愤痛恨。我心里想，这些无耻的东西，不知他们是怎么想法，他们的心里是什么状态，他们的心怎么长的！其实很简单，他们这样疯狂地制造恐怖，正是他们自己在慌啊！特务们，你们想想，你们还有几天？你们完了，快完了！你们以为打伤几个，杀死几个，就可以了事，就可以把人民吓倒吗？其实广大的人民是打不尽的，杀不完的！要是这样可以的话，世上早没有人了。

4. 重音训练

(1)读下面的句子，注意体会句子的重音。

①我在读英语。

②什么叫拼搏？什么是拼搏？什么是我们需要的拼搏？

③正义是杀不完的，因为真理永远存在。

④山朗润起来了，水涨起来了，太阳的脸红起来了。

(2)朗读短文，注意重音。

①一人从地里回来，妻子问他："你的锄头呢?"这人大声答道："忘在地里啦。"妻子责备说："你也不轻声点！要是给人家听见，还不捡走哇？快去把锄头拿回来！"这人忙回到地里，可锄头已经被人捡走了。回到家后，这人轻轻地凑到妻子耳朵边小声说道："锄头不见了。"

②露珠对汗珠轻蔑地说："都是水珠，但却截然不同。我是露珠，洁白无瑕，晶莹闪烁；而你，我不必挑明，你也应自知羞愧的。"

"咱俩还有个区别。"汗珠并不内疚，坦然地说："你迎着太阳溜了，而我却迎着太阳诞生了。"

露珠哑口无言。

5. 语气训练

(1)根据提示，用恰当的语气读下面的句子。

这是你写的作业？

①高兴——大有进步。

②怀疑——这不可能。

③惊讶——真没想到。你不是一贯不交作业吗？

④惋惜——唉！不该写成这样啊！

⑤轻蔑——你有这本事？

⑥责备——简直太不像话了！

(2)用愤怒、紧张、失望、不关心、不耐烦、兴奋、神秘、惊恐八种情感读以下例句：

①我不知道他会不会来，已经等了三天。

②其实你不需要留在这里，那边的事没有你完成不了。

③这半年一直都是这样子，大家都习惯了。

实训项目二

实训名称：通用口才技巧综合训练。

实训要求：根据主题、情景，选用恰当的词汇、句式等，为模拟角色组织语言。

操作提示：①教师课前将训练任务布置给学生，学生用课余时间练习；②分组，每组人数依角色多寡而定；③做本练习的同时，要求普通话发音标准，并准确运用语音技巧；④各组在课堂上展示，评出语言组织最佳的角色扮演者。

实训评测：从普通话音准、语音技巧、选词巧妙、句式恰当等多方面，综合评定成绩。

实训内容：

1. 张和黄在同一个寝室。他们共同的上司是罗，罗和张谈了一次话，把对张的意见全倾吐给黄：刚愎自用、自恃才高、不冷静，但也有很多优点。张后来工作出色，得到罗的提拔。黄怎么转述罗的话的？

2. 在正式签约前，姚助理不断地应付一个又一个来电，既不能泄露商务机密，又不能得罪客户们。帮他想想如何讲话？

3. 宣传干事宣读文件："严禁公务酗(xiòng)酒！严禁司机酒驾！……"你怎样既给他留面子又告诉他读错了字(酗 xù)？

4. 对门打印店新来的小李，经常写错字，打字也常常同音出错，所以三天两头挨老板训斥。这天，小李来找你诉苦。你怎样劝导并批评小李？

5. 新工长其貌不扬，大家背后窃窃私语，跟新工长一起来的小吴知道后，几句话描绘了新工长的长相（提示：用否定句），大家一听，觉得有道理，以后就再也不议论了。

6. 上班时间，隔壁办公室的小陈，坐在小王的座位上，用小王办公室的电话和男朋友聊天，这既违反了用电话的规定，又影响了小王工作。小王若向她宣读办公规章制度，显然不妥。如果你是小王，怎样婉转地把意思告诉陈秘书？

第三单元　职业口才技能训练

【学习目标】

知识目标

1. 了解应聘面试流程以及其中需口语表述的内容。
2. 知晓为求职面试应储备哪些方面的口才技能。

技能目标

1. 能恰当运用口才技巧，使自我介绍生动形象，具有吸引力。
2. 能经过演讲训练，准确、流畅地表述自己的观点，具有说服力。
3. 能根据自己的专业/行业特色，进行职业口才的自我发展。

【任务描述】

从业之路始于谋职，应聘求职面试是展示职业口才能力的第一个平台。通过学习，知晓应聘面试程序以及面试涉及的口头表达能力，熟悉职业口才技能训练的内容，并完成"实训项目"，为以后求职、从业夯实口语表达的基础。

【知识概述】

一、应聘面试涉及的口才技能

（一）应聘面试流程

面试通常有以下五个环节，但不同单位的面试过程会有所不同，有的单位可能会略去其中一两个环节。

（1）相见、问候　应聘人进入面试室，考官与应聘人寒暄，营造友善、轻松的面试气氛。

（2）前奏　应聘人做自我介绍。

（3）正题　应聘人直接表述，回答考官的提问，从不同侧面表现自己的心理特点、能力素质、职业素养等（考官则从中考察应聘人的各个方面）。

（4）尾声　考官允许下，应聘者提问。

（5）道别　退出面试室。

（二）面试口才技能

前往应聘单位面试，需做充足的准备，如要了解该单位业务情况，要准备好得体的服饰……

完成面试还需做好口才技能的准备，即自我介绍、演讲说服/即兴演说、机敏应答。无论是单向的自我表述，还是与考官的双向交流，口语表达都要做到音量适中、口齿清晰、话语流畅等。

书到用时方恨少，词到用时方觉穷，等到大三找工作时才做准备就太迟了，口语能力不是一蹴而就的，现在就应开始练习。试想，要是一个应聘者声音低得不可闻，结结巴巴，话语含糊，没有哪个面试官会喜欢他并为他加分的。为了将来能顺利通过求职面试，应尽早投入口才训练，提高口语表达能力。

二、面试口才技能训练

(一)自我介绍——良好的"第一印象"

有一对朋友谈论他俩都认识的一位医师老徐。可两人对老徐的看法截然相反：一位认为老徐很有教养，对病人关怀备至；另一位认为老徐脾气暴躁，对病人态度不好。究其原因，原来后一位第一次见到老徐时，他正在对一位病人发脾气，于是，就形成了难以改变的"第一印象"。第一印象又称"首因效应"，它在人们心目中一旦形成，便定下了对这个人的认识的基调，成了以后交往的依据，为此，必须高度重视给人第一印象的自我介绍。

应聘面试时，求职者最先遇到的题目往往是"请先介绍介绍你自己"。这个问题看似简单，但求职者一定要慎重对待，应学会利用"首因效应"为自己在面试中博得用人单位青睐创造条件。

喜剧表演艺术家王景愚的自我介绍

我就是王景愚，表演《吃鸡》的那个王景愚。人们称我是多愁善感的喜剧家，实在是愧不敢当，只不过是个"走火入魔"的哑剧迷罢了。你看我这40多公斤的瘦小身躯，却经常负荷许多忧虑与烦恼，而这些忧虑与烦恼，又多半是自找的。我不善于向自己敬爱的人表达敬与爱，却善于向自己所憎恶的人表达憎与恶，然而胆子并不大。我虽然很执拗，却又常常否定自己。否定自己既痛苦又快乐，我就生活在痛苦与欢乐交织的网里，总也冲不出去。在事业上人家说我是敢于拼搏的强者，而在复杂的人际关系面前，我又是一个心无灵犀、半点不通的弱者，因此，在生活中，我是交替扮演强者和弱者的角色。

【评析】

王景愚的自我介绍很有技巧，给人留下了良好的、难以忘却的第一印象。而这正是自我介绍要达到的目的。

1)自我介绍的技巧

(1)说好一个"我"字。

（2）独辟蹊径。

（3）巧报"家门"。

2）自我介绍应掌握的原则

（1）开门见山，简明扼要，最好不要超过 3 分钟。

（2）实事求是，不可吹得天花乱坠。

（3）突出长处，但也不隐瞒短处。

（4）所突出的长处要与申请的职位有关。

（5）善于用具体生动的实例来证明自己，说明问题，不要泛泛而谈。

（6）说完之后，要问考官还想知道关于自己的什么事情。

【动脑筋】

请就自我介绍说一说为什么杨被录用而张落选了？

两位应聘者的自我介绍

张小姐和杨小姐都是刚毕业的学生，学的都是英语专业，学习成绩都很突出，二人同时应聘一家独资公司的高级秘书职位。人事经理看了简历以后，难以取舍。于是通知两人面试，考官让她们分别做一个自我介绍。

张小姐说："我今年 22 岁，刚从某大学毕业，所学专业是英语。浙江人。父母均是高级工程师。我爱好音乐和旅游。我性格开朗，做事一丝不苟。很希望到贵公司工作。"

杨小姐介绍说："关于我的情况简历上都介绍得比较详细了。在这我强调两点：我的英语口语不错，曾利用假期在旅行社做过导游，带过欧美团。再者，我的文笔较好，曾在报刊上发表过两篇文章。如果您有兴趣可以过目。"

最后，人事经理录用了杨小姐。

为了表达更流畅，面试前应做些准备。而且由于主考喜好不同，要求自我介绍的时间不等，短则 30~50 秒，但最长不会超过 5 分钟（其实已含演讲在内，见下文）。所以较明智的做法应是准备 1~5 分钟的介绍稿，以便面试时随时调整。1 分钟的介绍以基本情况为主，包括姓名、学历、专业、家庭状况等；3 分钟的介绍除了基本情况之外，还可加上工作动机、主要优点缺点等；5 分钟介绍，还可以谈谈自己的人生观，说些生活趣事，举例说明自己的优点等。

【赏析】

尊敬的各位领导、老师：

大家好！我叫李怀，2006 年 6 月毕业于中国传媒大学播音与主持艺术专业。我的特长是新闻播音、主持、演讲。我应聘的岗位是主持人或编导。

在过去的一年里，上半年，我曾在商报文体中心、人民广播电台经济生活频道实习，并很荣幸作为特邀主持人主持了聊城广播经济生活频道与市人民广播电台经济文艺台联合直播的《大拜年 齐鲁一家亲》春节特别节目；下半年，在电视台社教节目中心《大旅游》栏目任策划与撰稿。

我的名字是李怀。中国有句成语，叫"以身相许"。那么，今天，我——李怀，愿把我的身心，我的全部青春与智慧，奉献给为商海服务的电视台商务频道，奋力为经济改革大潮推波助澜！

记得作家柳青说过这样一句话，"人生的道路虽然漫长，但紧要处往往只有几步，特别是当人年轻的时候"。今天，在我人生的紧要处，还望在座的各位领导、老师，给我一个"以身相许"的机会！

谢谢！

【动脑筋】

下面一段改写自网络都市小说《男医生的忏悔》，请你点评3个人物的自我介绍。

(1)广夏房地产公司的老总，笑着自我介绍："薛有方，有方法的那个有方。"

郑秘书："这名字好，不愧为房地产公司的老板！你这名字和'有房'谐音，公司的名字也好，广夏，'安得广厦千万间'看来上天都注定了您要在房地产上面发财啊。"

(2)"我命不好，排行老六，别人一听就像猴子似的！偏偏我自己长得又不争气，非得长成这个猴样。陈小侯，你看，名字也是猴子。"陈小侯他怪笑着说。

郑秘书(接过名片)："您是侯爵的侯，不是美猴王的猴。"

(3)郑秘书："我叫郑勤书。父母真是有先见之明啊，早就知道我会当秘书，让我勤快地书写呢。"(根据新浪网都市小说《男医生的忏悔》改写)

【评点】郑秘书巧妙地利用谐音、词语褒义等方法赞美客户的姓名，既让对方心情愉快，又毫无阿谀奉承之弊。他联系职业做自我介绍，给人留下深刻印象。

【练一练】

在全班同学面前介绍自己，30秒至1分钟，要求巧妙利用自己的名字，讲出特色。

(二)演讲表述

面试中的演讲表述与自我介绍有交叉，如上文李怀的那段自我介绍含有演讲的成分。演讲表述是应聘人为了说服主考接受、赞同自己的观点进而录用自己而做的语言表述。演讲在古希腊称为"诱动术"，其含义是劝说鼓动听众。演讲的目的是发言人将自己的观点灌输给受众，带有强烈的鼓动性和说服性，演讲表述是突出你的优势和特长、展现综合素质的好机会。如果说自我介绍告诉考官"我是谁"，那么演讲表述则说服考官"我最合适"，这就是为什么面试中会用到演讲口才技能的原因。

1）演讲

演讲是以口语表达的方式面对听众，就某一问题发表自己的观点、阐述某一事理的活动，也叫"演说"或"讲演"，演讲是锻炼和培养青年口才的手段之一。它属于现实活动的实用性言态表达艺术，是一种高级的单向传播的口语语体。演讲的实用性可从表 3-1 的对比中显现。

表 3-1　演讲与其他言态表达艺术的区别

演讲	戏剧、影视、相声、评书、朗诵
实用性言态表达艺术	欣赏性言态表达艺术
使用	非使用
生活中具有社会职业身份的现实中所从事的社会现实生活的一部分表达个人的思想和选择	某"角色"的言态表达通过有声语言和态势语言表达角色的思想观念
演讲者真实身份在现实中从事现实活动时的讲话	艺术舞台上的角色演员表演的装扮
以讲为主（实用性） 讲中有演（艺术性）	欣赏艺术

2）演讲文稿

一般而言，除即兴式发言，演讲都要准备讲稿。讲稿可以是成文成章的，也可以是提纲挈领的。政府工作报告、外交部声明、在联合国安理会上的发言、迎接贵宾的欢迎词等，都要照稿宣读，以示庄重；大多数演讲都可以在原稿基础上即席发挥，或不用讲稿，借助提纲进行演讲。但首次参加面试，适宜在面试前做好准备，为演讲写出完整的文字稿。

3）演讲的准备

（1）备稿与背稿　面试应有备而赴，当然包括事先准备好文稿，并且将内容记熟，考官不会愿意看到你照本宣科、念稿子。

（2）变"无备"为"有备"　面试中如果是通过回答提问来表述的（诸如"告诉我们，你有哪些优势表明你足以胜任该工作？""我们为什么要录用你？""你为什么选择我们公司？"），这时你用于发表观点的演讲，与即兴式发言相像，那么你变"无备"为"有备"的诀窍，仍在于之前的备稿与背稿，在现场进行快速思维，在演讲稿中搜索相应的内容，然后发言。

（3）修改讲稿　①控制篇幅（控制时间）；②语言"上口""入耳"（口语化）；③用词准确、生动形象。

（4）视听结合　将视觉阅读的文字稿，转化为听觉接受的有声语言演讲——复习前文"语音技巧"，将之运用于演说，使语声富有变化，演讲生动感人。

【动脑筋】

1. 在网络上搜集应聘人在面试中的演讲稿(自我介绍、个人才能展示、胜任工作理由等),并一一评点,评点时可从以下几方面考察:

①千篇一律;②空洞无物;③夸大不实;④太书面语化;⑤逻辑混乱;⑥有突出的个人特点;⑦语言生动形象;⑧短句子多、口语化(易于口头表达)。

2. 根据对这些演讲稿的评析,说说你准备讲稿时要避免出现的问题。

【练一练】

按照以下步骤完成一次演讲训练。

(1)命题:自拟题目,也可参考《我是贵单位理想的员工》《我才是能胜任××岗位的这一个》《请让我成为××的一员》等题目。

(2)字数与时长:500~800字,可讲2~3分钟。

(3)演讲稿格式:开头(称呼语、问候)、主体、结尾(致谢)。

(4)演讲稿"主体"部分大致包括以下内容(但无需每条都讲到):①我要谋求的岗位是什么;②我热爱本工作;③我的专业与工作对口;④我大学三年受过系统的专业训练;⑤我的专业以及该工作所需技能的成绩,我的特长或多才能多技艺;⑥我的实践经历;⑦我的品格素养;⑧我参加过的公益活动。

(5)将完稿与同学互阅、修改。熟悉稿子内容,直至可脱稿上台。

(6)每人在台上做一次演讲(必须脱稿)。

(7)演讲时一律说普通话,语音要有起伏、节奏和感情,可以使用一些伴随性形体语言,但不能有多余的不得体的形体语言。

(8)演讲后把演讲稿提交给老师,并在演讲后交流体会。

(9)思考此次演讲对专业学习的影响(是否促使你更努力地了解和学习自己的专业)。

(10)自拟更多与本专业相关的题目进行演讲。

(三)机敏应答

面试考官会设置一些较为棘手的问题对应聘人做进一步考察。例如,你的自我陈述都是说自己的优点与长项,可考官却叫你谈谈你的缺点;又如,你身为应届生,考官却要你说说在缺乏经验的情况下,你如何能胜任这项工作;再如,人们都希望成功,考官却问你最近一次的失败经历是什么,以及如果应聘失败怎么办……这些问题几乎是意料之外的。有时考官还会问及你希望的上司、同事是什么样的,你期待薪酬是多少等,这些问题又几乎是不能直接回答的。那么如何做好应对口才的准备呢?

(1)应变能力　问者并不是要个答案,而是要看应答者的反应,以及对自身的反向了解。所以或避锋或绕道而走，便是机敏而巧妙的应对。

（2）心理素质　面试情景中考官不仅要求应聘者展示口语表达能力，而且也对其心理、思维素养进行考验。在自我介绍和演讲环节毕竟是有文稿准备的，心理紧张程度较小，问答环节对心理承受能力、快速运转思维能力的要求高得多。

所以，除了语言表达，为这个环节储备的能力重在稳定心理和应变能力的训练。

三、职业口才技能专项训练

"隔行如隔山"，职业口才技能训练内容虽因行业的不同而变化，但是变中有定，"变"是各个专业/职业拥有的行话，"定"是口语表达的语言要素——语音、词汇、语法，即任何行话都是用口语表达的。这样一来，职业口才技能训练可理解为，训练从业者用口语表述各自行业领域进行的生产、服务等工作的语言能力。

由于专业各异，篇幅有限，不能为每个专业一一列出所设置的训练，故本节采取读者/学习者撰写训练材料→口头操练的文字编排方式。

【练一练】

1. 写出专业术语、行话，不少于30个，不属于常用词的，请注出读音。

口头操练：同班同学做"打擂台"游戏，说出的专业用语最多且发音准确的为胜者。

2. 写出2~3家该专业的著名企业，写出每家企业的概况。

口头操练：按小组分工，一组同学介绍一家企业，通过比赛选出最佳的一组（介绍的内容全面，说话的音量适中，语音标准，话语流畅）。

3. 企业对从事该职业的员工有哪些要求（可上网查询企业的招聘宣传中对此的规定）。

口头操练：复述一条要求，对照自己是否达到了/尚欠缺（要说得具体），该操练需每位学生独立完成。

4. 企业出品之一（某一你熟悉的产品/商品，或某项服务，或某个法规）的文字介绍。

口头操练：先熟悉要介绍的内容，并且尽可能记住，然后在小组内脱稿介绍（最好组内的产品不重复）。

口才训练为你铸就求职软实力，它需要过硬的专业本领与之同步，方能使你顺利迈入并长久立足于职场。

【动脑筋】

从上面的【练一练】中，选出有益于应聘面试的内容，如著名企业、对员工的要求等，想一想自己目前存在的差距，准备怎样去增强自己的求职实力？

实训项目一

实训名称：应激反应训练。

实训要求：在口语交际中，能够比较冷静地处理突发事件，如听众突然爆发出哄堂大笑、讲稿被风刮走、记不起解说词、水杯被打翻、意想不到的提问和诘问等。

操作提示：分组，每组 3～5 人。分别扮演发言人、听众（提问者）。听众采用反问、逼问、诘问等提问方式不断向发言人"进攻"。

实训内容：

说话者：各位朋友，大家好！今天我勇敢地站在了发言席上，非常有信心向诸位表达我的思想……

听众甲：什么，你勇敢地站在了台上？怎么脸绷得紧紧的、眼神惊慌失措？

说话者：……（微笑回答，应对话语要机制、幽默）

听众乙：我不清楚你为什么要笑，你的手势是什么意思？

说话者：对这位同学的提问，我想说三句话……（目光要注视听众乙，并辅以手势，回答语气应沉稳，用语软中有硬）

听众丙：（鼓掌）非常精彩！但是你是否认为听众甲和乙比你更勇敢、自信？你自己是不是在自吹自擂？

说话者：……（略沉思一会儿，要用表情显露内心谦和的态度。回答时要条理清晰、言简意赅）

训练提示：应激反应其重要的心理素质是要求冷静，能及时对突发事件做出迅速有效的反应；训练时特别能锻炼说话人的勇敢、自信（当然还有思维的敏捷和话语的机智）。

实训评测：本次训练以激发说话人的勇气为主，不评定成绩。

实训项目二

实训名称：求职面试论坛。

实训要求：在口语交际中，要求发言者不慌张、不胆怯，神态自然、言谈得体、接语主动，内容有见地、表达有条理。

操作提示：①分组，每组 5 人，4 人扮演嘉宾、1 人扮演主持人；②情景设想为电视台演播室，4 名嘉宾就座，就热门话题展开交谈，主持人负责串词，各组轮流模拟演播；③实训前做好准备：拟定话题，嘉宾拟写发言内容，主持人写出开场白、串词、结尾。

实训评测：评出哪一组配合最佳；评出哪一个说话者的心理最稳定、谈吐最得体、表达最清楚。

实训项目三

实训名称：新闻发言人。

实训要求：练习在各种突发情况和尴尬场合的稳定心理和应变能力。

操作提示：①分组，每组5人，1人扮演发言人，其他人扮演记者；②创设一定的情景（"××记者招待会"或"××新闻发布会"），"记者"提各种问题，指名要求某发言人回答，或自由回答；③实训前做好准备：拟定题目。发言人拟写发言提纲。

实训评测：由全体参加者从心理角度和口语角度评议，评出"最佳发言人"。

实训项目四

实训名称：专业/职业/产品解说训练。

实训要求：介绍自己的专业/职业/产品/工艺……如描述产品形状或者厂区的现实布局或者该专业的历史演变等。要求思维清晰，逻辑性强，语言连贯、有序。

操作提示：①分组，每组3~5人，组内分工，分别讲解一部分；②搜集相关文本并仔细阅读，写出所要介绍内容的提纲（需要的话，可画出示意图）；③角色扮演，每人轮流扮演一次讲解员，其他人扮演听众；④在组内择其佳者在班级讲解，有条件的可制作PPT辅助讲解。

实训评测：评出哪一组配合最佳；评出哪一位讲解员，表达最清晰流畅。

训练提示：由于学生专业各不相同，可以根据本专业或未来职业的特点，自拟所侧重训练的内容，例如，旅游管理专业学生可模拟做一段导游员的景点讲解，营销管理专业的学生可模拟做一段某商品推销宣传，社会体育管理专业的学生则可做某运动项目的健身指导解说等。

应用写作

学习提示

应用写作是人们应对日常工作和生活所需的能力，是现代社会人们生活、学习、工作中不可或缺的能力之一。对强调"以服务为宗旨，以就业为导向"的高职教育而言，应用写作更是高职高专学生必须具备的应用能力之一。应用写作能力的培养对高职高专学生来说，无论是对其个性发展还是为社会服务等方面都具有重要意义。

应用写作模块主要包括以下三个方面的内容：行政公文、事务文书、专用文书。重点讲授和训练一些日常使用频率较高的文种。行政公文部分讲授通知、通报、通告、报告、请示、批复和函；事务文书部分讲授日常条据、计划、总结、调查报告；专用文书部分讲授合同、个人简历、求职信、毕业论文、毕业设计报告。本模块通过"知识概述"的学习，帮助学生掌握必备的应用写作的基础理论；通过"实施例文""拓展例文"的学习，加强实用例文的分析，提高学生理论联系实际的能力；通过"技能训练"的学习，培养学生应用写作的基本能力，为学生步入工作岗位的职场写作打下良好基础。

第一单元　行政公文

行政公文是国家行政机关公文的简称。《党政机关公文处理工作条例》第三条："党政机关公文是党政机关实施领导、履行职能、处理公务的具有特定效力和规范体式的文书，是传达贯彻党和国家的方针政策，公布法规和规章，指导、布置和商洽工作，请示和答复问题，报告、通报和交流情况等的重要工具。"

公文种类主要有决议、决定、命令（令）、公报、公告、通告、意见、通知、通报、报告、请示、批复、议案、函、纪要。

本单元重点讲授通知、通报、通告、报告、请示、批复、函的写作理论，并进行专项技能训练。

一、通　知

【任务导入】

××省卫生厅给××市卫生局下发了《关于开展药品市场大检查的通知》（×卫发〔2014〕18号），××市卫生局要将这份文件转发给所属的各市县卫生局，请代××市卫生局写出这份公文。

【问题讨论】

1. 这份公文应该选择行政公文中的什么文种？

2. 上级机关要向下级机关布置什么工作，需要下级机关执行什么事项？

【学习目标】

1. 知识目标

（1）掌握通知的适用范围。

（2）掌握通知的格式。

2. 技能目标

（1）正确区分通知的不同类型。

（2）规范拟写各类通知。

【知识概述】

通知是行政公文中最常用的文种之一，属于知照体公文。

(一)通知的概念

通知适用于发布、传达要求下级机关执行和有关单位周知或者执行的事项，批转、转发公文。

(二)通知的种类和写法

按照通知的内容和作用来分，通知主要有指示性通知、发布性通知、转发性通知、事务性通知四类。通知一般由标题、主送机关、正文、发文机关和成文日期组成。

1)指示性通知

(1)概念 指示性通知主要用于上级机关向下级机关布置、安排工作。

(2)写法 指示性通知的标题要采用发文机关、事由、文种三要素齐全的标准式标题。主送机关在标题之下、正文之上顶格标明通知的受文机关。依据和缘由是正文的开头部分，要用简明扼要的语句将发布通知的目的、依据、背景、缘由交代清楚，然后用过渡语"现通知如下""现将有关事项通知如下"等开启下文。通知事项是通知的主体部分，要明确具体地交代出应办的事项，即工作的任务和要求。在结构安排上，指示性通知可采用分条列项的形式。结尾可以提出希望与要求，也可以用习惯用语"特此通知"作结语。

2)发布性通知

(1)概念 发布性通知主要用于发布规章。

(2)写法 发布性通知是一种复合体公文，由通知本身和被印刷的规章制度组成。正文包括印发语和印发的规章。印发语由通知的作者撰写，指出印发的内容等，并提出相关要求。

3)转发性通知

(1)概念 转发性通知主要用于转发上级机关的公文。

(2)写法 转发性通知也是一种复合体公文。正文包括转发语和被转发的文件。转发语有简式写法和繁式写法。简单的转发语只需写出转发原因和一般性要求即可。复杂的转发语不仅需要写明转发原因、依据或目的，而且需要进一步强调被转公文所涉及工作的重要性，并可提出更为具体的要求。

4)事务性通知

(1)概念 事务性通知主要包括会议通知等。会议通知是主办单位向会议的参加者说明有关事项。

(2)写法 会议通知的正文部分应交代清楚报到时间、正式开会时间和结束时间、会议地点、会议内容和日程安排、参加人员、需要准备的材料、食宿安排及其他相关事项。

【实施例文】

××市卫生局转发××省卫生厅关于开展药品市场大检查的通知

×卫发［××××］×号

各市县卫生局：

现将××省卫生厅《关于开展药品市场大检查的通知》（×卫发［2014］18号）转发给你们，请认真贯彻执行。

××市卫生局

××××年×月×日

这是一篇转发性通知，××市卫生局是发文机关，×卫发［××××］×号是发文字号，各市县卫生局是主送机关。转发性标题的拟写有一定难度，为了防止重叠和烦琐，本文标题只保留了文件发源处的一个文种"通知"，将公文标题《××市卫生局转发××省卫生厅关于开展药品市场大检查的通知的通知》简化，但在转发语中要写清楚被转发的文件及其发文字号"××省卫生厅《关于开展药品市场大检查的通知》（×卫发［2014］18号）"。

【拓展例文】

教育部关于印发《中小学健康教育指导纲要》的通知

教体艺［2008］12号

各省、自治区、直辖市教育厅（教委），新疆生产建设兵团教育局：

为贯彻落实《中共中央国务院关于加强青少年体育增强青少年体质的意见》（中发［2007］7号）对健康教育提出的工作要求，特制定《中小学健康教育指导纲要》（原《中小学健康教育基本要求》同时废止），现印发给你们，请认真遵照执行。

中华人民共和国教育部

二〇〇八年十二月一日

这是一篇发布性通知，通知的正文首先交代了通知的目的，然后提出贯彻执行的要求，通常使用"请认真遵照执行""请认真贯彻执行"等习惯性语句。成文日期年、月、日要齐全，这里采用了汉字格式，将"零"写为"〇"。在2012年7月1日新的《党政机关公文格式》实施以后，成文日期中的数字用阿拉伯数字，年份应标全称，月、日不编虚位（即1不编为01）。

【技能训练】

1. 请代××市卫生局拟发一份"6·6"全国爱眼日宣传活动的通知。

2. ××市旅游局决定召开全市旅游工作会议，会期三天，布置明年的工作，请代××市旅游局拟写一份会议通知。

二、通 报

【任务导入】

请代××市××区教育局拟撰写一份公文，发给区属各学校，表彰李小明同学拾金不昧的先进事迹。

【问题讨论】

1. 这份公文应该选择行政公文中的什么文种？

2. 发文缘由是什么？

【学习目标】

1. 知识目标

(1)掌握通报的适用范围。

(2)掌握通报的格式。

2. 技能目标

(1)正确区分通报的不同类型。

(2)规范拟写各类通报。

(3)准确辨别通报和通知的异同。

【知识概述】

(一)通报的概念

通报适用于表彰先进、批评错误、传达重要精神和告知重要情况。通报写作要迅速，行文要及时。通报事例要真实、典型，实事求是，评价或定性要准确，恰如其分。

(二)通报的种类

根据内容和作用不同，通报分为表彰性通报、批评性通报、情况通报三种。

1)表彰性通报

表彰性通报用于表彰先进个人或先进单位的通报，介绍先进事迹，宣传先进思想和成功经验。

2)批评性通报

批评性通报用于批评错误行为、不良倾向、丑恶现象和违章事故等，总结教训，以示警戒。

3）情况通报

情况通报用于传达情况、沟通信息，具有沟通和知照的双重作用。

（三）通报的写法

1）标题

（1）由发文机关名称、事由和文种三部分组成。

（2）由事由和文种组成。

（3）由发文机关名称和文种组成。

（4）仅以文种"通报"作为标题。

2）主送机关

通报一般需要写明主送机关，主送机关是在标题之下、正文之上顶格书写。

3）正文

通报的正文一般由以下三部分组成：通报缘由、具体事项、希望或要求。

（1）通报缘由　表彰性通报要写清"为什么要表彰"，批评性通报要写清"为什么要批评"。

（2）具体事项　表彰性通报要交代表彰的具体内容，批评性通报要分析存在的问题，情况通报要陈述通报的具体情况。

（3）希望或要求　表彰性通报号召向被表彰者学习，批评性通报提出处理意见，情况通报陈述工作要求。

4）成文日期

成文日期是公文的生效日期，写在文末的右下方。如果通知的标题中没有写出发文机关名称，应在成文日期的上方要写明发文机关，然后再加盖发文机关印章，骑年压月，上大下小。

（四）通报和通知的异同

通报和通知都要直陈情况与要求，均属告知性文件，都是下行文。但两者也有区别：通知的事实尚未发生，而通报却要以事实作前提；通知主要是告知工作情况和执行事项，通报主要是告知正反面典型和有关重要的精神或情况；通知要求受文机关要求遵照执行，通报主要是了解情况、沟通交流、宣传教育。

【实施例文】

××市××区教育局关于表彰李小明同学拾金不昧先进事迹的通报

×教发［××××］×号

区属各学校：

据反映，英才学校×年级李小明同学×月×日下午路过××路建设银行储蓄所门前时，捡到一捆钱。为将该款及时交还失主，他守在原地等候，在许久无人认领的情况下，遂将该款交至银行，经查验，共计人民币壹万元。其后，失主张××为寻觅此款返回银行。当失主抽出一沓钱硬要塞给李小明同学时，被对方婉拒。

李小明同学的上述表现，反映出他拾金不昧的优秀品质，特在全区范围内给予通报表扬。希望各校积极组织学习李小明同学的先进事迹。

××市××区教育局

××××年×月×日

这是一篇表彰性通报，由××市××区教育局发文，对拾金不昧的李小明同学进行表彰，主要目的是树立榜样。文中交代有被表彰者于何时何地遇到何种情况，如何处理，结果如何，有何影响。最后提出希望，发出号召。

【拓展例文】

关于××市 2011 年度主要污染物总量减排目标完成情况的通报

××发〔××××〕×号

各区、县人民政府，各委、局，各直属单位：

按照国家有关规定，现将××市 2011 年度主要污染物减排完成情况通报如下。

附件：××市 2011 年度主要污染物总量减排目标完成情况

××市人民政府

××××年×月×日

这是一篇情况通报，对××市 2011 年度主要污染物总量减排目标完成情况进行通报，首先扼要交代通报的依据或缘由，然后陈述通报的具体情况。

【技能训练】

××学院××班李四同学考试作弊，在考试时多次翻阅偷偷携带的与考试内容有关的纸条，被监考老师发现后，不但不承认错误，而且态度恶劣。根据以上材料拟写一份批评性通报。

三、通 告

【任务导入】

国家邮政局要对国内信函和明信片资费进行调整，该如何行文？

【问题讨论】

1. 这份公文应该选择行政公文中的什么文种？

2. 需要告知的对象有哪些？

【学习目标】

1. 知识目标

（1）掌握通告的适用范围。

（2）掌握通告的格式。

2. 技能目标

（1）规范拟写通告。

（2）准确辨别通告和通知的异同。

【知识概述】

（一）通告的概念

通告适用于在一定范围内公布应当遵守或者周知的事项。

（二）通告的特点

通告具有规范性、业务性和广泛性的特点。

1）规范性

通告用以规范人们的社会行为，要求人们在知晓的基础上严格遵守，具有行政约束力甚至法律效力。

2）业务性

通告常用于水电、交通、金融、公安、税务、海关等主管业务部门工作的办理，内容主要是业务性和事务性事项。

3）广泛性

通告的告知范围和适用范围广泛，各级机关、企事业单位、社会团体均可使用。

通告的发布形式多样，可通过报刊、广播、电视公布，也可公开张贴，广为人知。

（三）通告的写法

1）标题

（1）由发文机关名称、事由和文种三部分组成。

（2）由事由和文种组成。

（3）由发文机关名称和文种组成。

（4）仅以文种"通告"作为标题。

2）正文

通告的正文由通告缘由、通告事项、通告结语组成。

（1）通告缘由　通告缘由主要写明发布通告的目的、根据、背景、原因等，通常用特定承启句式"为……，特通告如下"或者"根据……，决定……，现将有关事宜通告如下"引出通告的事项。

（2）通告事项　通告事项是通告全文的核心部分，是要周知的事项和执行的要求。如果内容简单，可以篇段合一。如果内容复杂，可以分条列项。通告内容要明确具体，通告措施要全面周详。

（3）通告结语　通告结语通常采用"特此通告"等习惯用语，也可以明确执行时间和执行范围，如"本通告自发布之日起实施"。

3）成文日期

成文日期即发布日期，通常位于文末右下方，要加盖印章。

（四）通告和通知的异同

通告和通知都有沟通情况、传达信息的作用，但两者又有区别，它们所告知的对象不同。通告是普遍告知，要求人们遵照执行。通知是机关内部行文，告知有关部门、单位或人员。

【实施例文】

通　告

经国务院批准，自 2006 年 11 月 15 日起，对国内信函和明信片资费做如下调整：

一、信函资费：首重 100 克以内，由每重 20 克或其零数本埠（县）0.6 元、外埠 0.8 元调整为本埠（县）0.8 元、外埠 1.2 元；100 克以上的续重资费不变。

二、明信片资费：由每件 0.6 元调整为 0.8 元。

国家邮政局和各省（自治区、直辖市）邮政管理局将对资费执行情况进行检查，热诚欢迎社会各界和广大用户的支持和监督。

特此通告。

国家邮政局
二〇〇六年十一月十五日

这是一份由国家邮政局制发的通告，标题只由文种构成，省略了发文机关名称和事由。通告正文采用分条列项的方式交代通告事项，条理清楚，通俗易懂，便于公众理解。通告结尾采用结语"特此通告"结束全文。

【拓展例文】

关于 2008 年北京奥运会开幕式当天放假的通告

京政发〔2008〕37 号

2008 年 8 月 8 日晚 8 时，将举行第 29 届夏季奥林匹克运动会开幕式。经国务院批准，除保障国事活动、城市运行等必要的工作岗位外，在京中央和国家机关、企事业单位和社会团体，北京市机关、企事业单位和社会团体，8月8日放假一天；本市行政区域内其他社会组织，可根据实际情况自主安排。

为让全市人民分享奥运的欢乐，放假前各有关单位要及早做好准备，妥善安排各项工作，保障社会生产生活正常进行。希望广大市民进一步增强"平安奥运"意识，绿色出行，自觉维护社会公共秩序，展现良好的文明素质和精神风貌。

特此通告。

北京市人民政府
二○○八年八月五日

这份通告具有行政约束力和法律效力，文中首先交代通告缘由，然后陈述通告事项，内容明确具体，语气严肃庄重。

【技能训练】

试举例比较通知、通报、通告的区别。

四、报 告

【任务导入】

×××年×月×日上午8点20分，××市百货大楼发生重大火灾事故，××市商业局要向××省商业厅汇报火灾情况，请代××市商业局拟写这份公文。

【问题讨论】

1. 这份公文应该选择行政公文中的什么文种？
2. 在公文中是否需要写出火灾事故的基本情况及处理意见？

【学习目标】

1. 知识目标
(1)掌握报告的适用范围。
(2)掌握报告的格式。
2. 技能目标
(1)正确区分报告的不同类型。
(2)规范拟写各类报告。

【知识概述】

(一)报告的概念

报告适用于向上级机关汇报工作、反映情况，回复上级机关的询问。

（二）报告的特点

报告是上行文，具有三个方面的特点：陈述性、总结性、已然性。

（三）报告的种类

报告的种类很多，有工作报告、情况报告、例行报告、答复报告、综合报告和专题报告等。

（四）报告的写法

1）标题

报告的标题与一般公文相同，由发文机关名称、事由和文种三部分组成，也可以由事由和文种组成，或者发文机关名称和文种组成，甚至可以仅以文种"报告"作为标题。

2）主送机关

报告的主送机关是发文机关的直属上级领导机关。

3）正文

报告的正文一般由报告缘由、具体事项和习惯结语组成。

报告的内容要精练扼要，做到主题明确，重点突出，主次分明，详略得当。

4）成文日期

报告的写作要注重时效，报告的成文日期写在正文右下方，加盖印章。

【实施例文】

关于××市百货大楼重大火灾事故的报告

××省商业厅：

××××年×月×日上午8点20分，××市百货大楼发生重大火灾事故，经过两个多小时的扑救，终于在10点30分将大火扑灭。根据初步统计，此次火灾未造成人员伤亡，但烧毁商场内大部分商品，造成经济损失80万元。

经调查，此次起火为重大责任事故，事故直接原因是电焊厂工人刘某违章作业，在一楼铁窗架电焊，导致火花溅到易燃货品上引起火灾。但同时也反映出百货大楼管理局及员工安全思想模糊，公司安全制度不落实，许多安全隐患长期得不到解决。

为认真吸取此次重大火灾的沉痛教训，市人民政府召开紧急防火电话会议，经深入讨论，总结经验，并决定采取以下措施：

（一）市委、市政府经讨论决定：对××市百货大楼发生的火灾事故进行全市通报，对百货大楼领导陈某给予撤职处分，责令百货大楼管理局进行整顿重组，对肇事者刘某依法逮捕。

（二）开展为期一周的市消防演习，普及民众防火意识，提高民众安全意识。

（三）在全市范围内开展安全生产大检查，及时消除事故隐患。从即日起，市政府决定成立专项检查小组，对各个经营场所进行安全检查，凡不符合相关安全制度的一律勒令整改，尽最大努力做好安全工作，防止此类事故的发生。

××市商业局

××××年×月×日

这是一篇情况报告，条理清楚，首先交代火灾事故的基本情况，然后阐述引发火灾的原因，最后汇报火灾事故的处理结果。

【拓展例文】

××市人民政府关于治理××河水质污染问题的报告

××省人民政府：

省政府转来×××××委员会提出的关于××河水质污染状况的报告，经市政府调查研究，对报告中提出的有关问题及解决方案报告如下：

一、尽快建成××区污水处理厂。现在××河的污染主要因××区排放的污水所致。××区的排放量为2万吨，污水比较集中，因污水处理厂未能及时建立，致使污水直接排入××河，造成了××河的污染。为解决××河的污染，市政府已抓紧××区污水处理厂建设，争取在××××年建成。

二、电热厂的粉煤灰也是污染源之一。对于电热厂中储灰厂的选址，必须考虑到对地下水和环境的污染。选址已责成××区电热厂抓紧做工作，争取尽快报市政府有关部门审批。对南储灰厂渗漏对地下水的污染，主要采取截流集中排放的措施，以减少对地下水的污染。

××市人民政府

××××年×月×日

这也是一篇情况报告，主要针对治理××河水质污染这一具体问题向上级进行情况汇报。而上一篇例文中的情况报告主要针对火灾事故这一偶发事件向上级进行情况汇报。

【技能训练】

教育局要求××大学上报今年招生计划，请代该大学写一份报告。

五、请　示

【任务导入】

××中学需要添置计算机实验室的设备，已经自筹资金××万元人民币，拟向市教育局请求拨款××万元的人民币，请代该中学拟写此篇公文。

【问题讨论】

1. 这份公文应该选择行政公文中的什么文种？

2. 如果该中学还要请求购买一辆校车，是否可以一起行文？

【学习目标】

1. 知识目标

（1）掌握请示的适用范围。

（2）掌握请示的格式。

2. 技能目标

（1）正确区分请示的不同类型。

（2）规范拟写各类请示。

【知识概述】

（一）请示的概念

请示适用于向上级机关请求指示、批准。请示是上行文，涉及机构编制、人事安排、项目计划、经费使用、材料调拨等问题时用请示。

（二）请示的特点

（1）请示事项时间性较强。

（2）应一事一请示。

（3）主送一个机关，不多头主送，如需同时送其他机关，应用抄送形式。

（4）一般不得越级请示，如确需越级请示，应同时抄报直接主管部门。

（三）请示的种类

根据适用范围，请示分为请求批准的请示、请求指示的请示、请求批转的请示。

（四）请示的写法

请示一般由标题、主送机关、正文、发文机关和成文日期组成。

1）标题

标题一般由发文机关名称、事由和文种构成，如《××市人民政府关于××××××的请示》，可省略发文机关名称，由事由和文种构成，如《关于××××××的请示》。

2）主送机关

主送机关是指负责受理和答复该文件的机关，一份请示只有一个主送机关，不能多头请示。

3）正文

正文主要交代请示的原因和内容，陈述理由，提出具体的解决方案。结语另起一段，一般用"当否，请批示""妥否，请批复""以上请示，请予审批"或"以上请示如无不妥，请批转各地区、各部门研究执行"等。

4）发文机关和成文日期

发文机关和成文日期上需加盖单位印章。标题写明发文机关的，这里可不再署名，加盖印章时要骑年压月。

（五）请示和报告的区别

（1）请示是呈请性公文，需上级批复；报告是呈报性公文，不需回复。

（2）请示要求一文一事，一事一请示；报告内容较广泛，综合、专题均可。

（3）请示要事先行文，批准以后方能实施；报告事前、事中、事后皆可行文。

【实施例文】

××中学关于请求拨款添置计算机实验室设备的请示

×中发〔××××〕×号

××市教育局：

为扩大办学规模，改善办学条件，提高教学质量，我校需要添置计算机实验室的设备。现已自筹资金××万元，请领导拨给缺口资金××万元。

以上请示，请予审核。

××中学

××××年×月×日

这篇请示清楚地交代了"为什么要请示"和"请示什么问题"。"为什么要请示"写出了请示的背景和缘由。"请示什么问题"写出了请求上级机关解决什么和怎样解决。

【拓展例文】

××市××局关于成立老干部办公室的请示

××发〔××××〕×号

市政府：

随着干部制度的改革和时间的推移，我局离退休干部日益增多，截至目前已近××人。由于没有专门的管理服务机构和工作人员，致使这些老同志的政治学习和生活福利得不到应有的组织和照顾，一些实际困难得不到妥善解决。为了使离退休老同志老有所为、老有所养、老有所依，充分发挥余热，根据上级有关部门的规定和离退休老同志的迫切要求，我们拟成立老干部办公室。现将成立老干部办公室的几个问题，请示如下：

一、老干部办公室的主要职责是做好离退休老干部的管理服务工作。具体任务是：

1. 组织离退休干部学习党的方针、政策，使他们了解党和政府的大事，了解新形势，跟上新形势。

2. 定期召开离退休干部座谈会，交流思想。

3. 开展丰富多彩的文体活动，增进离退休干部的身心健康。

二、老干部办公室的编制及干部调配等问题，具体意见如下：

1. 老干部办公室直属我局领导，拟设处级建制。

2. 该办公室拟设行政编制×名，其中主任（正处级）×名，副主任（副处级）×名，编制由局内调配解决，办公经费由局行政费中调剂解决。

以上请示妥否，望批复。

××市××局

××××年×月×日

这篇请示事由清楚充分，有理有据；事项具体明确，切实可行；结语干练利落，点明主旨。

【技能训练】

1. ××中学总务处要求改建学生食堂并需添购一辆货车，为此写了一份报告，主送党总支和校长室，却被退了回来。请问这样行文有哪些不规范之处？如按规定重新行文，应该怎样操作？

2. ××玩具厂从市区搬至××公里外的郊区，虽在新厂区附近盖了一些职工宿舍，但仍有一部分职工住在市区，往返交通极为不便。为解决这部分职工的交通困难，厂里决定向上级请示批准购买一辆大客车作班车使用。其上级单位是××市玩具总厂。根据以上材料，请代××玩具厂拟写一份请示。

六、批　复

【任务导入】

　　××中学需要添置计算机实验室的设备，自筹资金××万元人民币，并且向市教育局写了一份请示请求拨款××万元人民币，市教育局同意拨款请求，请代市教育局给该中学拟写一份回复性公文。

【问题讨论】

1. 这份公文应该选择行政公文中的什么文种？

2. 如果市教育局不同意拨款请求，又该如何行文？

【学习目标】

1. 知识目标

(1)掌握批复的适用范围。

(2)掌握批复的格式。

2. 技能目标

(1)正确区分批复的不同类型。

(2)规范拟写各类批复。

【知识概述】

(一)批复的概念

批复适用于答复下级机关的请示事项。批复必须有针对性地一文一批复，请示要求解决什么问题，批复就答复什么问题。

(二)批复的特点

(1)行文具有被动性　批复是专门用于答复下级机关请示事项的公文，先有请示，后有批复。

(2)内容具有针对性　批复要表明态度，批复事项要针对请示内容进行答复。

(3)效用具有权威性　下级机关对上级机关的答复必须认真贯彻执行，批复是下级机关办事的依据，对下级机关有明显的约束力。

(三)批复的种类

根据批复的不同内容，批复分为批准性批复和指示性批复。

(四)批复的写法

批复一般由标题、主送机关、正文、发文机关和成文日期组成。

1)标题

批复的标题最常见的是采用完全式标题，即由发文机关名称、事由和文种构成，也有的批复只写事由和文种。

2)主送机关

批复的主送机关一般只有一个，就是报送请示的下级机关。

3)正文

批复的正文包括批复引语、批复意见和批复要求三部分。

(1)批复引语　批复引语要写明是对于何时、何号、何文的答复。

(2)批复意见　批复意见要对来文请示的事项、问题做出明确的答复，内容较多时可分条列项。

（3）批复要求　批复要求是从上级机关的角度提出的一些补充性意见。如果同意，可写明要求；如果不同意，也可提出解决办法。

4）发文机关和成文日期

发文机关和成文日期写在批复正文的右下方，加盖印章。

【实施例文】

××市教育局关于同意××中学拨款请求的批复

×教函〔××××〕×号

××中学：

你校××××年×月×日《××中学关于请求拨款添置计算机实验室设备的请示》（×中发〔××××〕×号）收悉，经研究，同意拨款××万元用于你校添置计算机实验室设备。

特此批复。

××市教育局

××××年×月×日

这份批复开头写明所答复请示的时间、标题和发文字号，即引述来文作为批复的依据。然后对来文请示的事项、问题做出明确答复，并用"特此批复"作结语。

【拓展例文】

××市教育局关于同意××中学拨款请求的批复

×教函〔××××〕×号

××中学：

××××年×月×日《某中学关于请求拨款添置计算机实验室设备的请示》（×中发〔××××〕×号）收悉，经研究，同意拨款××万元用于你校添置计算机实验室设备，其余部分请自筹或缓期添置。

特此批复。

××市教育局

××××年×月×日

这份批复是××市教育局没有完全同意××中学的拨款请求，所以在批复中提出有解决办法，即其余部分××万元人民币请××中学自筹或者缓期添置。

【技能训练】

1. ××玩具厂从市区搬至××公里外的郊区，虽在新厂区附近盖了一些职工宿舍，但仍有一部分职工住在市区，往返交通极为不便。为解决这部分职工的交通困难，××玩具厂向上级××市玩具总厂拟写了一份请示，请求批准购买一辆大客车作班车使用。请代××市玩具总厂写一份同意购买大客车的批复。

2. ××学校筹建理科实验大楼，现已自筹资金××万元，尚缺资金××万元，拟向××市教育局请求拨款。

(1)请代××学校拟写请求拨款的公文。

(2)请代××市教育局撰写一份同意该学校拨款请求的公文。

七、函

【任务导入】

××大学新建了学生宿舍，煤气管道已经铺设完毕，请求所在市煤气公司尽快给予供气。请代该大学向××市煤气公司拟写一份公文。

【问题讨论】

1. 这份公文应该选择行政公文中的什么文种？

2. ××市煤气公司给该大学写了一份回复性公文，又该如何行文？

【学习目标】

1. 知识目标

(1)掌握函的适用范围。

(2)掌握函的格式。

2. 技能目标

(1)正确区分函的不同类型。

(2)规范拟写各类函。

【知识概述】

(一)函的概念

函适用于不相隶属机关之间商洽工作、询问和答复问题，请求批准和答复审批事项。

(二)函的种类

函是平行文，有申请函、询问函、商洽函、答复函等类别。

(三)函的写法

函由标题、主送机关、正文、发文机关和成文日期组成。

1)标题

标题一般有两种形式，一种是由发文机关名称、事由和文种构成，另一种是由事由和文种构成。

2）主送机关

主送机关即受文并办理来函事项的机关单位，标题下顶格写，使用全称或者规范化简称，其后用冒号。

3）正文

（1）发函缘由 正文的开头首先说明发函的缘由，交代发函的目的、根据、原因等内容，然后用"现将有关问题说明如下"或"现将有关事项函复如下"等过渡语句转入下文。答复函的缘由部分，一般首先引叙来文的标题、日期、发文字号，说明对方来函收悉，并简要复述对方所询问题或所提要求，然后用过渡语句"经……研究，现答复如下"提领下文。

（2）致函事项 正文的主体是函的核心内容，主要说明致函事项，一事一函。如果是答复函，还要注意针对来函的内容，给予明确具体的答复。

（3）习惯结语 正文的结尾应用礼貌性语言向对方提出希望，申请函可用"当否，请审批"作结语，询问函可用"请予协助为盼""请即函告"作结语，商洽函可用"如果你们同意，请即复函"作结语，答复函可用"此复""特此函复""谨作答复"等作结语。

4）发文机关和成文日期

发文机关署名，写明成文时间年、月、日，加盖印章。

【实施例文】

××大学关于请求供应煤气的函

×大函〔××××〕×号

××市煤气公司：

我校新建了学生食堂，煤气管道已经铺设完毕。请贵公司勘察后，尽快给予供气为荷。

企盼回复。

××大学

××××年×月×日

这是一份申请函，××大学向有关主管部门××市煤气公司申请煤气供应。如果××市煤气公司给该大学写一份回复性公文，那么应该是一份答复函。

【拓展例文】

中国科学院××研究所关于建立全面协作关系的函

××大学：

近年来，我所与你校双方在一些科学研究项目上互相支持，取得了一定的成绩，建立了良好的协作基础。为了巩固成果，建议我们双方今后能进一步在学术思想、科学研究、人员培训、仪器设备等方面建立全面的交流协作关系，特提出如下意见：

一、定期举行所、校之间学术讨论与学术交流。（略）

二、根据所、校各自的科研发展方向和特点，对双方共同感兴趣的课题进行协作。（略）

三、根据所、校各自人员配备情况，校方在可能的条件下对所方研究生、科研人员的培训予以帮助。（略）

四、双方科研教学所需要高、精、尖仪器设备，在可能的条件下，予对方提供使用。（略）

五、加强图书资料和情报的交流。

以上各项，如蒙同意，建议互派科研主管人员就有关内容进一步磋商，达成协议，以利工作。特此函达，务希研究见复。

中国科学院××研究所
××××年×月×日

这是一份商洽函，希望双方建立全面协作关系。标题写明商洽事项，正文开头提出商洽缘由，主体部分交代商洽的具体事项，结构上采用分条列项的形式，条理清楚，规范得体。

【技能训练】

1. ××公司因扩建厂房，电力需要增容，此事需经市电力公司批准。几位秘书为应该用什么文种行文而产生不同意见。甲说用报告，乙说用请示，丙说用函，请你做出正确判断，并说明理由。

2. ××大学因校内施工，需砍伐大白杨树×棵，特向×街道办事处绿化办公室申请批准砍伐。

（1）请代××大学向×街道办事处绿化办公室拟撰写一份公文。

（2）请代×街道办事处绿化办公室给××大学拟写一份回复性公文。

第二单元　事务文书

　　事务文书是机关、团体、企事业单位在处理日常事务时用来沟通信息、安排工作、总结得失、研究问题的实用文体，是应用写作的重要组成部分。事务文书应用很广泛，格式相对灵活。事务文书的种类很多，本单元重点讲授与同学们日常生活、工作紧密关联的日常条据、计划、总结、调查报告的理论知识和写作规范，并进行专项技能训练。

一、日常条据

【任务导入】

　　李××是×大学在校学生，在日常学习、生活中，经常碰到诸如生病要请假，帮人捎带信息无法碰面需要留言，借人钱物或收、领钱物需要写收据等情况。李××写了这些条子递过去，有时却被老师、同学等人责备便条写得不规范。请帮李××拟写规范的条据。

【问题讨论】

　　1. 李××在各种情况下所写的各类条据叫什么名称？

　　2. 李××所写的不同名称的条据各有哪些格式规范、注意事项？

【学习目标】

　　1. 知识目标

　　（1）了解条据的概念、特点、种类。

　　（2）掌握最常用的五种条据的概念及分类。

　　（3）重点掌握最常用的五种条据的格式规范、注意事项。

　　2. 能力目标

　　（1）正确区分各类条据。

　　（2）规范拟写最常用的五种条据。

【知识概述】

　　（一）条据总述

　　1）条据的概念

　　人们在日常的工作和生活中，有时为了把某件事情或交接的钱物等说明清楚，往往要以书面的形式写一张便条交给对方（个人或单位）作为凭据。这种做凭据用的便条，就叫作条据。

2）条据的特点

（1）便捷性　在于一个"便"字，写起来简便，看起来方便。

（2）应用广泛　纸小而作用大，切莫小看便条字据，日常应用最为广泛，写好日常条据意义非常重大。

3）条据的作用

（1）说明情况　通常写条据是为了将别人不清楚的情况临时告知说明一下。

（2）作为凭证　有些条据可作为钱物交接的凭证，甚至还能作为法庭仲裁的证据。

4）条据的种类

根据条据的不同作用，可将条据分为说明性和凭证性两类。说明性条据是临时告知他人某件事的便条，如请假条、留言条、托事条等。凭证性条据是交接钱物时用作凭证的单据，如借条、收条、领条等。

（二）条据分述

条据应用广泛、简单便捷，是日常生活中最常见而又最简便的应用文之一，其中日常应用最为广泛的有请假条、留言条、借条、收条、领条等，下面分别介绍这五种日常条据。

1）请假条

（1）请假条的概念　请假条是指因故不能参加工作、学习或其他活动，需要向领导、组织等请假而写给有关当事人的便条。

（2）请假条的分类　根据请假的原因不同，一般可分为病假条和事假条两类。

（3）请假条的写作格式及要求

①写作格式　请假条的写作格式包括标题、称呼、正文、署名和日期五部分。有时在正文下方还可写上祝颂语。

②格式要求　其格式要求通常包括以下 5 个方面。

●标题　"请假条"三字要居中写，一般字体要加粗，字号要比其他部分略大，以示醒目。

●称呼　即请假的对象，要顶格写，表示对对方的尊重。

●正文　包括请假的理由和时间。空两格写在称呼的下面，应用最简洁的文字写清请假的理由和时间。

●祝颂语　"此致""敬礼"是最常见的祝颂语。在正文下一行空两格写"此致"，再下一行顶格写"敬礼"。

●署名和日期　祝颂语下一行的最右边写上请假人的姓名，署名的下一行写上日期。如果由他人代笔，落款要署上代笔人的姓名，并写清与请假人的关系。

后面要介绍的留言条、借条、收条、领条等条据除在内容上有其各自的要求外，各部分具体格式要求可参照请假条的格式要求。

（4）请假条的注意事项

①对象要明确　主要应写明请假的对象，向谁请假，对象要明确。

②理由要充分　要说明请假的原因，因何请假，理由要充分并符合有关的规章制度，病假一般还应附医院或医生开具的医嘱证明。

③时间要具体　还要交代请假的时间，包括从哪天开始请假、请多长时间的假，即要写明具体起止日期。

④注意续假、销假　有时因特殊情况请假人到期不能按时上课（班），应注意再写一张假条续假；请假期满应予以销假。

⑤格式要规范　要按上面所讲的格式规范要求来写请假条，该居中的居中、该顶格的顶格、该空几格的空几格。字号该大的要加大，字体该粗的加粗。一般除祝颂语外，其他各部分都不能缺少，要保持结构完整。

【实施例文】

请 假 条

王老师：

　　我因重感冒咳嗽发烧今天不能到校上课，需请假1天，请予以批准。

　　此致

敬礼

　　附：医院医生开具的病历、医嘱证明

学生：李××

××××年×月×日

　　这是小李写给班主任王老师的一张病假条。条中写明了请假的对象为"王老师"，对象明确；请假的理由是"重感冒咳嗽发烧"，并附医院医生开具的病历、医嘱证明，请假理由充分；请假的时间是"1天"，即"×月×日"请假当天（"今天"），请假时间具体。此假条不仅内容符合相关要求，其写作格式也很规范，是一张标准的病假条。

【拓展例文】

请 假 条

张主任：

　　我因岳母去世需料理后事不能到单位上班，特请假×天，恳请领导予以批准。

　　此致

敬礼

厂办：梁××

××××年×月×日

这是在××厂厂长办公室工作的员工梁××写给厂办张主任的一张事假条。条中写明了请假的对象为"张主任"，对象明确；请假的理由是"岳母去世需料理后事"，符合我国劳动法关于丧假的有关规定，请假理由充分；请假的时间是"×天"，但具体哪×天未写清楚。如在"特请假×天"后加上"（×月×日—×日）"，这样就指明了起止日期，请假时间就比较具体。

【技能训练】

1. ××同学上体育课不慎摔跤骨折了，经医院医生诊断暂需卧床休息×天。请你为××代笔给班主任×老师拟写一张病假条。

2. 下面是一张不太规范的事假条，试找出假条中存在的问题。

请 假 条

周经理：

我因家中有事不能到单位上班，特请一段时间的假，望领导批准。谢谢！

此致

敬礼

朱×

××××年×月

2）留言条

（1）留言条的概念　在日常生活中，有事情要通知对方，或有事托付对方，对方不在，联系不上对方，却又没时间等对方回来，写张字条留给对方，这种文体就是留言条。

（2）留言条的格式规范　留言条的格式类似请假条，也包括标题、称呼、正文、署名和日期几部分。

其各部分具体格式规范可参照前面的请假条部分。

（3）留言条的注意事项　留言条应写明向谁留言，通知、托付的具体事情，最后应有留言人署名和留言日期。

【实施例文】

留 言 条

王××：

我来宿舍找你，你不在，你的论文初稿放在你的书桌上了。××老师让我通知你先把稿子看一下，上面有她的修改意见。明天(×月×日)下午×点带上稿子去××老师办公室，她要和你当面商讨论文修改的事。

特留言告知。

　　　　　　　　　　　　　　　　　　　　　　同学：李××

　　　　　　　　　　　　　　　　　　　　　　××××年×月×日

这是李××在未能和同学王××照面的情况下，李××留给王××，转达××老师通知的一张留言条。条中留言对象明确，所转达通知的各个事项(人员、时间、地点、事情)都较具体，格式也符合有关要求，是一张规范的留言条。

【拓展例文】

留言条

我来找你玩，还上次从你这儿借的篮球，你不在宿舍，我把球放在你隔壁宿舍了，烦你回来去他那里拿一下。特留言告知。

谢谢了！

　　　　　　　　　　　　　　　　　　　　　　友：孙××

　　　　　　　　　　　　　　　　　　　　　　××××年×月×日上午

这是李××的同学孙××在访朋友未遇的情况下，留给朋友托付有关事情的一张留言条。条中托付的事情交代得基本清楚，但还不够到位；所用敬语也合适，但格式还不太规范。主要是两个关键的对象未交代清楚：一是留言对象，即文中的"你"是谁，格式上缺少称呼；二是正文部分，把篮球放在隔壁宿舍谁那里，即"烦你回来去他那里拿一下"，那个"他"指代谁。最好开头顶格加上称呼"××:"，将正文"我把球放在你隔壁宿舍了"改成"我把球放在你隔壁宿舍××处了"。

【技能训练】

1. 留言条格式上一般包括哪些部分？各部分具体格式要求怎样？

2. 小华的妈妈临时要去单位加夜班，临走要关照尚未放学回家的儿子晚饭、作业、睡觉等事，请以妈妈的身份代拟一张给小华的留言条。必须符合妈妈的身份，事情要交代到位，格式要规范。

3)借条

(1)借条的概念　借条是指在日常生活、商业管理活动中，向个人或单位借到现金或物品时写给对方备查的一种凭证性条据。

(2)借条的格式规范　借条的格式包括标题、正文、署名和日期四部分。

其各部分具体格式规范可参照前面的请假条部分。

(3)借条的注意事项　借条应写明打条人向谁借钱物，所借现金具体数额(包括大小写)和币种或所借物品的品种及具体数量等，以及归还日期，最后应有打条人署名和签署日期。钱物归还后，打条人应收回、最好销毁条子以示作废。

【实施例文】

借　条

本人因急需一笔××培训费，今特向××职业大学×系×班杨××同学借用人民币×××元(××圆)整，本月××日一次性还清。此据。

借款人：×系×班 李××
×年×月×日

这是李××同学在急需一笔××培训费而资金紧缺时向同班杨××同学借用比较大额的现金时写的一张借条。打条人写明了向谁借钱，所借现金的具体金额(包括大小写)和币种，归还日期以及借款人姓名和借款日期，甚至还交代了借款的原因。基本包括了借条所需的所有要件。

【拓展例文】

借　条

今借人文学院团总支佳能 70D 数码相机一台，用于班级庆元旦演出活动，活动后(最迟后天)立即归还。此据。

经手人：××学院××班班长　罗×
××××年×月×日

这张借条是李×所在大学的××学院××班班长罗×在组织班级庆元旦演出活动，向院团总支借用数码相机时写的。在条中罗×写明了向谁借什么，借多少，用来干什么，何时归还以及经手人是谁，打条日期具体是哪天等，基本符合借条的写作规范。如把数量"一台"改成"一(壹)台"，加上大写就更规范了。

【技能训练】

1. 根据条据的不同作用划分，借条应属于哪一类条据？
2. 这是一张不太规范的借条，试找出借条中存在的问题。

借　条

我因手里紧缺，需借宿舍同学××元急用。此据。

陆××
××××年×月×日

4）收条

（1）收条的概念　收条是收到别人或单位送到的钱物时写给对方的一种凭据性的应用文。收条也称作收据。收条也是日常生活中常见的一种应用文样式。

（2）收条的种类　根据收条出具方或收受方的性质不同，收条的种类一般来讲可分为两类：一类是个人出具的收条，一类是单位出具的收条（单位出具的收条通常是由某一个人经手，而以单位的名义开具）；一类是写给个人的收条，一类是写给某一单位的收条。

有时收条出具人未必是真正的钱物收取人，据此还可把收条分为收条和代收条两类。当事件的当事人不在场，收到个人或单位给当事人的钱物后，由代收人代收时所写的凭据就叫代收条。

（3）收条的格式规范　收条的格式包括标题、正文、署名和日期四部分。

其各部分具体格式规范可参照前面的请假条部分。

（4）收条的注意事项　收条应写明打条人收到谁（或哪个单位哪个部门）的钱物，所收现金具体数额（包括大小写）和币种或所收物品的品种及具体数量，有时还要交代钱物的实际用途等，最后应有打条人署名和签署日期，是单位出具的还要写上单位名称，加盖单位公章。通常收条还可以正文开头的三个字"今收到"为标题，代收条则直接以"代收条"为标题。

【实施例文】

代 收 条

今代父亲李×收到房租2100元整。此据。

经手人：李××
×××年×月×日

这是李××同学为父亲李×代为收取家中房客房租时写的一张代收条。房客来交房租时，李××的父亲恰好不在家，作为代收人，李××在条中虽写明了自己和当事人的关系，也写明了钱款数目和用途，但房客看后却不太满意。这张代收条写得不太规范，需要做一些修改。

【拓展例文】

收 条

今收到××交纳的××年第一季度房租（××年×月×日—××年×月×日）共人民币2100元（贰仟壹佰圆）整。此据。

李××
××年×月×日

房客收到李×出具的这张收条很满意，此条内容和格式都较规范。打条人不仅写明了收到谁的什么币种的多少（包括大小写）什么用途的钱款，还写清了房租的具体起止日期，最后又签署了收款人姓名和日期。

【技能训练】

1. 什么叫代收条？对照上面拓展例文中李××父亲李×写的收条，如何修改实施例文中李××写得不太规范的代收条呢？

2. 某校艺术学院音教122班的学习委员崔××，交给学校报刊征订室王×老师2013年上半年班级报刊征订费2145元，因暂不能提供正式发票，请以王×老师的名义拟写一张收条给崔××同学。

5) 领条

(1) 领条的概念　个人或单位向另外的个人或单位领取钱款或物品后，留给发放个人或单位的文字凭据叫领条。

(2) 领条的格式规范　领条的格式包括标题、正文、署名和日期四部分。

其各部分具体格式规范可参照前面的请假条部分。

(3) 领条的注意事项　领条应写明打条人领到谁（或哪个单位哪个部门）的钱物，所领现金具体数额（包括大小写）和币种或所领物品的品种及具体数量，所领钱物作何用途等，最后应有打条人署名和签署日期。领条有时也可以直接以正文开头的三个字"今领到"为标题。

【实施例文】

领　条

今领到白粉笔10盒，彩色粉笔2盒，黑板擦2只，扫帚4把，拖把2个，簸箕1只，垃圾桶2个，用于我班师生日常教学和卫生工作。

×系×班劳动委员：李××
2013年8月31日

这是李××同学在新学期开学去学校有关部门领取相关教学、卫生用品时写的领条。条子写清了所领各类物品名称及具体数量，包括所领物品的用途，最后不仅签署了领取人姓名和日期，还写明了领取人所在系科、班级和职务。唯一不足的是未写明从何部门领取了这些物品，建议开头改成"今领到学校总务处白粉笔10盒……"为好。

【拓展例文】

领　条

今领到校会计室发给中文系教师的××××—××××学年度第一学期超工作量奖

金，人民币 8258 元（捌仟贰佰伍拾捌圆）整。

中文系办公室：刘××

××年×月×日

这张领条写清了领取钱款的部门、钱款的具体金额（包括大小写）和币种，包括所领钱款的具体名目，最后签署领款人姓名和领款日期。

【技能训练】

1. 领条和收条的标题还可写成什么？

2. 请以班级学习委员的名义拟写一张在校图书馆领取本班本学期教材、簿本的领条。

二、计　划

【任务导入】

在新学期开始之际，某大学英语系学生李××为了提高学习效率，加强专业素养，需要制订一份新学期的学习计划。

【问题讨论】

1. 学习计划中是否要写出明确具体的目标和任务？

2. 学习计划中是否要体现如何实施计划的步骤和安排？

【学习目标】

1. 知识目标

（1）掌握计划的概念。

（2）掌握计划的格式。

2. 技能目标

（1）正确区分计划的不同类型。

（2）规范拟写各类计划。

【知识概述】

（一）计划的概念

计划是单位或个人对未来一定时间内要做的工作，从目标、任务、要求到措施预先做出设计安排的事务性文书。

计划是一个较为宽泛的文种概念，如规划、方案、设想、打算、要点、安排等都是根据计划目标远近、时间长短、内容详略等差异而确定的名称。

1）规划

规划是一种时间跨度三年以上，范围较广，内容较概括的计划。如《××市城市建设总体规划》。

2）方案

方案是从目的、要求、工作方式、工作方法、工作进度等都进行全面部署，且有很强可操作性的计划。如《××市住房分配制度改革实施方案》。

3）设想

设想是一种粗线条的、初步的、预备性的非正式的计划。如《××市拓展就业安置门路的设想》。

4）打算

打算也是一种粗线条的、想法不太成熟的非正式计划，它主要是短期内工作的要点式计划。如《××学校争创文明校园的打算》。

5）要点

要点是突出计划的主要内容，列出工作的主要目标。如《××市教育局2014年工作要点》。

6）安排

安排是对短期内工作进行具体布置的计划。如《××学院第×周工作安排》。

（二）计划的特点

计划具有预想性、可行性、具体性、业务性的特点。

（三）计划的种类

（1）按内容分类　分为学习计划、工作计划、生产计划、教学计划、销售计划等。

（2）按时间分类　分为长期计划（10年以上）、中期计划（5年左右）、短期计划（1年及1年以下）。

（3）按范围分类　分为国际协作计划，国家计划，省，市计划，地区计划，单位计划，部门计划，个人计划等。

（4）按形式分类　分为条文式计划、表格式计划、条文表格结合式计划。

（四）计划的写法

一份完整的计划由标题、正文、落款三部分组成。

1）标题

计划的标题通常由制订单位名称、计划适用期限、计划内容范围、文种名称四个部分组成。

2）正文

计划的正文主要包括前言、主体和结尾。

（1）前言　计划的前言着重阐述制订计划的指导思想和依据。文字力求简洁，主要写清楚制订本计划的必要性和执行本计划的可行性，即回答为什么做的问题。

（2）主体　计划的主体是计划的核心部分，即回答做什么、怎么做、何时做的问题。计划的主体分为目标和任务、措施和方法、步骤和安排三个部分。

①目标和任务　目标和任务是计划的灵魂，首先要明确指出计划的总目标和基本任务，然后根据实际情况进一步详细具体地写出任务的数量指标和质量要求，使得总目标、基本任务具体化、明确化。

②措施和方法　措施和方法是计划完成的关键。以什么方法、用什么措施完成任务、实现目标，这些制定的办法和措施应该是具体的，切实可行的。

③步骤和安排　步骤和安排是指工作应该有先后、主次、缓急之分，制订出相应的完成计划的具体日程，事先安排先后顺序、完成时限和负责人员，职责明确，有条不紊。

（3）结尾　计划的结尾提出希望和要求，也可以写完主体内容自然结束。

3）落款

计划的落款需要写清楚计划的制订者和日期，位置在正文右下方。

【实施例文】

学习计划

一年之计在于春，一个学期之计在于开始。新学期初始，一切事物都充满了活力与生机。经过过去一年的努力，我的英语学习取得了一定的成绩。在本学期的英语学习中我将继续发扬优点，改正不足，争取取得更好的成绩。本学年英语学习计划如下：

1. 学习目标

（1）端正学习态度，培养积极勤奋的学风。

（2）打好语言基础，通过英语八级考试。

（3）增加文化素养，提升自身综合能力。

2. 具体安排

（1）每天早起一个小时背诵英语课文。

（2）每天坚持预习，提高听课效率。课后主动复习，温故而知新。

（3）每天阅读一篇课外的英语短文，自学英语生词。

（4）每天坚持练笔，提高英语写作能力。

（5）每天坚持到自习室上晚自习两个小时。

李××

××××年×月×日

这是一份个人的短期英语学习计划，学习目标和任务明确，学习措施和方法、步骤和安排杂糅在一起，完成一天的英语学习。

【拓展例文】

××大学第×届艺术节活动计划

为开展丰富多彩的校园文化活动，培养大学生应具备的艺术才能，提高综合素养，我校将于今年10月下旬举办第×届艺术节，具体计划如下：

1. 举行大型文艺汇演

(1)9月中旬各学院报送艺术节汇演节目。

(2)10月上旬对汇演节目进行初选。

(3)10月中旬结合彩排情况，请专业老师进行指导，并确定汇演节目表。

2. 组织摄影、书画、卡拉OK等项目的比赛

(1)聘请专家，成立摄影、书画和卡拉OK比赛的评委会，制定各项比赛的评选方法。

(2)上述三项比赛的报名时间为9月10日—20日。

(3)摄影、书画作品的初选和卡拉OK的预赛均于10月上旬完成。

3. 本届艺术节活动将持续三天

(1)首日为开幕式、卡拉OK决赛。

(2)次日进行书画现场比赛，并展出获奖的书画、摄影作品。

(3)第三日文艺汇演后宣布闭幕。

××大学学生处

××××年×月×日

这是一份学校艺术节活动计划，前言部分交代了开展艺术节活动的原因，主体部分将"做什么""怎么做""什么时候做"巧妙地结合在一起阐述，条理清楚，层次分明。

【技能训练】

1. 结合自身专业，制订一份专业学习的表格式计划。

2. 新学年开始，为了迎接新生，请拟定一份迎新活动计划。

三、总　结

【任务导入】

××学校李××老师在2013年年终时，需要填写年度考核表格，撰写一份个人工作总结。

【问题讨论】

1. 这份工作总结需要包括哪几个部分的内容?

2. 总结最后是否需要提出今后工作努力的方向?

【学习目标】

1. 知识目标

(1)掌握总结的概念。

(2)掌握总结的格式。

2. 技能目标

(1)正确区分总结的不同类型。

(2)规范拟写各类总结。

【知识概述】

(一)总结的概念

总结是单位和个人对过去一定时期的工作、学习或思想情况进行回顾、分析,并做出客观评价的事务性文书。总结具有限定性、自指性、客观性、过程性的特点。

(二)总结的种类

(1)按内容分类　分为工作总结、学习总结、思想总结等。

(2)按时间分类　分为年度总结、季度总结、月份总结等。

(3)按性质分类　分为综合性总结、专题性总结等。

(4)按范围分类　分为地区总结、部门总结、单位总结、个人总结等。

(三)总结的写法

总结有陈述性和论述性两种写法。

陈述性总结一般是指一些常规性总结,论述性总结一般是指一些以总结经验和揭示规律为主要目的的总结。

总结由标题、正文、落款三部分组成。

1)标题

(1)陈述性总结的标题　一般由单位名称、总结时限、总结内容、文种组成,如《××大学 2010 年大学生就业工作的总结》,有时可省略单位名称和总结时限,直接写成《工作总结》。

(2)论述性总结的标题　一般则采用观点式标题,如《坚持创新,勇于开拓》。有时也可以采用双标题,正题是观点,副题是单位名称 + 总结时限 + 总结内容 + 文种,如《健全管理机制,强化内部监督——××公司 2011 年度财务检查工作总结》。

2）正文

总结的正文主要包括前言、主体和结尾。

（1）前言　总结的前言一般概述工作的基本情况，也可以简要说明工作完成的背景、时间、主要成效。

（2）主体　总结的主体是总结的核心部分。

①陈述性总结的主体　一般由成绩与经验、问题与教训两个部分组成。

②论述性总结的主体　通常用小标题来串联材料，用经验式观点来组织材料。

（3）结尾　总结的结尾可以提出今后努力的方向，也可以概括全文，强调主旨。

3）落款

总结的落款需要写清楚总结的制定者和日期，位置在正文右下方。

【实施例文】

工作总结

忙碌的一年又过去了，为了今后更好地工作，对这一年的各方面工作总结如下：

在思想上，我自觉加强理论学习，积极参加学校组织的政治学习活动，遵守学校的各项规章制度，服从学校的工作安排，钻研业务，认真授课，并且严格遵守教师的职业道德，贯彻国家的教育方针，树立正确的教育观、人才观。

在教学中，我认真履行教师职责，课前认真备课，吃透教材和大纲，教案详细。课上遵循科学的教学程序，注重改进课堂教学方法，优化教学过程，坚持使用普通话教学，坚持采用多媒体教学，板书工整，条理清晰。课后认真批改作业，发现问题及时地反馈给学生。在教学中注重理论与实际相结合，加强师生交流，充分调动学生学习的积极性，努力拓宽学生的知识面，取得了很好的教学效果。

在班主任工作方面，积极主动，担任了××班班主任，认真履行班主任的各项工作职责，关心爱护学生，注重班级管理，健全班级例会制度，增强班级凝聚力，培养良好的学习风气，引导学生树立自尊、自立、自强的观念，促进学生团结友爱，认真学习，和谐生活。

在过去一年的工作中，我认真做好每一项本职工作。在今后的日子里，我将继续努力学习，加强科研能力，提高自身专业素养，争取更大的进步。

李××

××××年×月×日

这是一份个人年度工作总结。在总结中，简要交代了工作的主要内容与成果，并且提出了今后改进的方向。如果在总结中能够更加具体地阐述取得的成绩、分析存在的不足，就可以更好地指导今后的工作。

【拓展例文】

李××培训活动总结

首先，我非常感谢公司对我们全体员工进行的集体培训，也很荣幸参加了这次培训，这说明公司对我们员工培训的重视，反映了公司"重视人才，培养人才"的战略方针。对于服务行业的我，也非常珍惜这次机会。

这几天的培训，完全打破了我没培训之前认为这是个很枯燥乏味的过程的那种想法，让原本对服务行业认识不深的我，渐渐地充满了浓厚的兴趣和了解，服务作为一个大众化消费群体，是一个具有挑战性、完善自我的行业，而且与生活紧密相连。

在这几天的培训中我还学习到卖场的布局、商品的陈列和管理方面的经验，让我更加深刻地了解到超市需要细心、耐心和责任心的员工。

如果在工作中我们失去了细心，那么在布局及陈列商品当中就不能很好地抓住顾客的购买欲，把握顾客的购物动向，巨大磁石点也将达不到理想的效果，失去应有的价值。另外，货架的陈列要求我们了解怎样陈列才能利用好货架的每一层，从而创造出更大的价值及效益。如色彩的对比也能很大程度点亮顾客的眼睛，吸引并留住顾客的脚步。

公司的这一次培训，从培训的效果就可以看出公司对培训是非常重视的，超市领导及培训人员都做了很多准备，让我在培训期内充分感受到了公司对员工的负责态度和良苦用心，让我们大家融为一体，帮助我们在未来的工作中端正心态，更加努力，更加自信！

以后的培训，我想会更有趣、更专业，所以我会更加仔细认真地学习，并且理论联系实际，强化自身的工作，因为我很热爱且珍惜这份工作！

学习能让人进步，工作能让人自信，相信我在不断地学习中，会更加热爱自己的工作！

李××

××××年×月×日

这是一份个人参加培训活动的总结。总结中交代了培训的背景、内容、经过，叙述了在培训活动中的具体收获，并指出本次培训的效果及意义。

【技能训练】

1. 请结合自身专业，拟撰写一份上学年的个人学习总结。
2. 结合某次实习拟写一份实习总结。

四、调查报告

【任务导入】

李××是一个淘宝店家，为了分析网购消费群体构成，更好地吸引年轻顾客，决定对在校大学生网购的基本情况进行一次调查。

【问题讨论】

1. 调查的方法有哪些？

2. 调查报告一般采用第几人称？

【学习目标】

1. 知识目标

（1）掌握调查报告的概念。

（2）掌握调查报告的格式。

2. 技能目标

（1）正确区分调查报告的不同类型。

（2）规范拟写各类调查报告。

【知识概述】

（一）调查报告的概念

调查报告是对某件事件、某个问题、某种现象进行深入细致的调查研究，然后用科学的方法加以分析而写成的书面报告。调查报告具有真实性、针对性、主张性的特点。

（二）调查报告的种类

（1）按性质分类　分为综合性调查报告、专题性调查报告。

（2）按内容分类　分为经验调查报告、情况调查报告、问题调查报告等

（三）调查报告的写法

调查报告一般由标题、前言、主体、结尾四个部分组成。

1）标题

调查报告的标题可以是单标题，也可以双标题。

（1）单标题　单标题一般分为文件式标题和文章式标题。

①文件式标题　调查机关＋事由＋文种；事由＋文种。

②文章式标题　在标题中标明调查的主要内容、中心内容。

（2）双标题（正题＋副题）　正题一般揭示调查者对某个问题的看法或者概括调查报告的主题。副题一般由调查对象和文种构成。

2）前言

调查报告的前言一般要写明调查的基本情况，通常有以下几种方式：

（1）交代式　交代式是指用简明扼要的语言介绍调查的目的、时间、范围、背景、概

况等。

（2）按语式　按语式是指事先强调调查的社会意义，指出调查的必要性和重要性。

（3）设问式　设问式是指先提出问题引起读者思考，然后再分析问题，寻求问题的解决办法。

3）主体

调查报告的主体部分一般采用以下几种结构：

（1）纵式结构　以事物、事件的发展顺序来组织材料，或者以调查的时间线索来安排材料。

（2）横式结构　把材料按性质归类，分成几个部分，各部分之间是并列关系。

4）结尾

调查报告的结尾有以下几种写法：

（1）总结式　强化主旨。

（2）建议式　提出希望。

（3）启发式　引起思考。

【实施例文】

关于大学生网购情况的调查报告

在我国，作为最先接受新技术的群体，大学生对电脑和互联网更是情有独钟。随着网络和电子商务的发展，他们逐渐成为网络购物的主体。尽管他们在校期间没有稳定的收入来源，消费能力受到限制，但是3年之后他们都将走上工作岗位，所以在校大学生将来会成为社会主要的消费群体，代表未来几年的消费趋势。因此，对在校大学生进行问卷调查，以期了解当代大学生网络购物的主要特征。

一、调查对象：在校大学生。

二、调查方法：问卷调查。

三、调查目的：了解大学生对网购的态度以及网购消费情况。

四、调查结果：

（一）大学生网购现状：

1. 高年级学生网购人数高于低年级学生网购人数；

2. 网购多选择一些大型网站，如淘宝网等；

3. 网购商品种类多样，如书籍、生活用品、食品等；

4. 网购频率较高。

（二）网购的优势：

1. 商品多样；

2. 购买便利；

3. 价格实惠。

(三)网购存在的问题：

1. 网购实施流程是否烦琐；

2. 网购消费付款是否安全；

3. 网购商品质量是否过硬。

大学生网络购物的潜力巨大，如果能解决以上问题，网购不仅是一种时尚，而且将成为现在大学生的一种生活方式。

李××

××××年×月×日

这份调查报告交代了调查的对象、方法和目的，总结归纳了调查的结果，但是文中缺少对调查事实的具体分析，缺乏明确详细的调查数据和典型事例。

【拓展例文】

关于大学生对音乐看法的调查问卷

亲爱的同学，你好！

请配合填写此次调查问卷。感谢你的支持与合作！

1. 你的性别是( )。

A. 男   B. 女

2. 你喜欢听音乐吗？( )

A. 喜欢   B. 一般   C. 不喜欢

3. 你为什么喜欢音乐？( )

A. 追赶潮流   B. 放松心情   C. 陶冶情操

D. 亲近艺术   E. 逃避现实   F. 其他

4. 你听音乐的时间多吗？( )

A. 经常听   B. 偶尔听   C. 从来不听

5. 你觉得音乐在你的生活里重要程度有多深？( )

A. 非常重要   B. 比较重要   C. 不太重要   D. 很不重要

6. 你会购买专业音响设备听音乐吗？( )

A. 会   B. 不会

7. 你喜欢音乐类型是( )。（可多选）

A. 古典   B. 流行   C. 轻音乐   D. 摇滚

E. 爵士   F. 民乐   G. 其他

8. 你喜欢一首歌的主要原因是(　　)？（可多选）

A. 旋律动听　　　　B. 当下流行　　　　C. 产生共鸣

D. 喜欢歌手　　　　E. 其他

9. 你会以后从事和音乐有关的职业吗？(　　)

A. 希望成为主要职业　　　　　　　　B. 希望成为第二职业

C. 仅仅成为爱好　　　　　　　　　　D. 其他

10. 你有很喜欢的歌手或歌曲吗？请写下来。

11. 你认为音乐对人的心情会产生影响吗？请举例。

　　这是一份无需署名的调查问卷，调查意图明确，采用单选题、多选题、简答题的方式，先易后难，符合人们的思维习惯。

【技能训练】

1. 试举例阐述调查的方式。

2. 请制作一份关于住宅小区物业管理意见的调查问卷。

实训项目一

实训名称：实地调查。

实训要求：掌握实地调查的具体方法以及注意事项。

操作提示：①教师课前将任务布置给学生；②学生用课余时间做好准备；③课堂分组进行调查，每组2人；④调查结束后及时整理材料。

实训评测：每人完成一份调查报告。

实训内容：当代大学生业余生活及兼职情况调查。

实训项目二

实训名称：问卷调查。

实训要求：掌握问卷调查的具体方法以及注意事项。

操作提示：①教师课前将任务布置给学生；②学生用课余时间做好问卷，4人一组；③课堂分组进行调查；④调查结束后及时整理材料。

实训评测：每人完成一份调查报告。

实训内容：当代大学生消费观及消费状况调查。

第三单元　专用文书

专用文书是指特定的行业、部门或个人在其专业范围内使用的应用文。

本单元重点讲授与同学们日常生活、工作紧密相关的经济文书里的合同，个人求职文书里的个人简历、求职信以及学业文书里的毕业设计报告、毕业论文等专用文书的理论知识和写作规范，并做专项技能训练。

一、合　同

【任务导入】

李××家最近有一套闲置的二室一厅的住房需要出租给房客王××，父亲李×打算让快大学毕业的李××给起草一份房屋租赁合同。李××在学校学的是酒店管理专业，还真不知房屋租赁合同怎么写。为了完成父亲交代的任务，他赶紧上网查阅资料，了解合同的相关知识。

【问题讨论】

1. 李××要写的房屋租赁合同是合同的一种，那么什么是合同？合同有哪些种类？
2. 合同的构成一般包括哪些部分？李××所写的房屋租赁合同是怎样的？

【学习目标】

1. 知识目标
(1)掌握合同的概念和分类。
(2)重点掌握合同的构成要素及写作格式。
2. 能力目标
(1)能正确区分各类不同的合同。
(2)能依法签订各类合同、规范拟写常用的劳动合同和民事合同中的部分债权合同。

【知识概述】

(一)合同的概念

《中华人民共和国合同法》规定："合同是平等主体的自然人、法人、其他组织之间设立、变更、终止民事权利义务关系的协议。合同的签订方可以是单位与单位、单位与个人或个人与个人。合同关系是一种法律关系，具有强制性质，一经签订，各方当事人都要严格遵守、认真执行，不能单方面修改或废止。"

在实际生活中，合同的使用频率很高，实用性很强。对于学生而言，学会依法签订各类合同，掌握其写法和规范，能有效维护自己的合法权益。

（二）合同的分类

合同的种类很多，合同的范围不同，其分类有所不同。

1）广义合同

广义的合同是指所有法律部门中确定权利、义务关系的协议。包括民法上的民事合同（即下述的"狭义合同"）、行政法上的行政合同、劳动法上的劳动合同、国际法上的国际合同等。

2）狭义合同

狭义的合同是指一切民事合同，包括财产合同和身份合同。财产合同又包括债权合同（即下述的"最狭义合同"）、物权合同、准物权合同。身份合同包括婚姻、收养、监护等有关身份关系的协议。

3）最狭义合同

最狭义合同仅指民事合同中的债权合同。《中华人民共和国合同法》规定的 15 种债权合同分别是：买卖合同，供用电、水、气、热力合同，赠与合同，借款合同，租赁合同，融资租赁合同，承揽合同，建设工程合同，运输合同，技术合同，保管合同，仓储合同，委托合同，行纪合同，居间合同。

（三）合同的格式与构成

1）合同的格式

《中华人民共和国合同法》中给出了各类合同的范本，具有参考价值。在具体的写法上，可分为条文式、表格式及条文表格兼备式。

2）合同的构成

合同的构成要素基本相同，包括以下几部分：

（1）标题　一般写明合同的性质，格式是"性质 + 文种"，写在第一行居中，字体加粗、字号略大，以示醒目。如"工程建设承包合同""劳动合同"，也有的只写"合同"二字。

（2）当事人名称　在合同标题的下方另起两行写明签订合同双方的单位或个人全称，为行文方便，可规定双方分别为"甲方""乙方"或"供方""需方"等，一般空两格并列布置。

（3）正文　可分为开头、主体、结尾三部分。

①开头部分　写明签订合同的依据、目的、方式，一般常用下述开头："为了××，根据××的有关规定，经双方友好协商，签订本合同。具体条款如下："。

②主体部分　要对合同的实质逐项说明，包括以下 6 类基本要素：

●标的　指合同双方当事人权利义务共同指向的对象。例如，保管合同的标的是物，运输合同的标的是行为，技术转让合同的标的是智力成果等。标的必须明确，否则合同无法实施。

●数量和质量　指对标的在数量和质量方面的规定，一定要有明确的标准和验收的方法，通常要用具体的数字和计量单位来表示数量多少，对规格、性能、款式、标准、材质等做质量上的优劣规定。

●价款或酬金　价款是取得标的物应当支付的代价，酬金是获得服务应当支付的代价。必须明确货币的币种、数量、结算方式、付款程序等。

●履行期限、地点和方式　对当事人履行合同的时间限度、交付标的物的地点、方式等，都要做明确的规定，不能含糊。

●违约责任　指当事人一方或双方由于自己的过错不能履行合同规定的义务时，需要按照法律的规定或合同的约定承担相应的民事责任，包括支付违约金、赔偿金和其他制裁方法。

●解决争议的办法　对当事人遇到纠纷、争议需变更、解除合同时，要有应遵循的仲裁程序、方法等的明确约定。

③结尾部分　写明合同的生效日期、合同的份数等。一般多用下述结尾："本合同一式两份，甲、乙双方各执一份，经双方签章后于合同签订当日起生效。"

（4）附件　如果有表格、图纸、样品等附件，应在正文后另起一行，写上"附件"，必须将附件的件数和名称具体列出来。

（5）落款　写明签订合同双方的名称，单位签约必须加盖公章，法人代表要签名盖章，必要时还要留下电话、地址、邮编、开户行及账号等，最后签署日期。

【实施例文】

房屋租赁合同

出租方（以下简称甲方）：李×

承租方（以下简称乙方）：王××

由于甲方要出租房屋给乙方，为明确甲方与乙方的权利义务关系，经双方协商一致，特签订本合同：

第一条：房屋情况和租赁用途

甲方将坐落于××城市花园小区 2 幢 701 室的合计面积为 75 平方米的房屋租予乙方作为日常居住使用。

第二条：租赁期限和终止合同

甲方从×年×月×日起至×年×月×日止将出租房屋交付乙方使用，租期两年。

乙方有下列情形之一的，甲方可以终止合同，收回房屋：

1. 乙方擅自将房屋转租、转让或转借他人使用的；

2. 乙方利用承租房屋进行非法活动，损害公共利益的；

3. 乙方拖欠租金累积达 3 个月的。

第三条：房屋租金和付款方式

每月租金为人民币××元整，付款方式为一季度付款，乙方预先支付押金××元整，退房之日由甲方退还押金。

第四条：其他协议事项

1. 房屋内水电费、煤气费、电话费自乙方入住之日起至迁出之日止均由乙方负担。

2. 乙方应妥善使用、管理出租房屋的内外设备，包括电视、洗衣机、热水器、空调等家用电器。未经甲方同意，乙方不能擅自变更、损坏房屋结构和设备。

3. 乙方不得利用出租房屋进行非法活动或存放危险物品，影响公共安全。

第五条：违约责任

1. 甲方未按前述合同条款向乙方如期交付合乎要求的出租房屋的，甲方应对此向乙方予以赔偿。

2. 乙方非正常管理使用房屋及设施给甲方造成损失的，乙方应负赔偿责任。

3. 乙方违反合同擅自将房屋转租他人使用的，甲方有权收回所租的房屋，有权将乙方交付的期满前租金扣留作为乙方的违约金赔偿甲方。如因此对出租房屋造成损坏，乙方还应负赔偿责任。

本合同正本一式两份，甲乙双方各执一份，合同自签字后当日生效。

甲方签字：李×　　　　　　　　　　乙方签字：王××

日期：××××年×月×日　　　　　日期：××××年×月×日

身份证号码：　　　　　　　　　　身份证号码：

李××为父亲起草的这份房屋租赁合同对涉及房屋租赁的基本要素逐条做了具体规定，明确了出租、承租双方的权利义务，内容、格式均符合合同的写作要求。唯文中第三条房屋租金和付款方式规定"付款方式为一季度付款"，语意含糊不明，还易让人产生歧义。若改成"付款方式为：按季度于每季度开头的一月、四月、七月、十月的10日前给付当季租金"，这样表述语意就比较明确了。

【拓展例文】

劳动合同

甲方：××有限公司

乙方：×××

根据《中华人民共和国劳动法》和国家有关劳动法规的规定，按照甲方依法制定的管理规章制度，经甲、乙双方协商，在自愿、平等、公平的基础上，一致同意签订本劳动合同，具体条款如下：

一、劳动合同期限

本劳动合同为两年期限合同，从××××年×月×日起至××××年×月×日止，共××个月，其中试用期为 a~b 个月。

二、生产工作任务和条件

（一）甲方根据本单位工作需要，按岗位要求安排乙方在装配车间担任装卸工作，具体任务遵照发放的员工手册执行。

（二）甲方根据国家有关职工生产安全、劳动保护、卫生健康的规定，为乙方提供必要的工作条件和劳动保护设施，保障乙方的安全与健康。

（三）乙方同意根据甲方工作需要，从事甲方安排的岗位工作，并按甲方规定完成工作任务。有持证上岗要求的，乙方应向甲方交验相关有效证件（甲方可为乙方代办相关证件，证件合格的费用由甲方承担，证件不合格的费用由乙方承担）。

三、工作时间和劳动报酬

（一）甲方每月工作时间以××天计算，进行工资发放。不足××天的按实际天数发放。

（二）按照国家和甲方工资分配的规定和办法，乙方月工资报酬不低于国家规定的最低工资标准，月基本工资×元，月考核奖金奖励×元，合计×元。甲方通过对乙方完成工作任务情况进行考核对乙方进行奖惩。

四、劳动纪律

甲方应根据国家有关规定，依法制定各项规章制度，乙方必须自觉遵守甲方工作纪律和规章制度，服从甲方的领导和管理。

五、社会保险和福利待遇

（一）甲、乙双方按照国家有关规定向劳动部门所属社会保险机构缴纳综合保险费。

（二）乙方在劳动合同期内的公休假日、病、伤、残（因工伤、残等的按国家法律规章制度执行，上班期间做个人私事的除外；非因工伤、残的甲方一律不负责任）等保险福利待遇，按国家及甲方依法制定的规章执行。

六、劳动合同变更、终止、续订和解除条件

1. 经双方协商一致可以变更、续订和解除劳动合同。

2. 劳动合同期限届满或约定的终止条件出现，劳动合同即行终止，双方应当办理终止劳动合同手续，若需续订，必须双方自愿。

3. 根据法律规定可以解除劳动合同的，应当提前××日以书面形式通知对方。

4. 乙方在试用期内不符合录用条件或严重违反劳动纪律及规章制度或给甲方造成重大损失或被依法追究刑事责任的，甲方有权解除合同。

5. 甲方以暴力、威胁或非法限制人身自由的手段强迫劳动的，乙方有权解除劳动合同；甲方没有按照劳动合同约定支付劳动报酬或提供劳动条件的，乙方有权解除劳动合同。

七、违反和解除劳动合同的责任

1. 甲方违反和解除劳动合同的应依法给予乙方经济补偿金（法律、法规有特别规定的除外）。

2. 乙方违反法定解除劳动合同的条件或者违反劳动合同中约定的事项，给甲方造成经济损失的，应依法承担赔偿责任。

八、劳动争议处理

甲、乙双方发生劳动争议，可以向本单位劳动争议调解委员会申请调解，也可以自劳动争议发生之日起××日内向劳动争议仲裁委员会申请调解、仲裁。对仲裁不服的，可向人民法院起诉。

九、其他事项

（一）双方需协商约定的其他内容。

（二）本合同一式两份，双方各执一份，双方签字盖章生效。

甲方：××有限公司（加盖公章）　　　　　　　乙方：×××

××××年×月×日　　　　　　　　　　　　××××年×月×日

这份合同结构完整，主体部分内容全面、基本要素齐全，全文采用条文式，层次分明、条理清晰，对签订合同双方的权利义务做了较明确的规定，基本符合合同写作的要求。不过此合同中个别条款尚存在语言不够严谨、约定不够精确的缺陷，如劳动合同期限约定的"其中试用期为a~b个月"，应明确为是几个月且是哪几个月。再如工作时间和劳动报酬中约定"甲方每月工作时间以××天计算，进行工资发放，不足××天的按实际天数发放"，这里只规定了每月的工作天数，对每天的工作时间未作具体规定；只讲到了工作时间不足的情况，未涉及加班的情况。建议改成"甲方每月以××天（每天工作时间×小时）计算，进行工资发放，不足或超过××天的按实际天数发放"。

【技能训练】

1. 什么是合同的标的? 教材上两篇例文中的标的分别是什么?

2. 签订合同除要求内容要素齐全、写作格式规范外，其语言一定要严谨、确切。试从网络上搜索一些合同，阅读并找出其中不确切之处(至少要找到三处)，然后拟加以修改。

3. 请参考《中华人民共和国劳动法》的有关规定，结合本专业未来应聘的需要，为自己草拟一份试用劳动合同。

4. 试根据下列材料，拟写一份产销合同。

××果品公司为了繁荣市场、搞活经济，准备向××现代农业集团蔬果基地收购今年全年所产的水果，包括苹果、梨、桃、葡萄、西瓜。各类水果的价格，按质量和交货时当地水果市场收购牌价进行核定，货款在每批水果交货时通过中国农业银行转账。××现代农业集团蔬果基地要在各类水果成熟收摘前×天通知××果品公司，以便其做好准备，并负责将水果按时运到指定地点。合同的有效期为×年。

二、个人简历

【任务导入】

李××是××科技学院酒店管理专业的学生，眼看就要毕业了。同学们为了尽早找到合适的就业岗位，纷纷在向各处海投个人简历。李××深知从某种意义上说，个人简历就是通向求职成功的入场券。一份好的个人简历不见得一定让人获得工作，但一份糟糕的个人简历肯定会让人淘汰出局。为此李××最近正在积极准备撰写自己的个人简历。

【问题讨论】

1. 李××要撰写的个人简历是什么?

2. 李××该如何制作自己的个人简历呢?

【学习目标】

1. 知识目标

(1)了解个人简历的分类、编写原则，掌握个人简历的概念。

(2)重点掌握个人简历的格式和写法。

2. 能力目标

(1)注重平时积累，丰富教育和工作经历，为撰写个人简历作素材的准备。

(2)模拟范文写作，培养规范撰写个人简历的能力。

【知识概述】

(一)个人简历的概念

个人简历是应聘者给招聘单位发的一份关于个人从小到大全部经历的有重点的简要介绍。

(二)个人简历的分类

从采用的写作人称分析,有的个人简历采用第一人称写自己,也有的采用第三人称写别人,不过大多数都是以第一人称写自己为主。从使用的形式看,有的个人简历采用纯文字叙述,有的个人简历采用表格。

(三)个人简历的编写原则

1)真实性原则

简历是给用人单位的第一张"名片",不可以撒谎,更不可以掺假。要客观理性地总结自己的经历,做到真实、准确,不夸大、不缩小、不编造,这样才能取信于人。

2)价值性原则

价值性原则也称正面性原则,要把最有价值的正面内容放在简历中。简历应当告诉人们真相,但没必要告诉全部真相,特别是无需把私人的与工作无关痛痒的事写进去,负面的内容就更要远离简历了。

3)精练性原则

简历贵在"简",内容越精练、篇幅越简短越好。要选择重点的内容做简要的介绍,在大多数情况下,一两页纸的内容就足够了。

4)针对性原则

做简历时可以事先结合职业规划确定出自己的求职目标,做出有针对性的几个版本,针对不同单位递送不同简历,这样做往往更容易得到用人单位的认可,而不是海投千篇一律的简历,让人感觉索然无味。

(四)个人简历的格式与写法

1)个人简历的格式

个人简历的内容虽各不相同,写法也可各具特色,但从用人单位需要了解的角度分析,个人简历的写作格式一般由六个部分组成,即标题、基本情况、学习经历、工作经历、求职意向、其他杂项。写自己的还可以加上署名和日期。

2)个人简历的写法

(1)标题　可以直接写"简历""求职简历",也可在"简历"之前冠以应聘者姓名写成

"××简历"。要在第一行居中，字体加粗，字号略大，以示醒目。

（2）基本情况　基本情况是对应聘者个人基本信息的一个简要介绍，包括姓名、性别、出生年月日、籍贯、民族、政治面貌、毕业院校及专业、学历（学位）、职务职称等。

（3）学习经历　要按时间先后写自己的学习过程，一般不写中小学，从大中专阶段开始。主要包括学历（学位）教育和各类培训、进修等内容，最好要写到最高学历（学位）为止。

（4）工作经历　主要写参加工作以后各阶段的工作情况，包括专职、兼职及各种实践实习经历，要注意突出工作中的主要才能、贡献和成果等。

（5）求职意向　主要写应聘者对哪些工作岗位、行业感兴趣，有什么样的要求，要表明自己应征的职位，说明自己具备哪些资格和技能，想应征什么样的工作。

（6）其他杂项　其他杂项包括军队服役、社团成员资格、各种成果奖励荣誉、计算机技能和语言技能等各级各类资格证书、专利权及个人兴趣、联系方式、证明材料等。

【实施例文】

李××简历

基本信息

姓　　名：李××		性　　别：男	
出生年月：1992 年 5 月 7 日		民　　族：汉族	
籍　　贯：江苏扬州		婚姻状况：未婚	
政治面貌：中共党员		健康状况：良好	
身　　高：175cm		体　　重：64kg	
毕业学校：××科技学院		学历（学位）：本科（学士）	
专业名称：酒店管理		毕业年份：2014 年	

教育经历

2007 年 9 月—2010 年 6 月　××职业学校 专科

2010 年 9 月—2014 年 6 月　××科技学院 本科

其他培训

1. 2012 年 3 月—5 月参加普通话水平等级测试培训，获二级甲等证书；

2. 2013 年 4 月—8 月英语通过国家 CET 六级考试，参加英语中级口译培训；

3. 2013 年 10 月—12 月参加并通过计算机等级二级培训、考试。

工作经历

1. 2011 年 9 月—2013 年 1 月多次利用课余时间、节假日在学校周边的麦当劳餐厅、大润发超市、××酒店兼职做服务员、收银员等基层工作；

2. 2013 年 3 月—5 月根据学校教学计划安排，在扬州××假日酒店进行为期十周的酒店管理课程实践实训；

3. 2014 年 3 月—6 月自主联系扬州××大酒店进行为期近四个月的专业实习，其间除在酒店中西餐厅、酒店客房部、酒店娱乐部等各部门担任基层服务员外，还尝试如酒店门迎、前台接待、收银等工作，协助领班、大堂经理等基层管理工作。

求职意向

职位性质：全职　　　　　　　　　　职位类别：旅游、酒店、餐饮服务

职位名称：酒店管理　　　　　　　　工作地区：江苏扬州

待遇要求：面议　　　　　　　　　　到职时间：可随时到岗

技能专长

语言能力：通过英语 CET 六级，参加英语中级口译培训，英汉互译表达流畅；通过普通话二级甲等，普通话表达清晰标准流畅。

计算机能力：通过计算机二级，熟悉网络，擅长利用网络进行各种网际信息交流。熟练办公自动化，熟练操作 Word 、Excel、PPT，能独立操作并及时高效地完成日常办公管理文档的编辑工作。

综合技能：热爱酒店管理工作，具备酒店管理系统的理论框架，有一定酒店管理的实践经验，工作有责任心、进取心。在多次兼职及实训实习活动中，熟悉了酒店工作环境，了解了酒店餐厅管理、娱乐管理、洗浴管理、酒吧管理等管理系统的功能、流程，积累了在社会、集体中和领导、同事、顾客进行人际沟通、交往的宝贵经验。

自我评价

乐观开朗、能吃苦耐劳、对待事情认真负责。

联系方式

联系电话：×××××××××　　　　手机：×××××××××××

联系地址：××市××新村××幢××室　　邮编：××××××

电子邮箱：×××@qq.com

证明材料（略）

这是酒店管理专业的应届大学毕业生李××所写的个人求职简历。内容上涵盖了求职者比较全面的基本信息，对个人专业的学习、工作经历作了有重点的概述。李××这份简历突出求职者自身的能力专长，求职态度诚恳，意向明确，篇幅简短，表述精确，可作为应届大学毕业生写作个人简历的范例。

【拓展例文】

××简历

基本信息				
姓　　名	××	性　　别	女	相片
出生日期	1987 年 11 月 20 日	健康状况	较好	
户口所在	江苏徐州	婚姻状况	已婚	
毕业院校	××医学院成人教育学院	最高学历	大专	
目前年薪	3 万	所修专业	高级护理	
电子邮箱	×××@126.com	手　　机	×××××××××××	
联系地址	××市××区××街道××号（邮编：××××××）			

求职意向

到岗时间：半月以内　　　　　　　　　　期待年薪：4 万及以上

目标职能：护理/医院/医疗/保健/卫生/美容　　工作地区：江苏南京

教育经历

1. 2008/6—2011/7　　××医学院成人教育学院　　护理学　　大专

在校期间主攻护理学，并兼修药理学、药物学、人体解剖学等。

2. 2003/9—2006/7　　××省××市卫生学校　　护理学　　中专

接受三年专业护理学教育，并以优异的成绩修完内科、外科、妇科、儿科等专业。

工作经历

1. 2011/7 至今：江苏徐州××镇卫生院 工作

部门：妇科治疗室、手术室　　　　职位：护士/护理人员

在院期间从事妇科治疗室的清洗、雾化、微米光、体外短波、盆腔治疗仪等工作，并参与手术室的管理，得到领导的一致好评。

2. 2010/5—2011/1：江苏省××市博爱门诊 实习

部门：输液室综合部　　　　职位：护士/护理人员

在院实习期间从事妇科、男科、外科的护理治疗。

3. 2006/8—2008/5：安徽××和谐医院 工作

部门：护理综合部　　　　职位：护士/护理人员

在院期间隶属护理综合部，在内科、外科、儿科、妇科等科室从事过护理工作。熟悉输液中心、儿科、妇产科、门诊、手术室、呼吸内科、普外科、骨科、泌尿外科、耳鼻喉科等科室的护理工作。能熟练掌握各种临床操作技巧，如灌肠、洗胃、导尿、心胸外按压等。同时还熟练掌握了各种穿刺技能，如各种静脉穿刺、小儿头皮针、动脉的血气分析穿刺、血疗血液透析等。

（续）

资格证书	
2008/10	1. 中华人民共和国护士执业证 2. 中华人民共和国专业技术资格证
自我评价	
	我是一个面带微笑、充满自信且具有高度责任感的女孩，具有多年从事护理专业的工作经验。自2006年参加工作以来，我专心学习护理技能，注重将所学理论与实践结合。几年来深入病房工作，锻炼了临危不乱，耐心护理，微笑服务的职业素养，用最大的理性面对患者，让生命之花永远绽放！我相信自己一定能行！ 　　身体健康，有充沛的精力，不以自我为中心，热情活泼，热爱本职工作。 　　忠诚、耐心、信心、不怕苦、不怕累、不怕脏是我对护理事业永远不变的誓言。
证明材料（略）	

　　这是一位已经参加工作多年的护士为工作调动所写的一份求职简历。这位求职者学历层次虽不算高，但她对自己学习、工作的经历按时间顺序做了有重点的概述，特别是中专毕业工作后，再度参加大专深造的学习经历，以及多年在一线参与多家基层卫生医疗机构多科室护理的工作经历，这些成为她再度求职的两大亮点。这份简历求职意向明确，目标定位合理，突出个人强项，形式上采用表格，令人一目了然。

【技能训练】

　　1. 编写一份专业的个人简历要注意哪些原则？

　　2. 下面这则案例有哪些问题？拟帮她重新策划一份简历。

　　丁×，女，34岁，学历本科；大学市场营销专业毕业后进入一家民营企业，从市场策划起步，后来跳槽到营销部作销售主管，经过四五年打拼，终于成为华东区销售经理。然而两年前她因为结婚生子，暂时离开职场。在此期间她抽空重返校园，参加了MBA课程学习。现已完成学业欲重返职场谋求更大的发展，她希望能进入民营企业担任销售总监一职。可是在最近的求职应聘中却碰到了前所未有的困难：简历投了无数份，可回信却寥寥无几。她很困惑，自己能力不错，学历也够格，可为什么连面试的机会都没有呢？

　　3. 请按照简历的写作要求，拟为自己写一份求职简历。

三、求职信

【任务导入】

　　李××正准备向各大酒店海投写好的个人简历，同校工程造价专业的好友陈×提醒李

××：为了给用人单位一个良好的初步印象，最好在投递个人简历的同时再写一封语意诚恳的求职信，借以向用人单位介绍自己，表达自己的求职意愿。可李××觉得并没这个必要。为此陈×同学还拿来已写好的求职信给李××参看，李××一看就明白了，确实应该写一封求职信。

【问题讨论】

1. 陈同学所说的求职信和小李所写的个人简历，两者是一回事吗？

2. 求职信应该怎么写呢？陈同学写的求职信是怎样的？

【学习目标】

1. 知识目标

（1）了解求职信和个人简历的关系。

（2）掌握求职信的概念、分类和特点。

（3）重点掌握求职信的格式和写法。

2. 能力目标

（1）能正确区分求职信和个人简历。

（2）能规范拟写不同种类的求职信。

【知识概述】

（一）求职信的概念

求职信是求职者向用人单位进行自我推介，以谋求工作职位的一种应用性社交书信。

现代社会，求职信的使用频率很高，实用性很强。对于学生而言，掌握其写法，针对用人单位的岗位需求，有针对性地展示自我的优势，无疑有助于获取面试的机会，提高成功求职的可能性。

（二）求职信的分类

求职信的种类包括自荐信和应聘信两种。它们都向用人单位自荐谋职，不同之处在于自荐信是在不知用人单位是否需要用人的情况下写的，而应聘信则是在获知了用人单位的招聘信息后写的。因而应聘信的针对性更强。

（三）求职信的特点

求职信写作时要求具有针对性、自荐性和真实性等特点。

1）针对性

针对性是指要针对用人单位的实际招聘职位，考虑到读信人的接受心理，有的放矢地确立个人的求职目标。

2）自荐性

自荐性是指在信中必须适时恰当地推销自己，展示个人的成绩、特长、优势和个性。

3）真实性

真实性是指信中所言应实事求是，需客观介绍自己的实际情况，做到不夸大、不缩小、不虚构。

（四）求职信的格式和写法

求职信一般由标题、称谓、问候语、正文、祝颂语、落款、附件七部分组成。

1）标题

一般就在第一行居中写上文种"求职信""自荐信""应聘信"等，字体加粗，字号略大，以示醒目。

2）称谓

另起一行顶格写收信者的姓名、职务，标上冒号。求职信一般多写给用人单位的人事部门领导，也可直接写给单位领导，故可直接写上"××公司人力资源部负责人:""××公司总经理:"。为礼貌起见，可用"尊敬的××"称呼，最好不要用"亲爱的""我最尊敬的"等感情色彩较浓的字眼。

3）问候语

一般多是另起一行空两格写上"您好"，标上感叹号。

4）正文

一般包括以下四方面的内容:

（1）求职的意向　一般简要说明自己从什么渠道获取了对方哪些用人信息，以及自己准备应聘什么职位。求职意愿的表达要简洁明确，不拖泥带水，这样才能给人干练精明的感觉。

（2）求职的缘由　一般要写出自己对用人单位的了解、认识和评价以及自己做出这一选择的理由。态度要诚恳，不卑不亢;理由要充足，恰如其分，才会给人良好印象。

（3）求职的条件　一般是交代自己应聘的条件，一方面要介绍自己的基本情况，包括姓名、年龄、学历、专业、毕业学校、毕业时间、政治面貌、工作简历等;另一方面更要充分展示自己的优势，如性格方面的突出特点、能力专长、获得的成果、实习单位的好评等。对个人情况的介绍既要客观如实，不弄虚作假，又要突出个人优势的介绍，投用人单位之所需，重点突出，凸显个性，以引起对方的关注。

（4）求职的答复请求　在正文最后要进一步表明自己的工作态度和就职后的打算，并表达希望得到用人单位答复的愿望和要求。这样的表述可以和开头的求职意向相呼应，重申自己的求职愿望，会给对方留下深刻印象。

5）祝颂语

一般多是另起一行空两格写上"此致"，再另起一行顶格写上"敬礼"，并标上感叹号。

6）落款

落款包括求职人的署名和日期。分别写在祝颂语下一行、再下一行的最右侧。

7）附件

主要提供对书信主体部分的内容起到证明和支撑作用的材料，如个人简历、各种资格证书、奖励荣誉证书、成绩单、相关证件、成果材料的原件和复印件等。附件选用的证明材料要真实可靠，应有必要的签名和盖章。

（五）求职信和个人简历的区别

求职信和个人简历，都是在竞争日益激烈的人才市场环境中，求职者为谋求职业，向用人单位推介自己，以期被对方录用的职场文书。二者的作用应该是一致的，两者都需要真实、简明、条理清楚，具有鲜明的目的性、针对性和真实性。相比较而言，从内容上分析，求职信作为一种应用性社交书信，其内容比较主观、诚恳、笼统；个人简历作为个人主要经历的简要介绍，其内容则更加客观、平实、全面。从形式上分析，个人简历是求职信的一个重要附件，可作为求职信的一个重要补充。

【实施例文】

自 荐 信

尊敬的××市政建筑工程公司领导：

您好！

首先衷心感谢您在百忙之中浏览我的自荐信，为一位满腔热情的大专生开启一扇希望之门。

我叫陈×，男，×年×月出生，江苏扬州人，是一名××学院工程造价专业的学生，即将于今年7月毕业。早就听说贵公司是行业的领军企业，借此择业之际，我怀着一颗赤诚的进取心和对事业的执着追求，向贵公司真诚地推荐自己，希望能有幸成为公司一员。

21世纪呼唤综合性的人才的时代，在学校几年的学习生活中，我学习成绩良好，很好地掌握了专业知识。两次获二等奖学金，取得英语四级证书、计算机中级证书、普通话二级乙等证书。我热爱建筑工程技术，在校期间，刻苦学习了CAD制图、房屋建筑学、建筑制图、工程力学、建筑施工技术、地基与基础、钢结构、工程测量学、结构力学、施工技术、工程预算等专业知识。除掌握课堂理论外，我还具备很强的动手能力，曾经在××建筑安装工程公司进行长达半年的顶岗实习，主要从事建筑工程造价预算工作。实习期间我结合岗位工作经历和内容，完成了题为《浅谈项目决策阶段影响工程造价的主要因素》的毕业论文，该论文最终获得院级优秀论文。

　　在日常生活中，我心态积极乐观，性格活泼开朗；为人诚实正直，与人相处融洽；兴趣爱好广泛，参加各种活动；热心学生工作，曾担任班级劳动委员、院学生会劳动部部长等职，由于工作出色，多次被评为优秀学生干部。

　　在不断学习的过程中，我养成了严谨踏实的优良作风和团结协作的优秀品质，我深信自己完全可以在岗位上做到守业、敬业，更能创业！我相信我的能力和知识正是贵单位所需要的，我真诚渴望，能为贵单位的明天奉献自己的青春和热血、知识和才干！

　　"天行健，君子以自强不息；地势坤，君子以厚德载物。"

　　期待您的反馈！

　　此致

敬礼！

陈×
×年×月×日

　　附件：

1. 个人简历 1 份
2. 身份证复印件 1 份
3. 各科成绩一览表复印件 1 份
4. 奖学金证书复印件 2 份
5. 英语四级证书复印件 1 份
6. 计算机中级证书复印件 1 份
7. 普通话二乙证书复印件 1 份
8. 优秀论文获奖证书复印件 1 份
9. 优秀学生干部证书复印件 3 份

　　这是李××的好友陈×的一封求职自荐信，是求职者陈×同学在并不知××市政建筑工程公司是否需要用人的情况下，毛遂自荐写给公司领导来谋求职位的。信中陈×同学坦诚推介自己，凸显自己的专业特长，展示自己的综合实力，投用人单位之所需，表达择业的诚恳之情。这封求职信求职缘由清楚，态度真诚，理由充分。求职条件介绍实事求是（信中所述各项奖励成果均附证明材料），恰如其分。所有格式也符合信件写作的规范。若能进一步明确自己的求职意向，表明自己具体想谋求的职位就更好了。李××向各大酒店海投个人简历时，可参考这类自荐信的写法。

【拓展例文】

应 聘 信

尊敬的××公司人力资源部负责人：

您好！

首先，向您致以最诚挚的问候，非常感谢您在百忙之中垂阅我的自荐材料。

我叫张燕，是来自××大学文秘专业的毕业生，欣闻贵司在××人才网招聘行政文员一职，自问对此项工作尚能胜任，故冒昧大胆应征，诚盼能成为公司一员。

作为一名文秘专业的学生，我把"基础扎实，应用灵活"作为学习的宗旨和目标。在大学期间，我通过对专业知识的全面学习，系统地掌握了公文写作、办公自动化、公共关系、管理学、秘书学、人际关系学等专业知识，同时，我通过一些实验课以及秘书实务课的学习与锻炼，具备了一定的实际操作能力。至今为止我共获得两次二等综合奖学金和两次三等综合奖学金。这都充分证明我有较强的学习能力。

大学期间，除了学习、掌握专业知识，我还积极参加各种社会实践活动并担任学校多个部门的职务。我做过家教，在学校的大学生实习基地做过兼职，还在××经济和信息化委员会办公室实习过。实习期间除了处理办公室的事务性工作外，还学习并撰写一些简单实用的公文，使我对行政办公室、党务办公室和文印室的工作有了更加深刻的理解，这为我应征今天的工作奠定了坚实的基础。此外，我分别担任过学院秘书协会宣传部部长和班级宣传委员，这对我的组织能力和工作能力的提升都有促进作用，为此我还两次被评为校优秀学生干部。

我深知"工欲善其事，必先利其器"的道理，因此，我并不满足于上课时间所学到的知识，在课外时间里，我涉猎了大量书籍，不但重视自己本专业技能和理论知识的培养，更着重提高自己的综合素质。大学期间我认真学习专业知识，并很好地掌握计算机和英语等多方面的知识，努力使自己成为社会所需的复合型人才。例如，我通过了计算机二级和普通话二级甲等考试，获得秘书上岗资格证，通过了全国大学生英语六级考试，同时还自主学习会计知识，已通过上岗证的理论考试，课余时间还自修日语课程。

面对激烈的竞争，我始终相信：成功属于有准备的人。我热爱贵单位所从事的事业，特别喜爱这次招聘的文员岗位。殷切期望能在您的领导下，为贵公司添砖加瓦，同时也能在您的领导下发挥我自身的实力和才能，不断地学习和进步，为贵公司做出更大的贡献。您给我一个机会，我将回报您一片精彩。

祝愿贵公司的事业蓬勃发展、蒸蒸日上。

祈盼您的回复！

　　此致

敬礼！

求职人：张×

×年×月×日

　　附件：

1. 个人简历 1 份

2. 身份证复印件 1 份

3. 各科成绩一览表复印件 1 份

4. 奖学金证书复印件 4 份

5. 计算机二级证书复印件 1 份

6. 普通话二甲证书复印件 1 份

7. 英语六级证书复印件 1 份

8. 优秀学生干部证书复印件 2 份

9. 初级秘书资格证书复印件 1 份

10. 会计从业资格证书复印件 1 份

　　这封求职信是李××同校文秘专业的张×同学在××人才网得知某用人单位招聘行政文员的信息后，根据自身的专业特点，大胆应征文员职位的应聘信。由于事先已经从相关渠道得知具体的招聘信息，这封应聘信的求职意向非常明确，具有较强的针对性。如果张燕的其他求职条件过硬，被用人单位看中，那么她成功求职的可能性就较大。

【技能训练】

1. 请根据李××同学的个人简历，为他向各大酒店海投简历拟写一封自荐信。

2. 从网上搜选 2～3 份你认为写得较出色的求职信，分析其出色的原因并和同学分享。

3. 按求职信写作要求拟向本市一家有名企业为自己写一封求职应聘信。由教师和学生代表充当企业人事部门的负责人，全班进行一次模拟招聘活动。

四、毕业论文

【任务导入】

　　临近毕业，李××所在的学院要求每位毕业生完成学业的最后一个重要环节——撰写毕业论文。由于学校平时对这一块缺少系统的课堂授课和有效训练，李××对独立写作毕业论文感到压力很大，心中没底，一时难以下笔。为此，他特地请教了小组的论文指导老师——大学英语老师张×。张老师召集小组同学进行了一次系统的论文写作专业辅导，还提供自己刚刚写好的一篇教学小论文给同学们参考，小李一下子感觉轻松多了。

【问题讨论】

1. 什么是毕业论文？李××和同学们在正式撰写毕业论文之前要做哪些准备工作？
2. 毕业论文的格式规范是怎样的？张老师的教学小论文是一篇什么论文？

【学习目标】

1. 知识目标

（1）了解论文写作的意义和毕业论文的概念、分类和特点。

（2）掌握毕业论文的写作过程。

（3）重点掌握毕业论文的格式规范。

2. 能力目标

（1）根据毕业论文的写作要求，平时注重专业知识的储备、积累，培养课题研究的兴趣，增强挖掘课题的敏锐度，养成勤于动手、练笔的好习惯。

（2）能按照毕业论文的格式要求，规范拟写毕业论文。

【知识概述】

（一）毕业论文的概念

毕业论文是高校应届毕业生为检验学习成果，锻炼独立分析和解决问题的能力，在有关学科教师指导下，综合运用已学知识，就所学专业领域里的某一现象或理论问题，阐明见解或表述研究成果的学业文书。

毕业论文是毕业生总结性的独立作业，是学生在校学习期间学习成果的综合性总结，是高校教学或科研活动的重要组成部分之一，也是衡量毕业生是否合格的重要依据之一。毕业论文的写作旨在培养学生综合运用所学知识和技能，理论联系实际，独立分析、解决实际问题的能力，使学生得到从事本专业工作和进行相关工作的基本训练。

（二）毕业论文的分类

按毕业生的学历层次不同，毕业论文可分为专科毕业论文（多数高职院校的毕业论文属于此类）、本科毕业论文（学士学位毕业论文）、硕士研究生毕业论文（硕士学位毕业论文）、博士研究生毕业论文（博士学位毕业论文），不同层次的毕业论文有其不同的写作要求。

按内容性质不同，可以把毕业论文分为自然科学论文和社会科学论文两大类。

按议论的性质不同，可以把毕业论文分为立论文和驳论文。

按研究问题的大小不同，可以把毕业论文分为宏观论文和微观论文。

高职院校学生的毕业论文一般多要求写微观的立论文。

(三)毕业论文的特点

毕业论文是学术论文的一种形式，具有学术论文的一般特点，要求具有科学性、创造性和理论性。

1)科学性

要求毕业论文论点正确、合理，论据真实、充分，论证严谨、缜密。

2)创造性

要求毕业论文见解新，角度新，材料新，研究方法新。

3)理论性

要求毕业论文通过精深的分析、严密的论证、逻辑的推理，阐明科学的论点。

(四)毕业论文的写作过程

毕业论文的写作包括选择课题、研究课题、拟写提纲、正文写作四个过程。

1)选择课题

选题是论文写作关键的第一步，直接关系论文的质量。常言说："题好文一半。"

(1)选题的途径 毕业论文的课题既可从平时的学习研究中发现，也可通过老师提供的参考选题范围来确定。

(2)选题的原则 在选择论文课题时，要遵循以下几个原则：

①选题要务实 高校学生选择课题要结合平时学习实际，根据自己所熟悉的专业和研究兴趣，适当选择有理论和实践意义的课题。

②选题要适度 这里的适度包括论题的广度与深度，因此选题要适度包括两层意思：

• 题目的大小要适度 题目的大小也就是论题涉及内容的广度。确定题目的大小，要根据自己的写作能力而定。

• 题目的难易程度要适当 题目的难易程度也就是论题涉及的深度。确定题目的难易，也要根据自己的写作能力而定，量力而为。

③选题要创新 所谓要创新，即选题要有新意，要从自己已经掌握的理论知识出发，在研究前人研究成果的基础上，善于发现新问题，敢于提出前人没有提出过的，或者虽已提出来，但尚未得到定论或者未完全解决的问题，这样也就使论文具有新意，具有独创性。创新的课题往往也具有一定的学术价值。

2)研究课题

选好课题后，接下来的工作就是研究课题，研究课题的一般程序为：搜集资料，研究资料，明确论点和选定材料。

(1)研究课题的基础工作——搜集资料 一般而言，可以通过查阅图书馆、资料室的资料，实地调查研究，实验与观察三个途径来搜集资料。搜集资料越具体、细致越好，最好把想要搜集资料的文献目录、详细计划都列出来。

（2）研究课题的重点工作——研究资料　要对所搜集到手的资料进行全面浏览，并对不同资料采用不同的阅读方法，如阅读、选读、研读等。在研究资料时要综合运用归纳、演绎，分析、综合，抽象、具体等辩证思维方法，才能达到科学创造和研究的目的。

（3）研究课题的核心工作——明确论点和选定材料　在研究资料的基础上，提出自己的创新观点和见解，根据选题，确立基本论点和分论点，在明确论点的同时要归纳、整理、选定自己要用的各种材料。

3）拟写提纲

拟写论文提纲也是论文写作过程中的重要一步。

（1）提纲的概念　提纲是文章的骨架，体现作者的总体思路以及全文的逻辑性和结构框架。

（2）提纲的种类　提纲可分为粗纲和细纲两种，对初学论文写作者来说，最好拟一个比较详细的写作提纲，不但提出论文各部分要点，而且对其中所涉及的材料及其详略安排，以及各部分之间的相互关系等都要有所反映，这样写作时才能得心应手。

（3）提纲的内容　写作提纲一般应明确标题、论点句（或称主题句、观点句）、内容纲要。

①标题　标题一般有两种形式：一是论题式标题；二是论点式标题。前者反映的是要论述的问题范围，而不是关于问题的观点、看法，常以"（试）论……""关于……的研究""……探析"为题；后者直接揭示观点或概括内容要点。写作时也可以使用双行标题，正标题多为论点式，副标题常为论题式。

②论点句　论点句就是概括基本观点的语句。在拟写提纲时用明确的语句写出论点，能做到中心明确，以防偏题。

③内容纲要　这是写作提纲的主体，要以分条列项的形式搭建正文结构。通常的形式如下所示：

一、大的层次或部分的要点

（一）段的要点

1. 段内层次观点

（1）具体材料

4）正文写作

执笔写作标志着论文写作已进入最后表达的阶段。在有了好的选题、丰富的材料和详细的提纲基础上，执笔写作时应保持思维的连续性，要尽量排除各种干扰，集中精力，力求一气呵成。对于篇幅较长的论文，也要部分一气呵成，中途不要停顿，这样写作效果较好。一般而言，论文的写作往往遵循提出问题、分析问题、解决问题的思路展开，这一思路外化成文章的结构，就形成了绪论、本论、结论三部分。

（1）绪论　绪论又称序论、引言、前言等，是论文的开头部分，要求开门见山、简明扼要。通常要包括以下内容要点：说明从事研究的背景、目的、方法，简述写作的缘起，指出课题研究的价值、意义，精要概述中心内容、主要观点等。

（2）本论　本论是论文的主体部分，对提出的论点进行分析论证。这一部分通常内容丰富、篇幅较长，结构上可以采用并列、递进、总分或混合（也称综合）等形式将内容之间的逻辑关系显示出来，常常辅以小标题、序号等提示内容。

（3）结论　结论也称结语，是对全文内容的总结概括或提升，具有画龙点睛的效果。一般要提出总结性意见，或对研究成果意义进行评价，或提出进一步研究的方向，或指出研究中存在的不足。

（五）毕业论文的格式

一篇高质量的毕业论文，不仅对内容有严格要求，还要讲究格式规范。根据国家质量技术监督局发布的《科学技术报告、学位论文和学术论文的编写格式》（GB/T 7713—1987），一篇完整、规范的毕业论文应当由标题、署名、摘要、关键词、目录、正文、注释、参考文献等项目构成。有些论文最后还有致谢和附录。

1）标题

标题要以最恰当、最简明的词语反映毕业论文中最重要的特定内容，要题文相符，要求确切、具体、醒目、平实。一般不宜超过 20 字。具体形式参照前面的说明。

2）署名

署名包括毕业论文的作者、指导教师等，必要时应注明指导教师的职务、职称、学位、所在单位名称等。署名体现了论文著作权，要承担相应的责任。

3）摘要

摘要是对毕业论文的主要内容、基本观点或研究成果的简短陈述。摘要是在全文完成后再写的，应具有独立性，起提示和检索作用，即读者不阅读论文的全文，就能获得必要的信息，一般包括研究工作目的、实验方法、结果和最终结论等。摘要不宜过长，中文摘要一般 200～300 字，外文摘要不宜超过 250 个实词。

4）关键词

关键词是从毕业论文中选取出来用以表示全文主题内容信息的单词或术语。每篇论文可选取 3～8 个词作为关键词。

5）目录

一般篇幅较长的毕业论文才需列出目录，目录由毕业论文的篇、章、条、附录等的序号、名称和页码组成，由各级标题依次排序而成。可将目录这一项单独做成一页，放在论文前面，方便查找阅读。

6）正文

正文是毕业论文的主体。这部分一般由绪论、本论、结论三部分构成，具体要求参照前面的说明。

7）注释

注释是毕业论文的有机组成部分，论文中除正文之外需要加以解释说明的内容，可用注释标注。注释通常有以下三种形式：

（1）文中注　即在需要注释的内容后面加括号写明注释内容。一般注释的文字不多，可采用这种形式，但也不宜使用过多，以免影响正文表达的连贯性。

（2）脚注　即把注释写在需注释项所在页码的下端，这种形式便于读者在阅读中两相对照，多适用于篇幅较长的论文。

（3）尾注　即在篇幅不太长的论文最后集中加注，这种方式比较常见，高职院校学生毕业论文多采用此种注释形式。

8）参考文献　参考文献是在毕业论文写作过程中参考过的所有文献。毕业论文的撰写应本着严谨、求实的科学态度，凡有引用他人成果之处，均应按论文中所出现的先后次序列于参考文献中，这既能体现对他人的尊重，又能加大论文的信息量。不同类型参考文献的标注格式如下：

（1）专著　蒋有绪，郭泉水，马娟，等.1998.中国森林群落分类及其群落学特征[M].北京：科学出版社.

（2）期刊　李炳穆.2000.理想的图书馆员和信息专家的素质与形象[J].图书情报工作(2)：5－8.

（3）报纸　丁文祥.数字革命与竞争国际化[N].中国青年报，2000-11-20(15).

【实施例文】

浅谈高职英语教育适应社会需求之对策

××科技学院外语系　张×

摘　要：教学目标在于培养应用型、技能型、复合型人才的高职教育，在目前的高职英语教学中存在着所培养的学生英语技能与社会实际需求差距甚远的问题。探究该现象产生的根源，掌握应对该问题的对策，对高职院校的学生能否顺利适应社会需求具有重要的现实意义。

关键词：高职院校；英语教育；社会需求；解决对策

伴随着中国与世界接轨的快速步伐，英语也成了高职学生必备的基本技能之一。然而，目前高职院校的英语教学存在着教学与市场需求及就业岗位脱节的现象，不少学生毕业后在工作岗位上不敢说或说不出几句像样的英语。高职英语教学要想升华到一个更高的层次，担任该课程的英语教师任重而道远，不但得明确高职教育的办学目标，而且同时要进行教学改革，乃创新英语教学必经之路。

一、高职英语教育的培养目标及思路

无论是教育部高教司 2004 年根据高等职业技术教育面向职业群的特点而提出的"培养从事生产、建设、服务、管理第一线的运用型人才"目标，还是 2006 年所颁布的《关于全面提高高等职业教育教学质量的若干意见》中的"与市场需求和劳动就业紧密结合，校企合作、工学结合"原则，这两方面的高职英语培养目标及思路都为现代的高职英语教育指明了方向。也就是以培养学生的实际应用能力为目标，突出教学内容的实用性及针对性，英语的综合能力分为听、说、读、写。因此，在听、说方面，应加强学生日常用语及简单岗位用语的听说能力；在阅读方面，强化学生的专业学习，掌握初步的岗位术语，以使其在阅读相关专业性文章时得心应手；而写方面则培养学生写作上以使用比较多的应用文为主。高职英语教师只有正确领会高职英语教学目标，在实际教学操作中才能更好地遵循"实用为主，够用为度"的原则，才能使培养出来的学生在英语上能较快较好地适应市场的用人要求。

二、高职英语实际教学中存在的问题

教学过程主要涉及教师、学生、教学手段、考核模式四个方面，以下对高职英语教学存在的问题展开分析，笔者试图从上述四个方面探索其与市场需求脱轨的根源。

1. 教师的中心位置偏重……
2. 学生的主体位置被弱化……
3. 教学手段陈腐化……
4. 考核模式的刻板化……

三、高职英语教学的应对策略

为了让高职院校"生产"的产品——学生能适销对路，高职英语应该从实际出发破除英语教学旧有的模式，使其遵循高职教育的指导思想，重回高职教育的正确轨道，让职业型的教学观念在高职英语教育中唱主角，充分突出其实践性及实用性。笔者拟从以下四个方面阐述高职英语教学的应对策略。

1. 让教师回归"导演"的角色……

2. 让学生回归"主角"的角色……

3. 通过多样化的实践形式丰富教学手段……

4. 考核方式的灵活化及多样化……

总之，高职教育职业型教学观念的提出其实是回应这样一个现实：高职院校培养出来的学生应该适应市场需求。而高职英语教育在这个大方向下，在强化教学的实践性的同时要把准自己的定位，在专业技能、实用操作的层面上狠下工夫，这样不但可为职业教学改革和职业教育的壮大做出示范，而且所培养出来的高职学生的英语能力在适应社会需求、就业应聘上也必然具备一定的竞争优势。

参考文献：

吴树敬. 2003. 大学英语教学的问题与解决办法[J]. 外语教学与研究(3)：226 – 228.

刘润清. 2008. 论大学英语教学[M]. 北京：外语教学与研究出版社.

应云天. 2011. 外语教学法[M]. 北京：高等教育出版社.

张老师的这篇谈高职英语教育现状问题的专业小论文，题目为"浅谈高职英语教育适应社会需求之对策"，切合高职学生的教学实际，大小、难易均适中且具现实意义。行文上从"高职英语教育的培养目标及思路"入手，过渡到"高职英语实际教学中存在的问题"分析，最后提出"高职英语教学的应对策略"，按照提出问题—分析问题—解决问题的思路展开论述，文章思路清晰。论文开头第一节是绪论，中间论述的三大要点是正文，最后一小节是结语，结构完整。格式上除因篇幅较短，无需制作目录外，其他基本格式项目都具备且符合论文写作规范。总之，这篇小论文从选题、行文、格式等方面都给学生起到了很好的示范作用。

【技能训练】

1. 上网查阅专业资料，了解你所学的专业有哪些学术期刊，你最喜欢哪种期刊的哪个栏目。加强对专业科研前沿问题的关注度，并随时制作小资料卡。

2. 上网搜索与自己专业对口的毕业论文范文两篇，认真研读并与同学分享。注意论文的格式规范。

3. 阅读有关专业论文，结合本学年的某门课程，拟写一篇 2000 字左右的小论文。

五、毕业设计报告

【任务导入】

临近毕业前夕，××大学信息工程学院的学生王×，为××酒店设计了《酒店管理系统》。王×在完成了这一系统的设计之后，还要就这一设计写一份"毕业设计报告"交给学校。

【**问题讨论**】

　　1. 什么是毕业设计报告?

　　2. 如何撰写毕业设计报告? 王×写的毕业设计报告是怎样的?

【**学习目标**】

　　1. 知识目标

　　(1)了解毕业设计的意义,掌握毕业设计报告的概念、种类、特点。

　　(2)重点掌握毕业设计报告的格式写法。

　　2. 能力目标

　　(1)培养学生学以致用的学风和实践创新的意识,训练学生的专业技能,形成规范的工作习惯,提高理性思维能力。

　　(2)能在进行有关设计后,根据设计报告的格式要求,规范撰写毕业设计报告。

【**知识概述**】

(一)毕业设计的意义

　　在高校教学计划中,毕业设计是在教学过程的最后阶段采用的一种总结性的关键性的实践教学环节,是培养学生综合运用专业知识分析、解决实际问题能力的主要途径,是培养学生学以致用的学风和实践创新意识的有效手段,是对学生学习、研究和实践等多方面综合能力的全面检测和认定,是学生毕业与学位资格认定的重要依据。毕业设计水平在一定程度上反映着高校的人才培养质量。

(二)毕业设计报告的概念

　　毕业设计报告是高等学校技术科学专业及其他需培养设计能力的专业或学科应届毕业生的总结性独立作业,要求学生针对某一课题,综合运用本专业有关课程的理论和技术,表述其工程设计情况的应用文。

(三)毕业设计报告的种类

　　根据设计的对象,毕业设计报告主要分为工程(工艺)设计报告和设备(产品)设计报告两大类。

(四)毕业设计报告的特点

　　1)应用的科技性

　　毕业设计报告是学生综合运用所学的科学技术知识,进行工程(工艺)设计和设备(产品)设计,具有明显应用的科技性。

2）解释的说明性

毕业设计作品中的原理、应用范围、技术参数、工作流程等，只有通过文字和必要的图纸等进行解释说明，才能被了解认可。所以对毕业设计作品的解释和说明是毕业设计的有机组成部分。

3）设计的综合性

毕业设计报告将综合反映毕业生对专业基本理论、专业知识和技能的掌握运用情况，也体现了毕业生的思维能力、创新能力以及文字的表述能力。一份报告综合体现了设计者的诸多能力和综合素质。

（五）毕业设计报告的格式

1）毕业设计报告的一般格式

由于毕业设计报告类型较多，与其他文种相比，较难有比较统一的结构和写作模式，但根据国家质量技术监督局发布的《科学技术报告、学位论文和学术论文的编写格式》，一篇完整、规范的毕业设计报告一般由标题、署名、摘要、关键词、目录、正文、注释、参考文献等项目构成。有些报告最后还有致谢和附录。各部分要求可参照前面毕业论文的有关介绍。

2）毕业设计报告正文撰写的要求

（1）撰写毕业设计的前言（绪论）　应说明设计的来源、目的、意义、范围及应达到的技术要求，简述设计中要解决的问题、解决此问题具体采用的关键技术、实施过程的复杂性，介绍国内外相近研究课题的特点及优缺点分析、现行研究存在的问题及解决办法、课题要达到的设计目标。

（2）正文主体部分　应重点展示设计的系统结构与模型，包括设计实现的策略和算法描述、编程模型及数据结构；同时要着重介绍系统实现技术，包括分模块详述系统各部分的实现方法、程序流程。在对设计原理进行说明时，建议采用结构框架图或流程图的方式，这样易于人们从整体上把握设计者的基本思路。对关键的重点问题可采用图纸、模型或实验验证等方式说明。在阐述工程的特点或产品的性能时，要说明其技术或性能的科学性、先进性以及技术的质量标准。

【实施例文】

酒店管理系统设计报告

××大学应用工程学院　王×

摘　要：随着人员流动规模的不断扩大，宾馆数量的急剧增加，有关客房管理的各种信息量也在不断成倍增长。面对庞大的信息量，需要提升客房信息管理系统来提高客房管理工作的效率。通过这样的系统，我们可以做到信息的规范管理和快速查询，从而有效减少管理方面的工作量。本设计……

关键词：酒店管理；系统；分析；设计；功能

Abstract：With the movement of the continuous expansion of the scale，the dramatic increase in the number of hotels，the rooms of all kinds of information management are also constantly have doubled and redoubled. Faced with a huge amount of information on the need to have room to improve the information management system for the efficient management of the hotel. Through such a system，we can do the norms of information management and rapid query，thereby reducing the workload management. The design……

Key Words：hotel management；system；analysis；design；function

目　录

正文(略)

　　王×同学的《酒店管理系统设计报告》，其例文仅包含标题、署名、摘要、关键词、目录，省略了篇幅较长的正文。但通过目录，管中窥豹，可以看出设计报告的全貌，正文包括绪论、主体(第一章至第四章)和结论(第五章)，文后还有后记(相当于致谢)和参考文献。这份设计报告结构完整，层次清晰，不失为计算机程序设计类报告的参考之作。

【技能训练】

　　1. 结合自己的专业，思考毕业设计的选题，平时请注意搜集资料，为以后的设计做好准备。

　　2. 在网络上搜索与自己专业对口的毕业设计范文两篇，认真研读并与同学分享。

实用礼仪

学习提示

　　我国素有"文明古国""礼仪之邦"的美誉，纵观中国上下五千年的灿烂历史，"礼"是中国文化的根本特征和标志，是中国古代文化的核心。中国传统文化的核心人物儒家学说的创始人孔子曰："不学礼，无以立。"儒家另一代表人物荀子也曾说过："人无礼则不生，事无礼则不成，国无礼则不宁。"就连法国的启蒙学者孟德斯鸠也提到："中国人的生活完全以礼为指南。"在社会交往活动越来越频繁的今天，礼仪已经成为人与人之间，组织与组织之间，国家与国家之间进行沟通对话、交往合作的金钥匙，所以，现在礼仪也是整个人类文明进步发展、昌盛的标志。

　　作为当代大学生，我们应该更多地了解礼仪、学习礼仪、实践礼仪，让自己成为有文化、懂礼仪、讲文明、会交际的优秀人才。

　　本模块将结合在校大学生的实际情况分别阐述礼仪的基本知识、个人礼仪、交往礼仪、职场礼仪、公共场所礼仪等知识。通过对礼仪知识的学习，重点让学生能够自觉地注重个人礼仪，从而提升个人形象；学会在人际交往中灵活运用礼仪，不断提高人际交往的质量；并通过对求职应聘礼仪的了解，为今后顺利地进入职场打好基础。

第一单元　礼仪基本知识

【任务导入】

　　一位先生要雇一位没带任何介绍信的小伙子到他办公室做事。先生的朋友挺奇怪。先生说："其实他带来了不止一封介绍信。你看，他在进门前先蹭掉了鞋上的泥土，进门后又先脱帽子，随手关上了门，这说明他很懂礼貌，做事很仔细；当看到那位残疾老人时，他立即起身让座，这表明他心地善良，知道体贴别人；那本书是我故意放在地上的，所有的应试者都对其不屑一顾，只有他俯身捡起，放在桌上；当我和他交谈时，我发现他衣着整洁，头发梳得整整齐齐，指甲干干净净，谈吐温文尔雅，思维十分敏捷。怎么，难道你不认为这些小节是极好的介绍信吗？"

【问题讨论】

　　1. 如果你是老板你会录用这样的应聘者吗？

　　2. 这些小节归纳起来说明应聘者与人交往时比较注重礼仪，你觉得自己平时是注重礼仪的人吗？

【学习目标】

　　知识目标

　　1. 了解礼仪的基本含义、主要功能。

　　2. 掌握礼仪的原则和主要内容。

　　3. 掌握学习礼仪的方式方法。

　　技能目标

　　1. 能够明白礼仪的重要性并将这种基本思想进行传播。

　　2. 明确礼仪的内容，并能树立正确的学习礼仪的态度。

【知识概述】

一、礼仪的含义

　　学习礼仪，就应该了解礼仪的一些基本概念。在一般的表述之中，与"礼"相关的词最常见的有三个，即礼貌、礼节、礼仪。在大多数情况下，它们是被视为一体、混合使用的。其实，从内涵上来看，三者不可简单地混为一谈。它们之间，既有区别又有联系。

　　礼貌，一般是指在人际交往中，通过言语、动作向交往对象表示谦虚和恭敬。它侧重于表现人的品质与素养。

礼节，通常是指人们在交际场合，相互表示尊重，友好的惯用形式。它实际上是礼貌的具体表现方式。它与礼貌之间的相互关系是：没有礼节，就无所谓礼貌；有了礼貌，就必然伴有具体的礼节。

礼仪，则是对礼节、仪式的统称。它是指在人际交往之中，自始至终地以一定的、约定俗成的程序、方式来表现的律己、敬人的完整行为。显而易见，礼貌是礼仪的基础，礼节是礼仪的基本组成部分。换言之，礼仪在层次上要高于礼貌、礼节，其内涵更深、更广。礼仪，实际上是由一系列的、具体的、表现礼貌的礼节所构成的。它不像礼节一样只是一种做法，而是一个表示礼貌的系统、完整的过程。不过从本质上讲，三者所表现的都是对人的尊敬、友好。

礼仪是指人们在社会交往中由于受历史传统、风俗习惯、宗教信仰、时代潮流等因素影响而形成，既为人们所认同，又为人们所遵守，是以建立和谐关系为目的的各种符合交往要求的行为准则和规范的总和。总而言之，礼仪就是人们在社会交往活动中应共同遵守的行为规范和准则。

二、礼仪的功能

（一）规范行为

礼仪具有规范和约束思想与行为的功能。孔子说："非礼勿视，非礼勿听，非礼勿言，非礼勿动。"即强调礼仪对行为的规范性。在一切社交活动中，高素质的参与者不仅自觉、自愿地用它来规范、约束自己的言行举止，而且也用它来评价和判断他人的言谈举止。任何人，不论身份高低、职位大小、财富多少，如果他的行为符合礼仪要求，就能被人们所认可，反之就会遭受非议甚至指责。因此，任何人要想在社交场合赢得好感和尊重，就应该表现得彬彬有礼，必须自觉地按照礼仪规范去约束自己的意念与行为。

（二）协调关系

礼仪以建立和谐的人际关系与良好的组织氛围为目的，具有协调人际关系、工作关系的功能。礼仪是社交的产物，并以它所特有的功能维系、深化和推动社交。作为一种润滑剂，礼仪除了可以使个人在交往活动中充满自信、胸有成竹、处变不惊，还能帮助相关当事人艺术性地处理各种复杂关系，更好地向对方表达自己的尊重、敬佩、友好和善意，增进彼此的了解与信任，以及升华感情，使人际交往日趋进步和文明。无数事实证明：重视礼仪会对一个人的一生大有裨益。

（三）维护风气

礼仪是社会文明发展程度的反映和标志，同时也对社会的风尚产生广泛、持久和深刻的影响。我国正大力加强社会主义精神文明建设，"明礼"是其中一项公民道德规范的重要内容，如果我们每一个人都来学习礼仪、遵守礼仪，从衣着容貌到言谈举止都尽可能地讲礼仪，社会便会越来越和谐安定。优良的礼仪规范有助于纯风化俗，有助于推动整个社会的精神文明建设。所以，礼仪具有维护社会良好风气，美化人类生存空间的功能。

（四）塑造形象

讲究礼仪的基本目标就是树立和塑造良好的个人形象。个人形象对一个人的社交质量能产生很大的影响。它决定着他人是否愿意与我们交往。此外，社交礼仪也能通过塑造完美的个人形象、企业文化来塑造组织形象。因为个人形象是组织形象的基础，组织中的每一位员工的仪容、着装、言谈举止、服务质量都是该组织总体特征和总体风格的重要组成部分，反映着员工的素质，体现着组织的形象，而一个组织的形象直接关系着它的效益。所以，任何社会组织都必须重视对自己的员工进行礼仪知识教育和礼仪规范的训练。

三、礼仪的原则

（一）尊敬他人

尊敬他人的原则是人际交往获得成功的重要保证，也是礼仪的核心。它要求人们在社会交往中，要敬人之心常存，处处不可失敬于人，即务必将对交往对象的恭敬与重视放在首位，切勿伤害对方的自尊心，更不能侮辱对方的人格。

（二）宽容自律

宽容自律的原则是要求人们在交际活动中运用礼仪时，既要严于律己，更要宽以待人。在人际交往中，要容许其他人有个人行动和独立进行自我判断的自由。对不同于己、不同于众的行为耐心容忍，不必要求其他人处处效法自己，与自己完全保持一致，宽容也是尊重对方的一个主要表现。

自律是对待个人的要求，是礼仪的基础和出发点。最重要的就是要自我要求、自我约束、自我控制、自我对照、自我反省、自我检点，这就是所谓的自律原则。

（三）公平对等

"礼尚往来"，以礼相待是礼仪的核心内容之一，"投之以桃，报之以李"，社会交往中每个人都希望得到尊重，体现自我价值。有亲有疏，表现出傲慢、冷漠，或曲意逢迎，都会被视为不礼貌。应公平大方，不卑不亢，主动友好，热情又有所节制。

平等是礼仪的核心，即尊重交往对象，以礼相待，对任何交往对象都必须一视同仁，给予同等程度的礼遇。不允许因为交往对象彼此之间在地位、财富以及与自己的关系亲疏远近等方面有所不同，就厚此薄彼，区别对待，给予不同待遇。这便是社交礼仪中平等原则的基本要求。

（四）真诚适度

有人说："礼仪使人们接近，礼仪使人们疏远。"为什么呢？陌生人初次见面，礼仪可以表现为有教养，展示气质与人格魅力。可是不分场合、亲疏，乱用礼仪，过于讲究，过于造作，反而显得不真诚、不实在，令人难以相处，甚至会弄巧成拙。例如，接待宾客时，时间安排得过满，恨不得 24 小时陪同，不给人家留一点私人空间。结果，自己费时费力，人家还不满意。

真诚适度的原则，是要求使用礼仪一定要具体情况具体分析，因人、因事、因时、因地恰当处理。应用礼仪时特别要注意做到把握分寸，认真得体，不卑不亢，热情大方，有理、有利、有节，避免过犹不及。分寸感是礼仪实践的最高技巧，运用礼仪时，假如做得过了头，或者做得不到位，都不能正确地表达自己的自律、敬人之意。因此，礼仪无论是表示尊敬还是热情都有一个"度"的问题，没有"度"，施礼就可能进入误区。

（五）尊重习俗与风俗禁忌

《礼记》中说："入境而问禁，入国而问俗，入门而问讳。"俗话说"十里不同风、八里不同俗""到什么山唱什么歌"，这些劳动人民总结的有益格言都说明尊重各地不同风俗与禁忌的重要性。

尊重习俗原则与风俗禁忌是指世界每个民族、地区都可能有自己独特的风俗禁忌，我们应当理解它、尊重它，不违反这些风俗禁忌。中国统一数千年，没有统一的宗教信仰；中国 56 个民族，禁忌各不相同。由于国情、民族、文化背景的不同，必须坚持入乡随俗，与绝大多数人的习惯做法保持一致，切勿目中无人，自以为是。

四、礼仪的分类

在人类的生活中只要是能碰见之事，具体到衣食住行、生死嫁娶等，无不有一套周全完备的礼节。礼的要求很多，在生活中，父子间要"上慈下孝"，兄弟间要"兄友弟恭"，夫妻间要"相敬如宾"，朋友间要"谦恭礼让"，邻居间要"守望相助"等。其实工作生活中，每一个场合都有相应的礼仪。我们一般根据礼仪的功能把礼仪分成以下七类：

（1）个人形象的礼仪；

（2）日常生活的礼仪；

（3）社交礼仪；

（4）公务礼仪；

（5）商务礼仪；

（6）习俗礼仪；

（7）涉外礼仪。

后文结合实际情况介绍一些基本的礼仪知识。

五、如何学习礼仪

（一）理论与实际相结合

礼仪本身是门应用学科，内容十分广泛而复杂，仅仅了解理论是不够的。常言道："纸上得来终觉浅，绝知此事要躬行。"培养礼仪礼貌好习惯也绝非一朝一夕的事情，必须"积日累月地练，练到非常熟，再也丢不了"，正所谓习惯成自然。对于每个人而言，养成良好的礼仪习惯，将终身受其益。

（二）注重内外兼修

真正的礼仪追求的是一种内在"真、善、美"与外在优雅的举止、优美自然的谈吐、大方得体的个人形象的统一。偏重或忽视任何一方都是不正确的。强调内在修养，但缺乏得体的外在形象和言谈举止，甚至衣冠不整，小动作不断，这样怎么会让人喜欢？而金玉其外，把自己打扮得整洁时尚，却没有较高的修养和气质，也不会让人对其产生好感。所以，我们提倡的是"内外兼修"，两个方面相辅相成。

（三）灵活运用，随机应变

礼仪的规则是成文成框的，而社会生活是丰富多变的，课本上的礼仪知识是有概括性和理论性的，我们学习礼仪也不要拘泥于理论，要活学活用，在不同的场合或与不同的人打交道时，应该根据现场情况灵活运用，随机应变。

【技能训练】

1. 社交能力的自我检测

下面有 30 道题，请按照自己的实际情况与题目表述的符合程度进行选择，完全符合选 A，基本符合选 B，难以判断选 C，基本不符合选 D，完全不符合选 E。

（1）我到朋友家做客，首先要问有没有不熟悉的人。　　　　　　　　（　　）

（2）我看见陌生人常常觉得无话可说。　　　　　　　　　　　　　　（　　）

（3）我在陌生的异性面前，我常常感到手足无措。　　　　　　　　　（　　）

（4）我不喜欢在大庭广众之下讲话。　　　　　　　　　　　　　　　（　　）

（5）我的文字表达能力远比口头表达能力强。　　　　　　　　　　　（　　）

（6）在公众场合讲话时，我不敢看众人的眼睛。　　　　　　　　　　（　　）

（7）我不喜欢广交朋友。 （ ）

（8）我要好的朋友很少。 （ ）

（9）我只喜欢与我谈得来的人接近。 （ ）

（10）到了新环境，我往往接连好几天不讲话。 （ ）

（11）如果没有熟人在场，我感到很难找到彼此交谈的话题。 （ ）

（12）如果要在"主持会议"与"做会议记录"中选择，我肯定选后者。 （ ）

（13）参加一次新的会议，我不会结识多少人。 （ ）

（14）有人请求帮助，而我无法满足他的要求时，我常感到十分为难。 （ ）

（15）不到万不得已，我绝不向人求助，因为我感到很难启齿。 （ ）

（16）我很少主动到同学、朋友家串门。 （ ）

（17）我不是很喜欢和别人聊天。 （ ）

（18）领导、老师在场时，我讲话特别紧张。 （ ）

（19）我不善于说服别人，尽管我觉得自己很有道理。 （ ）

（20）有人对我不友好时，我常常找不到恰当的对策。 （ ）

（21）我不知道怎样同嫉妒我的人相处。 （ ）

（22）我同别人发展友谊，多数情况下是别人采取主动态度。 （ ）

（23）我最怕在社交场合中碰到令人尴尬的事情。 （ ）

（24）我不善于赞美别人，感到很难把话说得自然、亲切。 （ ）

（25）别人话中带刺揶揄我，除了生气，我别无他法。 （ ）

（26）我最怕做接待工作、同陌生人打交道。 （ ）

（27）参加集会，我总是坐在熟人旁边。 （ ）

（28）我的朋友都是我同龄相仿的人。 （ ）

（29）我几乎没有异性朋友。 （ ）

（30）我不喜欢与地位比我高的人交往，我感到这种交往很拘束，很不自由。 （ ）

2. 自我评价

完全符合 A，得 2 分；基本符合 B，得 1 分；难以判断 C，得 0 分；基本不符合 D，得 -1 分；完全不符合 E，得 -2 分。最后统计得总分。

低于 -20 分：社交能力较强。

-20～0 分：社交能力尚可。

0～30 分：社交能力较差。

30 分以上：社交能力相当差。

人的交际能力是在社会实践中形成和发展起来的，即使你现在是一个很不善于同别人交往的人，也没有必要自卑，只要今后适当有意识地锻炼自己，多参加实践，大胆实践，你的社交能力就一定会很快得到提高。

3. 讨论题

（1）目前你感觉自己对哪些方面的礼仪知识还不太清楚？

（2）在日常生活中自己有可能做得不太符合礼仪之处有哪些？

（3）讨论自觉认识学习礼仪知识的重要性。

第二单元　个人礼仪

【任务导入】

　　大学毕业后的小王来到了顺达贸易集团公司销售部工作。小王的口头表达能力很好，对公司产品的介绍也很得体，人既朴实又勤快，在业务人员中学历又最高，赵总经理对他抱有很大期望。可是，他担任销售代表已经半年多了，业绩却总是上不去，赵总经理让行政助理夏彬想一想问题到底出在哪儿，请他帮助小王。

　　经过交流和了解，夏彬发现小王是个不修边幅的人。他喜欢留着长长的指甲，指甲里面似乎藏着很多"东西"。衬衫的衣领经常发黄发黑，有时手上还记着电话号码。他喜欢吃大饼卷大葱，吃完后，也不会意识到要去除异味。大多数情况下，小王似乎根本没有机会见到他想要拜见的客户。有客户反映小王说话太快，经常听不懂他到底想说什么。有时候，还没听完客户的意见他就急于发表自己的看法。小王风风火火的，好像每天都在忙碌，少有停下来的时候。

【问题讨论】

　　1. 具体分析，如果你是夏彬，你将怎样帮助小王？

　　2. 你认为个人形象的好坏会影响一个人的事业和前程吗？

【学习目标】

　　知识目标

　　1. 了解仪容、仪表、仪态在现代礼仪活动中的重要性。

　　2. 掌握仪容、仪表、仪态的基本内容及基本要求。

　　3. 能熟练将基本技能运用于实际生活中。

　　技能目标

　　1. 能够在各项礼仪活动中通过自我审视，完善自我形象。

　　2. 能够在社交场合表现自然得体的个体形象。

　　3. 能够运用恰当的礼仪技巧进行个人仪容、仪表、仪态的塑造。

【知识概述】

一、仪容礼仪

　　仪容是指一个人的容貌，是仪表的重要组成部分，包括五官的搭配和适当的发型衬托。社交活动中，无论性别、年龄，仪容、仪表其基本要求是干净、整洁、卫生、简约、端庄。

(一)头发

头发的总体要求是勤洗，保持干净、卫生；认真梳理、经常修剪、整齐不凌乱；谨慎烫发、染发。

男士短发前不过额，两边不过耳，后不过领，不留长鬓角。女士额前头发梳起，在工作时长发必须盘起，如果戴头饰，不可有鲜艳的颜色或图案。

(二)面容

面容的总体要求是无异物、无异味。

要保持清洁，面部干净无异物、无异味。眼角无眼垢，耳内无耳垢，鼻内鼻毛不可露于鼻孔外，嘴外部不可有食物残渣。男士还应剃净胡须。特别提醒，有鼻液时要及时用手帕或纸巾擦干净。不应当众用手去擤鼻涕、挖鼻孔、乱弹或乱抹鼻垢，更不要用力"哧溜、哧溜"地往回吸，那样既不卫生又让人恶心。一定要在没有人的地方进行清理，用手帕或纸巾辅助进行，还应避免搞得响声太大，用完的纸巾要自觉地放到垃圾箱里。

(三)四肢

手臂及腿部干净无文身，指甲只可留 1 毫米的白边。女士上班期间只可涂无色透明的指甲油。工作时男士一般穿黑色袜子，女士穿肉色袜子。

(四)化妆

美容化妆是修饰仪容的一种高级方法，它是指用化妆品并按一定技法对自己进行修饰装扮，使自己更加靓丽。人际交往中，事先进行适当的化妆是必要的，既是自尊的表现，也体现了对交往对象的尊重。化妆不仅仅是女士的专利，男士有时也有必要进行适当的化妆。基本原则如下所示：

(1)美化原则　化妆的目的是使人变得更加靓丽，因此化妆时要注意适度矫正，修饰得法，避短藏拙。不能自行其是，任意发挥，寻求怪异，故意丑化。

(2)自然原则　化妆要求真实、自然。化妆的最高境界是"妆成有却无"。

(3)协调原则　协调是指使用的化妆品要成系列，化妆的各个部位要协调，要与服饰相协调。

(4)相对保守原则　社交活动中，无论男女，仪容相对保守为宜，要做到淡雅、端庄、秀美，以不分散对方注意力为佳。

(5)化妆步骤　清洁皮肤、上粉底霜、描眉、涂眼影、画眼线、涂腮红、涂口红、检查、修正、补妆，喷香水。

（6）友情提醒　不能当众在公共场合化妆或补妆。常见一些女性，上班时间，一有空闲，就照镜子，描眉画唇，这是失礼的行为，既不尊重自己，也妨碍他人。上班前或参加活动前就要化好妆，其间需要补妆要到洗手间或化妆间进行。

二、仪表礼仪

仪表指一个人的外表，是一个人总体外表的统称，除容貌和发型之外还包括人的服饰、身材和姿态等。莎士比亚说：一个人的穿着打扮就是教养、品味、地位的最真实的写照。在社交场合，一个人留给他人的第一印象在 6 秒钟内决定，因此，仪表被称为打造个人形象魅力的基础。

（一）穿着原则

1）TPO 原则（目前国际上通行的着装礼仪原则）

根据时间、场合、目的的不同，选择不同的服装，才能恰当地体现个人的修养和气质。时间原则包括每一天的早中晚或每一年的春夏秋冬或人生的不同年龄阶段。地点原则是根据不同环境搭配相应的、相协调的服饰。目的原则指参加某些活动所要达到的目的，例如，在喜庆的场合，服饰可以鲜艳明快、潇洒时尚一些，在一些严肃的场合应严格符合着装规范。

2）协调原则

着装的协调原则既指服装色彩搭配、服装款式本身协调，又指服装色彩搭配，服装款式与职业、社会地位、文化修养相协调；同时应该与自己的年龄、性别、体型、肤色、发型、相貌特征相协调。

3）三色原则

三色原则即全身着装颜色搭配不超过三种，而且应以一种颜色为主色调，着装时颜色太多会显得乱而无序，不协调。

（二）西装的穿着

1）款式要适合自己的身材

西装不宜过长或过短，一般以刚刚盖住臀部为宜，不要露出臀部。西装的袖子不宜过肥，一般袖口处最多到手腕的 1 厘米。胸围为穿一件羊毛衫感到松紧合适为宜，以保持挺括潇洒的风格。按照传统习惯，女西装配西装裙时，西装需做得稍短些，以充分体现女性的腰部、臀部的曲线美；如果是配裤子，则可以将上衣做得稍微长些。

2）面料和颜色要讲究

西装的面料应该挺括，采用深色，如黑色、深蓝、深灰等颜色的全毛面料。女士西装配裙子或裤子时，一般上下都应是同一面料的。

3）着西装时一定要穿带领的衬衫

衬衣衣领要硬扎、挺括、干净。西服的领子应紧贴衬衣领并低于衬衣 1～2 厘米。衬衣一般以白色为宜或与西服颜色协调，但不能是同一种颜色。衬衣的下摆要塞在裤子里，应扣上袖口纽扣。衬衣里面的内衣要单薄，不宜把领圈和袖口露在外面。

4）应注意纽扣的扣法

一般站立时扣上西装的纽扣，坐下时要解开。西装扣子如果是两个，扣纽扣时只需扣上边一个（如果三个扣则只需扣中间的一个）。穿双排扣西装时，应把纽扣都扣上。

5）男士在正式场合着西装，必须系领带

领带的长度一般要到腰部，如果未穿西装背心，领带要长到腰带上沿附近。如果要用领带夹，其正确位置是在 6 颗扣的衬衣从上朝下数第四颗扣的地方。领带夹不能太靠上，特别是不能有意地暴露在他人视野之内。

（三）女士衣着

女性职业装以套裙为主。穿着以整洁美观、稳重大方、协调高雅为总原则，服饰色彩、款式、大小应与自身的年龄、气质、肤色、体态、发型和拟聘职业相协调、相一致。首先，考虑自己的身材特点，不要穿太紧身的衣服；第二，选衣时还要考虑自身的肤色，不要穿跟肤色反差大的衣服；第三，裙、鞋、袜总体搭配要协调，不能光脚，不能出现三截腿。

特别提醒：女士着装忌透、露；不宜穿黑色皮裙。

（四）饰品

饰品是指与服装搭配对服装起修饰作用的其他物品，主要有围巾、胸针、首饰（耳环、项链、戒指、手镯、手链）、提包、手套、鞋袜等。饰物在着装中起画龙点睛、协调整体的作用。

（1）巧用围巾，特别是女士佩戴的丝巾，会收到非常好的装饰效果。

（2）胸针适合女性一年四季佩戴。佩戴胸针应因季节、服装的不同而变化，胸针应戴在第一、第二粒纽扣之间的平行位置上。

（3）佩戴首饰应与脸型、服装协调。首饰不宜同时戴多件，如戒指，一只手最好只佩戴一枚，手镯、手链一只手也不能戴两个以上。多戴则不雅而显得庸俗，特别是工作和重要社交场合穿金戴银太过分总不适宜，不合礼仪规范。

（4）鞋袜的作用在整体着装中不可忽视，搭配不好会给人头重脚轻的感觉，着便装穿皮鞋、布鞋、运动鞋都可以。而西服、正式套装则必须穿皮鞋。正式社交场合，男士皮鞋的颜色以黑色、深咖啡或深棕色较合适，白色皮鞋除非在某些场合穿浅色套装才适用。黑色皮鞋适合于各色服装和各种场合。男士的袜子应该是单一深色的，黑、蓝、灰都可以。女士皮鞋以黑色、白色、棕色或与服装颜色一致或同色系为宜。社交场合，女士穿裙子时袜子以肉色相配最好，深色或花色图案的袜子都不合适。女士们或者穿长到大腿的长筒袜，或者索性不穿袜，但不能穿半长不短的丝袜。

三、仪态礼仪

仪态是指一个人举止的姿态与风度，是身体显现出来的样子。姿态是指身体所呈现的样子，风度则属于内在气质的外化。仪容、仪表是一个人的外观形象，是静态的，而仪态则是一个人由内而外的动态的形象。

（一）微笑

微笑是一种国际礼仪，能充分体现一个人的热情、修养和魅力。微笑可以表现出温馨、亲切，能有效地缩短双方的距离，给对方留下美好的心理感受，从而形成融洽的交往氛围，可以反映本人高雅的修养、待人的至诚。微笑有一种魅力，在社交场合微笑可以吸引别人的注意，可以使自己及他人的心情轻松些，真正甜美而非职业性的微笑是发自内心的，自然大方、真实亲切，而不是假装的。

（二）目光

目光眼神是面部表情的核心，能表达最细微的表情差异。在社交活动中，大部分时间应看着对方，正确的目光是自然的、平视，是用眼睛看着对方的三角部位，这个三角是以两眼为上线，嘴为下顶角，也就是双眼和嘴之间，当你看着对方的这个部位时，会营造出一种社交的气氛。不能左顾右盼，也不能紧盯着对方。道别或握手时目光应正视对方的眼睛。

（三）站姿（图2-1）

站立是人最基本的姿势，是一种静态的美。正确的站姿：眼睛平视，面带笑容，身体与地面垂直，重心放在两个前脚掌上，两腿并拢直立或脚跟相靠，脚尖展开45°～60°，抬头、挺胸、含颚、收腹、提臀，双肩放松，双臂自然下垂或在腹前，体后交叉。从侧面看，头部肩部、上体与下肢应在一条垂直线上。男士也可以双脚分开，比肩略窄，双手交叉，放于腹前或体后。女士也可以双脚并拢呈"丁"字状站立，双手交叉放于腹前。

站立时不要歪脖、斜腰、屈腿等，在一些正式场合不宜将手插在裤袋里或交叉在胸

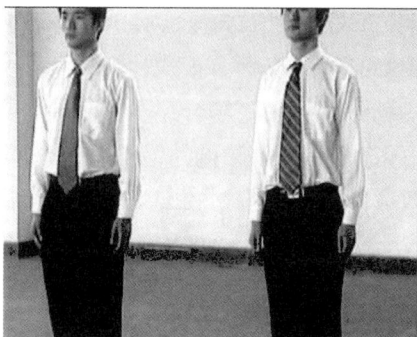

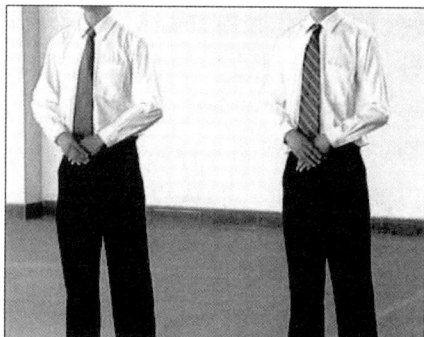

双手置于身体两侧　　　　　　　　右手搭在左手上叠放于体前

双手叠放于体后　　　　　　　　一手放于体前一手背在体后

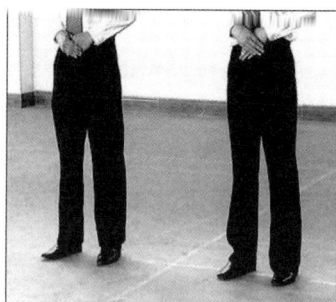

"V"字形　　　　　双脚平行分开不超过肩宽　　　　小"丁"字形

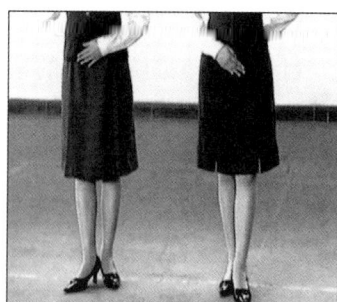

图 2-1　适当站姿的参考示意

前，更不要下意识地做些小动作，那样不但显得拘谨，给人缺乏自信之感，而且也有失仪态的庄重。

(四)坐姿(图2-2)

坐，也是一种静态造型。端庄优美的坐姿，会给人以文雅、稳重、自然大方的美感。正确的坐姿为：腰背挺直，肩放松，从椅子的左边轻缓入座（离坐也要从椅子的左边离开）、坐满椅子的三分之二，轻靠椅背，双手自然放在膝盖上或椅子扶手上。女性应两膝并拢；男性膝部可分开一些，但不要过大，一般不超过肩宽。不论何种坐姿，上身都要保持端正，如古人所言"坐如钟"。若坚持这一点，那么不管怎样变换身体的姿态，都会优美、自然。

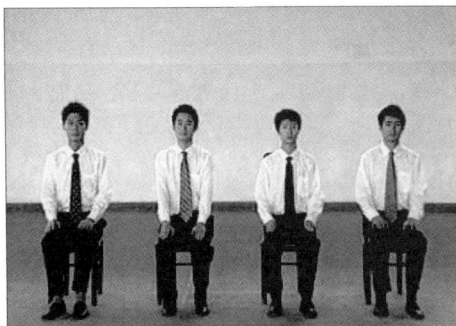
男士正确坐姿

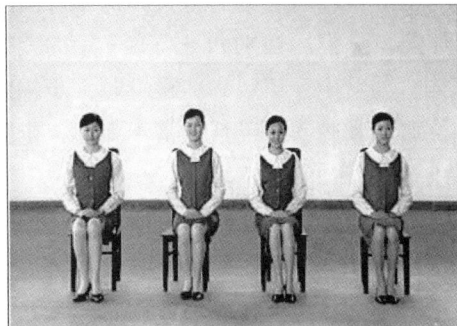
女士正确坐姿

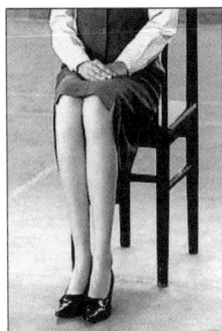
标准式

侧腿式

重叠式

前交式

双手平放在双膝上

双手叠放于一条腿的中前部

图 2-2　适当坐姿的参考示意

（五）行姿（图2-3）

行走是人生活中的主要动作，走姿是一种动态的美。"行如风"，就是用风行水上来形容轻快自然的步态。正确的走姿：两眼平视、面带微笑、头要抬、胸要挺、肩放松，轻而稳，双臂前后摆动自然且有节奏，摆幅以 10°～15° 为宜。步幅要适当，一般应是一个脚掌至一个半脚掌，但因性别和身高有一定的差异，男士可略大，女士可略小。着装不同，步幅也不同，如女士穿裙装和高跟鞋时，步幅应小些。迈出的步子应是脚跟先着地，膝盖不能弯曲，脚腕和膝盖要灵活，富于弹性；走路时应有一定的节奏感，走出步韵来。

正确的走恣   后退步   侧身步

图2-3 适当走姿的参考示意

（六）蹲姿（图2-4）

在社交场合最好不要随意用蹲姿，非蹲不可时，切记要文雅、大方、得体。正确的蹲姿：弯下膝盖，两个膝盖并起来，不要分开的，臀部向下，上体保持直线。单膝跪蹲时，左膝与着地的左脚呈直角相屈，右脚与右手尖同时点地。

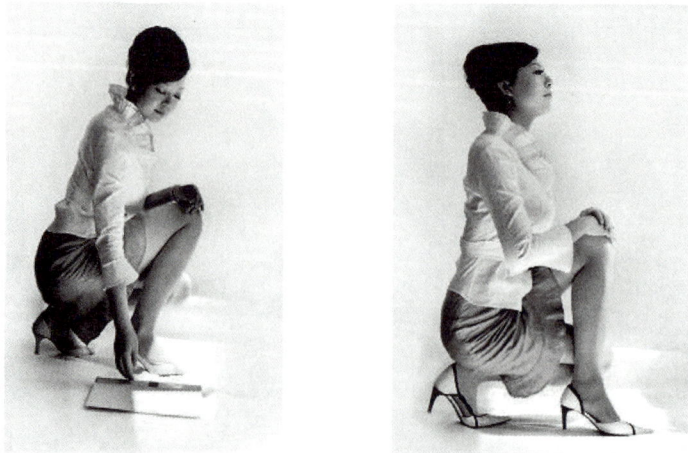

图2-4 适当蹲姿的参考示意

(七)手势

作为仪态的重要组成部分,手势应该得到正确地使用。手势也是人们交往时不可缺少的动作,是最有表现力的一种"体态语言",俗话说:"心有所思,手有所指。"手势表现的含义非常丰富,表达的感情也非常微妙复杂。能够恰当地运用手势表情达意,会为交际形象增辉。常用手势包括:

(1)指示手势 用以(请)引导来宾,指示方向的手势。一般用右手,手掌自然伸直,四指并拢,拇指自然稍稍分开,手腕伸直,使手与小臂成一直线,肘关节自然弯曲,掌心向斜上方,指示相应的人、物和方向。

(2)举手致意手势 也称挥手致意,用来向他人表示问候、致敬、感谢。当你看见熟悉的人,又无暇分身的时候,就举手致意,可以立即消除对方的冷落感。一般做法是,伸开手掌,掌心向外、面向对方、指尖朝向上方。

(3)鼓掌手势 用以表示欢迎、祝贺、支持的一种姿势。一般做法是右手掌心向下,有节奏地拍击掌心向上的左掌,采取右手较主动、左手较被动的方式。

在与人交往中,切记手势不宜过多,动作不宜过大,否则给人"指手画脚"和"手舞足蹈"的感觉。在任何情况下都不要用大拇指指自己的鼻尖和用手指指点他人。不同的手势有不同的意思,同一种手势在不同的地区和国家也有不一样的解释,所以,手势也不能乱用。一般认为,掌心向上的手势有诚恳、尊重他人的含义;掌心向下的手势意味着不够坦率、缺乏诚意等;攥紧拳头暗示进攻和自卫,也表示愤怒;伸出手指来指点,是要引起他人的注意,含有教训人的意味。

【技能训练】

1. 随机请三位同学起立,请大家评价其发型,必要时请其他同学提供专业的改进意见。

2. 根据课程学习内容,两位同学一组,相互为对方化一个淡妆。化妆品自备,教师检查、巡视、点评。

3. 讨论或实践练习:

行政助理夏彬要参加公司的年会,如何着装?要参加公司的文艺晚会,如何着装?要参加公司同事的生日聚会,如何着装?要参加公司的商务谈判,如何着装?要参加公司的郊游,如何着装?

4. 寻找最佳微笑模式训练:

通过一些相似口型,找到适合自己的最美的微笑状态。如"一""茄子""呵""E"等,通过观察、比较哪一种微笑最美、最真、最善、最让人喜欢、显得自然,同学可以互相评价,也可以请老师评价。

5. 课后学生利用课余时间在宿舍进行站姿训练：

（1）背靠墙；（2）两人背靠；（3）头顶书本；（4）对镜训练。

6. 分组完成下列坐姿训练：

（1）两人一组，面对面练习，并指出对方的不足。

（2）坐在镜子前面，按照坐姿的要求进行自我纠正，重点检查手位、腿位、脚位。

提示：每次训练时间为 20 分钟左右，可配音乐进行。

7. 分组或个人通过以下项目训练走姿：

（1）摆臂训练；（2）步位步幅训练；（3）稳定性训练；（4）协调性训练。

第三单元　交往礼仪

【任务导入】

王峰在大学读书时年年都拿特等奖学金，故有一个绰号"超人"。毕业后，王峰去了美国并在那里工作。八年后，他成为公司的部门经理。

今年国庆节，王峰带着妻子、女儿回国探亲。某天，他们一家来到大剧院观看音乐剧，刚落座，就发现有三个人向他们走来。其中一个边走边伸出手大声地叫："喂！这不是'超人'吗？你怎么回来了？"这时，王峰才认出说话的人——大学同学贾征。贾征现担任某商业公司高管。今天正好陪着两位生意伙伴一起观看音乐剧。这对生意伙伴是他交往多年的比他年长的香港夫妇。

王峰和贾征既高兴又激动。大声寒暄之后，贾征才想起了王峰身边还站着一位女士，就问王峰是谁。王峰这才想起未向贾征介绍自己的妻子。待王峰介绍完毕，贾征高兴地走上去，给了王峰妻子一个拥抱礼。贾征也想起了该向老同学介绍他的生意伙伴。大家相互介绍、握手、交换名片和简单的交谈后，就回到各自座位上观看音乐剧了。

【问题讨论】

1. 上述场合中有无不合礼仪的地方？若有，请指出来。

2. 合乎礼仪的情况下，王峰和贾征应该怎么办？

【学习目标】

知识目标

1. 了解交往礼仪的内涵。

2. 正确认知交往礼仪的重要性。

3. 理解见面、交谈、拜访接待、宴请等礼仪知识。

技能目标

1. 能够正确运用称呼、介绍、握手、名片等见面礼仪。

2. 能够与他人进行有效交流。

3. 能够组织宴请和接待客人。

【知识概述】

一、见面礼仪

见面是基本的社会交往形式之一，其中称呼、介绍、握手、递接名片等环节均应注意相应的礼仪规范。

(一)称呼礼仪

1) 称呼的含义

称呼指的是人们在日常交往应酬之中，彼此之间所采用的称谓语。在人际交往中，选择正确、适当的称呼，反映着自身的教养、对对方尊敬的程度，甚至还体现着双方关系发展所达到的程度和社会风尚。选择称呼要合乎常规，要照顾被称谓者的个人习惯，入乡随俗。

2) 称呼的分类

常见称呼种类见表 3-1。

表 3-1　称呼种类一览表

种类	要求	称呼方法
职务性称呼	以交往对象的职务相称，以示身份有别、敬意有加	可直接称职务，如"局长""校长"；或在职务前加上姓氏，如"刘部长""王主任"；在正式的场合，也可在职务前加上姓名，如"李华董事长""赵平副主任"
职称性称呼	对于具有职称者，尤其是具有高级、中级职称者，在工作中以其职称相称	可以只称职称，如"教授""工程师"；或在职称前加上姓氏，如"孙主编""胡研究员"；十分正式的场合，在职称前可加上姓名，如"裴海平主任医师""杜文副教授"
行业性称呼	对于从事某些特定行业的人直接以行业名称相称	可直接称谓对方的职业，如老师、医生、会计、律师等；也可以在职业前加上姓氏、姓名，如"张老师""李×医生"等
性别性称呼	对于从事商业、服务性行业的人，一般约定俗成地按性别的不同分别称谓	女性称"小姐""女士"，男性称"先生"。"小姐"是称未婚女性，"女士"是称已婚或未婚女性
姓名性称呼	在工作岗位上称呼姓名，一般约定限于同事、熟人之间	可直呼其名；或只呼其姓，但在姓前加上"老""小"等前缀，如"老王""小李"；或只称其名，不呼其姓，通常限于同性之间，或亲友、同学、邻里之间，或上司称呼下级、长辈称呼晚辈

(二)介绍礼仪

介绍是人与人交往的出发点，可以有效地缩短人与人之间的距离。它分为自我介绍和为他人作介绍。

1）自我介绍

自我介绍，即将本人介绍给他人。在缺少介绍人的情况下，自我介绍是非常必要的。

（1）介绍的时机　时机的掌握可参考以下内容。

①应试求学时，在交往中与不相识者相处时；

②应对方要求自己作自我介绍时；

③有求于人，而对方对自己不甚了解、或一无所知时；

④自我推荐、自我宣传时；

⑤欲结识某人而又无人引见时，可向对方自报家门，自己将自己介绍给对方。

（2）介绍的具体形式　介绍的具体形式见表3-2。

表3-2　介绍形式一览表

形式	适用场合	特点	举例
应酬式	适用于某些公共场合和一般性的社交场合	简洁，往往只包括姓名一项即可	"你好，我叫××。""你好，我是××。"
公务式	适用于工作场合	包括本人姓名、供职单位及其部门、职务或从事的具体工作等	"你好，我叫××，是××公司的销售经理。""我叫××，在××学校读书。"
交流式	适用于社交活动中，希望与交往对象进一步交流与沟通	包括介绍者的姓名、工作、籍贯、学历、兴趣及与交往对象的某些熟人的关系	"你好，我叫××，在××工作。我是××的同学，都是××人。"
礼仪式	适用于讲座、报告、演出、庆典、仪式等一些正规而隆重的场合	包括姓名、单位、职务等，同时还应加入一些适当的谦辞、敬辞	"各位来宾，大家好！我叫××，是××学校学生。我代表……欢迎各位专家光临我校，希望大家……"
问答式	适用于应试、应聘和公务交往	有问必答，问什么就答什么	

（3）注意事项　自我介绍时通常应注意以下几种情况。

①注意时机　要抓住时机，在适当的场合进行自我介绍。对方有空闲，而且情绪较好，又有兴趣时，这样就不会打扰对方。

②讲究态度　自我介绍时一定要自然、友善、亲切、随和，应镇定自信、落落大方、彬彬有礼。

③控制时间　自我介绍要简洁、言简意赅，尽可能节省时间。一般以半分钟左右为佳，不宜超过一分钟，且越短越好。为了节省时间，作自我介绍时，还可利用名片、介绍信作为辅助手段。

④注意内容　自我介绍的内容包括三项基本要素：本人的姓名，现供职的单位以及具

体部门，担任的职务和所从事的具体工作。这三项要素，在自我介绍时，应一鼓作气连续报出，这样既有助于给人以完整的印象，又可以节省时间，不说废话。

⑤注意方法　进行自我介绍前，应先向对方点头致意，得到回应后再向对方介绍自己。如果你想认识某人，最好预先获得一些有关他的资料或情况，诸如性格、特长及兴趣爱好。这样在自我介绍后，便很容易融洽交谈。在获得对方的姓名之后，不妨口头加重语气重复一次，因为每个人都乐意听到自己的名字。

2）为他人介绍（图3-1）

图3-1　为他人介绍训练示意

（1）谁来充当介绍人　为他人作介绍的介绍者，通常是社交活动中的东道主，例如，家庭聚会中的主人，公务交往中的礼仪专职人员，正式活动中地位、身份较高者。如熟悉被介绍的双方，应一方或双方的要求，也可充当介绍人。

（2）介绍的顺序　为他人介绍时，要注意顺序。先确定被介绍的双方哪一方更应该被尊敬，对于更应该受尊敬的人，他有优先了解对方信息的权力。在我国，习惯以职位高低、资历深浅、年龄大小来决定受尊敬的程度。

国际上公认的介绍顺序：将男性介绍给女性；将年轻者介绍给年长者；将职位低者介绍给职位高者；将未婚女子介绍给已婚女子；将晚到者介绍给早到者。

介绍的顺序应该注意场合。如严肃的工作场合，就要按照职位高低来判断，把职位低的人介绍给职位高的人。对于公司的客户，就算是公司总裁面对一个普通客户，也要把总裁介绍给客人，客户永远是上帝。

（3）介绍的方式 介绍人先注视并称呼更受尊敬的一方，伸出右手，手指自然并拢并抬至齐胸高指向被介绍者。

（4）介绍的内容 介绍时，根据实际需要的不同，介绍内容也有所不同，一般只介绍双方的姓名、单位、职务。

有时为了推荐一方给另一方，介绍时可以说明被推荐方与自己的关系，或强调其才能、成果，便于新结识的人相互了解与信任。如"这位是新生公司的总经理王华先生。这位是谢雪，她在市人事局工作，是我的妹妹，请王总多多关照。"

（5）注意事项 为他人作介绍要注意避免以下情况。

①为他人作介绍，要先了解双方是否有结识的愿望，做法要慎重自然，不要贸然行事。最好先征求一下双方的意见，以免为原来就相识者或关系不好者作介绍。

②介绍人和被介绍人都应起立，以示尊重和礼貌；作为被介绍者，应当表现出结识对方的热情，目视对方。待介绍人介绍完毕后，被介绍双方应微笑点头示意或握手致意，并且彼此问候对方。

（三）握手礼仪

1）含义

握手是在相见、离别、恭贺、致谢时相互表示情谊、相互致意的一种礼节。双方往往是先打招呼，后握手致意。

2）握手的顺序

握手讲究"尊者优先"的原则，即由位尊者先伸手，位卑者再与之相握。位卑者不应贸然抢先伸手。如由主人、长辈、上司、女士主动伸出手，客人、晚辈、下属、男士再相迎握手。

3）握手的方法（图3-2）

（1）一定要用右手握手。

（2）要紧握双方的手，时间一般以1～3秒为宜。当然，过紧地握手，或是只用手指部分漫不经心地接触对方的手都是不礼貌的。

（3）被介绍之后，最好不要立即主动伸手。年轻者、职务低者被介绍给年长者、职务高者时，应根据年长者、职务高者的反应行事，即当年长者、职务高者用点头致意代替握手时，年轻者、职务低者也应随之点头致意。和年轻女性或异国女性握手，男士一般不要先伸手。

（4）握手时双目应注视对方，微笑致意或问好，多人同时握手时应按顺序进行，切忌交叉握手。

（5）在任何情况下，拒绝对方主动要求握手的举动都是无礼的，但手上有水或不干净

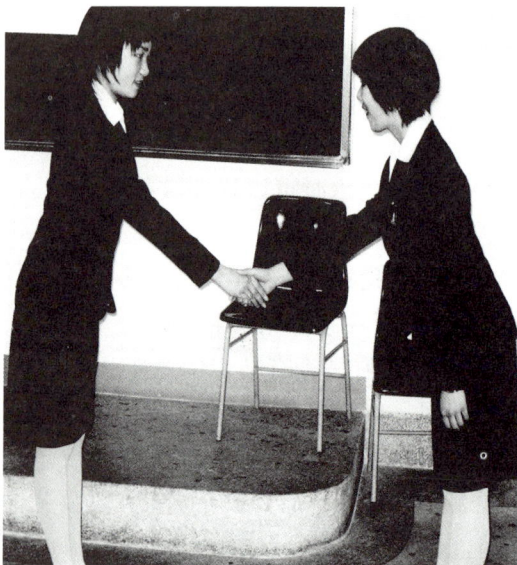

图 3-2　握手姿势示意

时，应谢绝握手，同时必须进行解释并致歉。

(四)名片礼仪

1)名片的用途

(1)介绍自身；

(2)帮助他人记忆或备忘；

(3)经营宣传，业务往来；

(4)其他用途：馈赠附名、访客留言、代替请柬、喜庆告友、祝贺升迁等。

2)名片内容

名片是身份的象征，是职业人士的"第二身份证"，名片的内容应有供职单位、部门、称呼、联系方式等。供职单位及部门一般位于名片上方，称呼一般位于名片正中央，联系方式一般位于名片下方。

3)递、接名片的礼仪

(1)递名片　起身站立，将名片用拇指与食指夹住，正面朝向对方，然后交予对方，同时应口头表示："请多指教""今后保持联系"等。与多人交换名片时，应讲究先后次序，或由近及远，或由尊而卑。

(2)接名片　起身，双手恭恭敬敬接过名片，然后默看，有时可读出来，同时口头道谢。名片是一个人人格的象征，接后不能乱放。如忘带或没有名片时要向对方说明并表示歉意。

4）名片使用"三不"原则

（1）名片不能随意涂改。名片如脸面，脸面是不改的，否则会贻笑大方。

（2）名片上不要印上家庭住址或电话。

（3）名片一般不提供两个以上的头衔。倘若一个名片上给的头衔过多，有三心二意、用心不专、蒙人之嫌。

二、交谈礼仪

交谈是人们交流思想、沟通感情、建立联系、消除隔阂、协调关系、促进合作的重要渠道。它可以面谈，也可以借助其他通信工具来进行。

（一）交谈基本原则

1）真诚坦率

真诚是做人的美德，也是交谈的逻辑基础。交谈双方只有本着认真、诚恳的态度，直率诚笃，才能营造出融洽的交谈环境，奠定成功沟通的基础。交谈参与方要认真对待交谈的主题，坦诚相见，直抒胸臆，不躲不藏，明明白白地表达各自的观点和看法。

2）互相尊重

交谈是双方交流思想、融洽感情的双向活动。交谈双方无论地位高低，年纪大小，辈分大小，在人格上都是平等的。切不可盛气凌人、自以为是、唯我独尊。谈话时，要把对方作为平等的交流对象，在心理上、用词上、语调上，体现出对对方的尊重。尽量使用礼貌语，谈到自己时要谦虚，谈到对方时要尊重。恰当地运用敬语和自谦语，可以显示个人的修养、风度和礼貌，有助于交谈的成功。

（二）交谈的技巧

1）声音、姿态要适当

在正式的社交场合，即使是熟人，谈话的声音也不宜过高，以免妨碍他人，引人反感与侧目。

与人交谈时，表情要自然，语言和气、亲切，表达得体。可适当做些手势，但动作幅度不宜过大，特别是不要用手指对人指指点点。

谈话时与对方之间的距离要适当，距离较近时，避免正面相对，以防唾液相溅。

参加别人谈话要先打招呼，别人在个别交谈时，不要凑前旁听。若有事需与某人说话，应待别人说完。有人主动与自己说话，应表示乐于交谈。第三者参与谈话，应主动点头微笑或握手表示欢迎。谈话中遇有急事需处理或需要离开，应向谈话对方解释，并表示歉意。

交谈时，无论是坐是站，身体都不要太拘谨；但也不能太放松，显得懒散松垮，对人不尊重。聆听他人谈话时，眼睛应该有礼貌地注视对方，并适当地点点头，以示专心。

2）话题选择技巧

在社交场合，交谈话题要合宜。应选择大家都可以介入、都方便发表意见的话题，如现场气氛、环境布置、天气、当日新闻等，不要只谈个别人知道的事而冷落了其他人。如果是熟人、老友，可以先谈谈别后的情况和现在各自的情况，再转入正题交谈；如果是初次见面，则不妨各自做简单的介绍，从工作单位、家庭成员、乡土风俗等谈起，待气氛融洽后，再"言归正传"，根据各人兴趣和喜爱、所见所闻，将话题拓宽。

遇到不便谈论的话题，不要轻易表态，应适当转移话题以缓和气氛。涉及对方反感的问题，应及时表示迁移。男士一般不参与女士圈内的议论。与女士谈话要宽容、谦让、尊重对方，不随便开玩笑。与人交谈，还要注意亲疏有度，"交浅"不可"言深"，这也是一种交际艺术。

3）照顾他人心理感受

交谈要坚持实事求是。既不要自吹自擂、自我标榜或一味抬高自己，也不要妄自菲薄、自我贬低、自轻自贱、过度谦虚客套。

谈话时，现场超过三人时，应注意和在场的所有人攀谈，不要只顾与一、两个人谈话而不理会其他人。要礼让他人，不要一人说得太多，或总与人抬杠，应给每个人以发表意见的机会。如遇有争论，注意以礼相待，不要恶语相加，不要使用挖苦、讽刺的语言刺激对方。

到他人家里去做客，交谈一般以不超过两小时为宜。如主人没有主动邀请就餐，应在开饭前一小时左右找借口离开。

4）语言要规范

交谈语言要求文明、礼貌和准确。

（1）文明　应使用文明优雅语言，不说粗话、脏话、黑话、荤话、怪话、气话。

（2）礼貌　要多使用礼貌用语，博得他人好感与体谅。

（3）准确　要讲普通话或交谈习惯使用的当地方言，吐字清楚发音准、语速适度口气谦、声音适中不碍人，言简意赅，见好就收。

5）善于倾听

在与人交谈的过程中，倾听起着十分重要的作用。认真倾听对方的谈话，是尊重对方的表现，能有效提高谈话的效果。

（1）要端正姿态　在倾听别人讲话时，首先应该坐姿端正。即使在家里或在一些休闲场合可以坐得舒适些，也不要坐得七扭八歪。否则，会让人觉得对他不礼貌或对他的谈话不感兴趣。

（2）要专注神情　倾听对方谈话时要全神贯注，要有耐心。眼睛要看着对方认真地听，切忌东张西望，似听非听，或者翻阅书报，甚至自顾自处理一些与交谈无关的事务，这是极不礼貌的表现。同时，不要随意打哈欠、伸懒腰，做出一副疲惫不堪的样子，或者不时看看钟表，显得心不在焉，这会给对方留下怠慢的印象。

（3）要交流思想　当别人阐发意见时，倾听者要通过适当的眼神、手势或其他形体语言让对方感觉到你在认真倾听。或及时适当地使用一些语气词，或以简单的语句进行反馈，如"啊""是吗""那太好了""讲得对"等来烘托渲染谈话气氛，激发对方的谈话兴趣。

（4）不轻易打断谈话　不随意打断对方谈话，不要老是插话、抢话。随便插话使别人谈话的思路被打断，会引起他人的反感。

（三）电话礼仪

电话已成人际交往中不可缺少的通信设备之一，运用得当会带来成功，运用不得当会成为人们交往中的绊脚石。公司也好、机关也好、企业也好，乃至个人也好，要有电话形象的意识。有的时候我们跟别人沟通，未必亲自见面，而是借助电话沟通。

1）打电话礼仪

打电话的人作为主动行为者，应该考虑到被动接听者的感受。

（1）不打无准备之电话　打电话应该是有目的和缘故的，不能无故随便拨号。这不仅是电话要付费的事情，而且是对他人尊重与否的问题。要想到你挂的电话毕竟打扰了对方，占用了人家的时间。拿起听筒前，应明白通话后该说什么，思路要清晰，要点应明确。先说重要的。如果发现自己拨错了电话，应当诚恳地向对方致歉，不可一声不吭即挂断电话，更不可怨天尤人。

（2）要有良好的精神状态　打电话时要有良好的精神状态，站着最好，坐着也行，但不要躺着，或歪靠在沙发上，那势必发出慵懒的声音，是不尊重对方的体现。除非在极为特殊的情况下，不要在气喘吁吁时就打电话。更不能边吃东西边打电话。

（3）选择适当的通话时间和空间　一般而言，三餐时间，早七点（假日八点）以前、晚十点以后，对方临出门上班、临下班回家时，选择上述时段给对方打电话通常给对方造成麻烦。除非发生万不得已的特殊情况，切忌半夜三更打电话，以免惊扰对方及其家人。同时注意时差问题。通话时间也要控制，遵循三分钟原则，尽量长话短说，既节省双方的时间，也不浪费电话费。一般来讲，私人电话在家里打，办公室电话是在办公室打，别占小便宜。

（4）注意事项　话筒既不能贴得太近，也不可离得太远。说话声音不要太大，声调不要太高。音量更要适中，以对方听得清晰为准。多用礼貌用语。

2）接电话礼仪

接电话的礼貌体现自身的教养、家庭或单位的风貌，不得不注意。

（1）把握好接电话的时间　一般要求在铃响三声内接，最好第二声后提起话筒。

（2）自报家门　拿起话筒，首先以礼貌用语，通报自己的单位名称。如"您好！（这儿是）南方大学旅游系。"，"您好！我是×××。"

（3）热情接听，认真处理　如电话要找他人，就说："好的，请稍候。"然后用手捂住受话孔，通知对方要联系的人："×××，您的电话。"倘若被找的人外出或在洗手间，应回答："他暂时不在座位上，如果需要转告请留下您的电话。"或"很抱歉，林主任不在办公室，您需要转告吗？"如对方打错了，则说"对不起，您挂错了"。遇上不相识的人打起电话没完，非得让其"适可而止"时，说得应当委婉、含蓄，不要让对方难堪。例如，不宜说"你说完了没有？我还有别的事呢。"而应当讲："好吧，我不占用您的时间了。"

（4）及时记录　代接电话时，对方如有留言，应当场用纸笔记录。要记清何时来的电话，有何要事，需要回电话与否，回电话的对象是谁，对方电话号码。记完后要复述一遍，并告其请放心，一定转告，然后记录者签名，并留记录时间后把留言条放到留言对象的桌上，以便其回来时能看到。

（5）结束通话　"还有什么问题吗？""好的，请放心。再见。"轻轻放下话筒。如果话音刚落，你就"啪"的一声扣上听筒，可能会使你前面的礼貌前功尽弃。一般是在对方放下话筒后再放下自己的话筒。

（四）手机礼仪

随着手机的日益普及，手机礼仪越来越受到关注。在国外，如澳大利亚电讯的营业厅就采取了向顾客提供"手机礼节"宣传册的方式，宣传手机礼仪。

1）文明安全使用

一般情况下，要让手机处在开机状态。当你正与他人谈话的场合不得不接听手机时，应向谈话对象致歉后再打开手机。在特殊场合，如加油站、飞机上、开车、开会、动手术、讲课、表演、会谈时，必须关机。这是为自己及别人的安全着想，也是礼仪的起码要求。

2）及时接听和回音

手机的一大优点是通信便捷，可贴身跟随。开机时，手机要随身带，或放在容易拿到的地方，以便及时接听，不让对方焦急等待。在不便及时接听的情况下，一有机会，就要及时回音并说明原因，致以歉意。

3）长话短说，顾及他人

打手机应特别注意说话简洁，节约通话时间。手机是可移动的，如果对方正在路上、正在办事或处在不宜多说话的场合，就更应长话短说。用手机通话时，最好通报一下所在的方位，以便对方判断各自的处境。

4）潇洒大度，助人为乐

当你接到一个拨错号码者的电话时，也要保持彬彬有礼的风度。当你路见他人有难，急需打电话时，借手机相助，定会使它的价值倍增。

5）不要编辑和转发不健康的短信

三、拜访接待礼仪

走亲访友是社交的需要，每个人经常会到不同的地方拜访别人，要想拜访工作达到预期效果，就必须遵守一定礼仪规范。

（一）拜访礼仪

1）办公室拜访

(1)事先约定时间　上班后半小时后或下班前半小时前。

(2)注意仪表仪容　衣冠要整洁，穿戴整齐端庄，以示对对方的重视和尊重。

(3)礼貌进入室内　注重保持对他人的尊重和自身的礼仪修养。

(4)尽快进入正题　拜访时尽快进入正题，不宜拖泥带水。

(5)适时告辞　结合实际情况，适时告辞，切莫过于推迟。

2）住宅拜访

(1)注意时间选择　先约后访。约定时间、地点、人数、主题等。

(2)准时赴约　这通常是对他人的重视和尊重。

(3)先声后入　敲门的响度要适中，太轻了别人听不见，太响了别人会反感。敲门时不能用拳捶、不能用脚踢，不要"嘭嘭"乱敲一气。最有绅士派头的做法是敲三下，隔一小会儿，再敲几下。如果别人家的门虚掩着，也应当先敲门，得到主人的允许才能进入。现代家庭大都安装了门铃，按门铃时也要有礼貌，慢慢地揿一下，隔一会儿再揿一下。进门后随手将门带上。

如果带着雨具，应放在门口或主人指定的地方，应避免把水滴在房间。需要换鞋时，应将鞋脱在门外或门内鞋架上，换穿拖鞋后进屋。若无需换鞋，应将鞋在门外的擦鞋毡上将泥擦干净后方可进屋。

(4)先招呼后就座　进屋后随主人在指定的座位坐下。如果开门的不是被访者，可通报自己姓名，说明预约情况。进室后最好等要拜访的人来后才落座。如果需要较长时间等候，可先落座与接待者交谈或看报书刊杂志之类的读物，拜访的人来后应起立问候。

（5）注意言行举止　坐姿要端正。主人端茶送果食，应欠身致谢，并双手捧接。上门做客最好不抽烟。

（6）谈话办事清楚明白　适当的寒暄后，应尽快切入主题，不要东拉西扯，浪费时间，更不可过多询问主人的生活和家庭情况。交谈时，要尊重主人，不可反客为主，口若悬河，喋喋不休。

（7）掌握时间，适时告辞　要知道客走主安的道理。拜访时间不宜过长。如果到约定时间，主人面露难色，欲言又止，说明主人已无心留客，这时就应主动提出告辞，即便主人有意挽留，也不要犹豫不决。如果带有礼物，可以在进门时交给主人，也可在告辞时请主人收下。出门时，应与主人握手告辞，并说"请留步"，出门后，还应转身行礼再次道别。回到家最好向主人挂个电话，既让主人放心，又表达感谢之意，还有提醒、补充之功效。

3）医院探访

当亲朋好友，尤其是尊长发生不幸之事，你的慰问之举，会给他人带来雪中送炭的功效。作为亲友的你，去医院探望病人时，就更要注意自己的一言一行。

（1）遵守医院规定　每个医院都会规定探视病人的时间，这样做，既是保证医院正常秩序，也有利于病人的休息。因此，不要在医院不允许探视的时间探访病人。如果吃了"闭门羹"，也不要与工作人员发生口角，应耐心等待或另找时间。

（2）保持安静　病房不是社交场所，要保持安静。

（3）要了解病人治疗情况及目前身体状况　可尽量避免探视时言语不慎而适得其反，探视时可携带合适的礼物，探病时注意自身防病，因为若病人患的是传染病，而事先不知，就有被传染的可能。

（4）言行举止得当　探病时穿着要日常化，不可过于华丽。进病房步态要轻盈，表情要从容，切忌慌里慌张、大惊小怪，以免给病人增加心理压力。到病床前，可主动与病人握手，这是无声胜有声的安慰；若有空椅子，可尽快落座，尽量与病人保持平视状态而避免居高临下的俯视，不要离病人远远地站着，东张西望。探视时要多安慰和鼓励，不要过多询问，更不要说令人敏感的不吉利之语。

（5）谈话时间不宜过长　探视时间一般不超过半小时。如果病人需要照顾，你能留下陪伴则更好。

（6）礼品选择　探访病人可根据情况送鲜花、水果、营养品、杂志、书籍等。

（7）告别　通常应谢绝病人送行。

（二）接待礼仪

1）接待原则

（1）有所分工。

（2）准备好足量的接待品。

（3）对待客人要注意前后顺序、位置、座次的排列。

2）迎接客人

（1）对前来访问、洽谈业务、参加会议的外国、外地客人，应首先了解对方到达的车次、航班，安排与客人身份、职务相当的人员前去迎接。若因某种原因，相应身份的主人不能前往，前去迎接的主人应向客人做出礼貌的解释。

（2）人到车站、机场去迎接客人，应提前到达，恭候客人到来，决不能迟到让客人久等。

（3）应提前为客人准备好交通工具。

（4）提前为客人准备好住宿，帮客人办理好一切手续并将客人领进房间，同时向客人介绍住处的服务、设施，将活动的计划、日程安排交给客人。

（5）将客人送到住地后，主人不要立即离去，应陪客人稍作停留，分手时将下次联系的时间、地点、方式等告诉客人。

3）家庭接待

（1）接待前的准备。做好环境、服饰、茶饮等准备工作。

（2）迎客、待客、送客。

①迎客 在事先约定的时间，主人应站在家门口，迎候每一位来宾。客人到达，主人应先伸手与客人握手、问候，以表示热情、真诚、友好。如果不止一位客人在场，则应一视同仁，不要让人有厚此薄彼之感。

②待客 把客人请入室内，应把最佳的位置让给客人坐，为客人沏茶，得体地与客人交谈。

③送客 客人提出告辞，主人一般应婉言相留。但是如果客人确实是要走，也不可强留。送客一般都应送出房门，并稍等片刻再离开。

4）公司人员接待

（1）根据来客身份的不同，区别接待。

（2）接待人员带领客人到达目的地，应该有正确的引导方法和引导姿势。

①走廊的引导方法 接待人员在客人二三步之前，配合步调，让客人走在内侧。

②在楼梯的引导方法 当引导客人上楼时，应该让客人走在前面，接待人员走在后面，若是下楼时，应该由接待人员走在前面，客人在后面，上下楼梯时，接待人员应该注

意客人的安全。

③电梯的引导方法　引导客人乘坐无人电梯时，接待人员先进入电梯，等客人进入后关闭电梯门，到达时，接待人员按"开"的钮，让客人先走出电梯。如有人看守，则让客人先进先出。

④客厅里的引导方法　当客人走入客厅时，接待人员用手指示，请客人坐下，看到客人坐下后，才能行点头礼后离开。如客人错坐下座，应请客人改坐上座(一般靠近门的一方为下座)。

四、宴请礼仪

宴请是社会交往中一种表示欢迎、欢送、答谢、祝贺等情感的活动。无论是陌生人，还是老朋友，都可以在宴请中营造的轻松和谐的氛围中，交流思想，增进了解。

(一)宴请的分类

宴请通常有国宴、正式宴会、便宴、家宴、招待会之分。

(二)组织宴请

(1)明确宴请目的、形式。

(2)确定宴会嘉宾，必要时还需提前两周发请柬。

(3)确定宴请的时间和地点。

(4)确定菜单、酒水。菜肴要考虑宾主双方的爱好和禁忌，不要铺张浪费。

(5)组织开宴。

(三)赴宴

(1)应邀，注意仪容仪表。

(2)备礼。

(3)按时到达。

(4)礼貌入座。审视自己的身份，坐合适的位置，不可贸然坐在主人或主宾席上。应当等长者或女士入座后再座。入座后，要与邻座的人打招呼，并简单交谈。如果邻座是长者或女士，应主动为他们拉座椅。

(5)文明进餐。

(6)离席、致辞。

(四)中餐礼仪

1)桌次和席位排列

(1)桌位排放 中餐一般使用圆桌。面门为上，以右为上，远门为上(图3-3)。

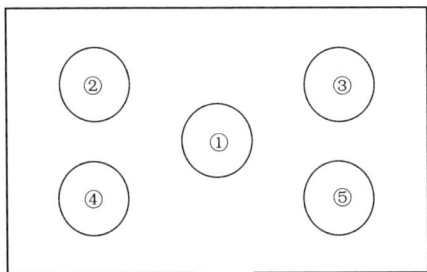

图3-3 桌次安排示意

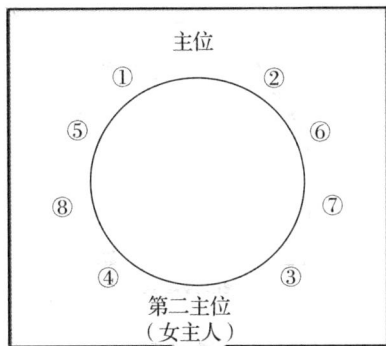

图3-4 座位安排示意

(2)席位安排 面门为上，以右为上(图3-4)。

2)餐具使用

(1)筷子 筷子要放在筷子架上，握筷姿势应规范，需要用其他餐具时，应先把筷子放下。在长期生活实践中，人们对筷子使用也形成了一些禁忌：

①忌敲筷 即在等待就餐时，不能坐在餐边，一手拿一根筷子随意敲打，或用筷子敲打碗盏或茶杯。

②忌掷筷 在餐前发放筷子时，要把筷子一双双理顺，然后轻轻地放在每个人的餐桌前；距较远时，可以请人递过去，不能随手掷在桌上。

③忌叉筷 筷子不能一横一竖交叉摆放；不能一根是大头，一根是小头。筷子要摆放

在碗的旁边，不能搁在碗上。

④忌插筷　在用餐中途因故需暂时离开时，要把筷子轻轻搁在桌子上或餐碟边，不能插在饭碗里。

⑤忌挥筷　在夹菜时，不能把筷子在菜盘里搅来搅去，上下乱翻，遇到别人也来夹菜时，要有意避让，谨防"筷子打架"。

（2）汤勺　汤勺主要用来舀取菜肴、食物，有时作为筷子的辅助。不要把勺子塞到嘴里，反复吮吸、舔食。

（3）牙签　尽量不要当众剔牙，非剔不行时，要用另一只手掩住口部。

（4）湿毛巾　餐前的湿毛巾用来擦手，擦手后放回盆子，由服务员收回。餐后湿毛巾用来擦嘴，不能擦脸或擦汗。

3）敬酒

一般情况下，敬酒应以年龄大小、职位高低、宾主身份为先后顺序，一定要充分考虑好敬酒的顺序，分明主次。敬酒时，应该让自己的酒杯低于对方的酒杯，或用酒杯杯底轻碰桌面。干杯时，应起身站立，右手端起酒杯，或者用右手拿起酒杯后，再以左手托扶杯底，面带微笑，目视祝酒对象，嘴里同时说着祝福的话。

如果因为生活习惯或健康等原因不适合饮酒，也可以饮料、茶水代替。作为敬酒人，应充分体谅对方，不要非让对方喝酒不可，也不应该好奇地"打破砂锅问到底"。

（五）西餐礼仪

1）桌次和席位的排列（图 3-5）

西餐一般使用长方桌，遵循女士优先，以右为尊，面门为上。

2）餐具使用

西餐餐具很多，比较复杂。

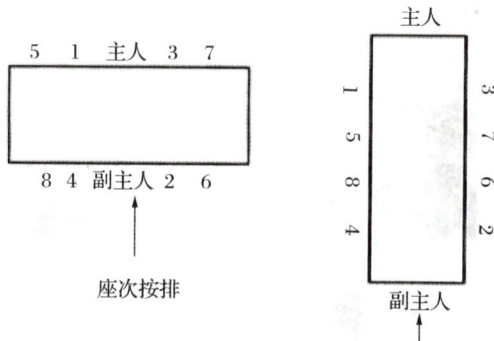

图 3-5　西餐座位安排示意

每个座位前面，餐具酒具摆法

尚未吃完时的刃叉摆放法

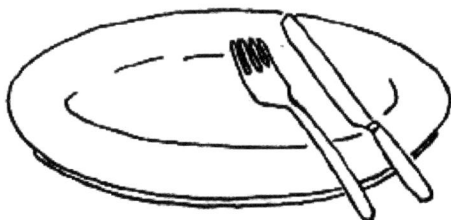

已吃完时的刀叉摆放法

图3-6 刀叉摆放示意

（1）刀叉 右手拿刀，左手拿叉。使用刀叉时，不要与盆子发出摩擦声。放下刀叉有讲究（图3-6）。

（2）餐巾 铺在大腿上，可以用来擦嘴或遮羞。中途需离开时，将餐巾放在椅背上或椅子上，用餐结束后，将餐巾折好放在桌面上。

3）西餐菜序

西餐有正餐与便餐之分。正餐菜序常为开胃菜、汤、主菜、副菜、点心、甜品、饮料等，便餐则简单得多。

4)西餐席间礼仪

（1）用手取食物前，有时会送上一小杯水，水上漂着玫瑰花瓣或柠檬片，这是洗手用的，切不可误解为饮用水。

（2）喝汤必须要用汤勺由内向外舀着喝，不能发出响声，如果烫，不能用嘴吹，待凉后再吃。

（3）吃鱼或肉时要小心，尽量不用手拿。

（4）喝咖啡可根据个人需要加适量牛奶或糖。用咖啡勺轻轻搅拌，不要发出叮当声。搅后将勺放在咖啡的托盘上，不能用勺舀着喝。

（5）吃西餐讲究喝葡萄酒，而且不同菜品搭配不同的葡萄酒，也就是"白肉配白葡萄酒，红肉配红葡萄酒"。喝葡萄酒时，正确的姿势是用大拇指、中指和食指握住杯脚，小指放在杯底起固定作用。

【技能训练】

1. 根据以下场景，随机选择学生分任不同角色，先分组进行握手致意演练，再进行评比、评价。

一天，恒达商业集团公司总经理顾明达、行政总监杨洋一行到其子公司恒达大酒店检查工作，酒店组织工作汇报会，总经理汪洋和四名部门经理参加，时间定在下午两点整。不巧的是午饭后总经理突然身体不适，需要留在房间休息，他请杨洋代他听取工作汇报。下午1：55，杨洋走进恒达大酒店会议室，四名部门经理起立相迎，欢迎领导视察工作。

2. 恒达伟伦公司办公室秘书张玲代表她的领导来到机场迎接来公司考察的一行六人。双方见面后，张琳安排考察团李团长坐在小车后排的右边，可李团长却执意要坐副驾驶位置，几经争让后，李团长不太情愿地坐在了后排右座。之后，李团长似乎不太高兴，张琳也感觉委屈。她认为，我把后排右座这个上座安排给团长坐，难道错了吗？他为什么不高兴呢？

3. 同学随机分组，分别进行握手、鞠躬、进出电梯训练。

4. 一位年轻人准备去青海湖风景区旅游。那天天气炎热，他下车后已走得筋疲力尽、口干舌燥，不知距目的地还有多远，举目四望，不见一人。正失望时，远处走来一位老者，年轻人大喜，张口就问："喂，离青海湖还有多远呀？"老者目不斜视地回了两个字："五里。"年轻人精神倍增，快速向前走去。他走呀走，走了好几个五里，青海湖也不见踪迹，他恼怒地骂起了老者。

请问老者该被骂吗？上述年轻人违背了什么礼仪？

5. 看看下面的通话内容，说说它们有无问题：

您好！林老师，祝您教师节快乐！

您好！我是张三，李老先生在吗？

喂，李四吗？你知道我是谁吗？猜猜看！怎么？连我的声音都听不出来？把我忘记了？

6. 设置情境，模拟几种形式的拜访，并注意相关细节。

7. 找出中餐和西餐在就餐礼仪上的相同点和不同点。

8. 一天傍晚，巴黎的一家餐馆迎来了一群中国人，于是老板特地安排一名中国侍者为他们服务。侍者向他们介绍了一些法国菜，他们却不问菜的贵贱，一下点了几十道。点完菜，他们开始四处拍照留念。用餐时嘴里不时发出咀嚼声，而且还弄得桌子、地毯上到处是油渍和污秽。邻座的客人对他们提出了抗议。

问题：请指出这些中国人的失礼之处。

第四单元　职场礼仪

【任务导入】

　　小张十分向往的岗位只招聘一人，但他在应聘者的长队中却排在第 26 位，完全有可能连和招聘者打个照面的机会都没有。他马上急中生智写了封短信，托门卫带给了招聘者。信是这样写的："先生，在未见到第 26 名应聘者之前，请不要轻率做出决定。"最后他入选了。

【问题讨论】

　　1. 你认为小张的行为是"走后门"吗？

　　2. 如果你是小张，你会怎么做？

【学习目标】

知识目标

　　1. 了解求职的准备。

　　2. 了解面试的礼仪和应该注意的细节。

　　3. 了解与领导、同事相处的礼仪。

技能目标

　　1. 能够树立正确的求职心态。

　　2. 能够进行成功的面试。

　　3. 能够与领导、同事友善相处。

【知识概述】

　　许多大学生，在求职时，像只无头苍蝇，只要有招聘会就会蜂拥而至，广撒求职信，这种做法自然成功率比较低。其实，求职是一种双向选择，在确定求职意向的时候，一定要知彼知己，既要了解自己，也要了解应聘单位。

一、求职的准备

（一）思想准备

　　求职前要明确自己的专业特长、个性特点、兴趣爱好以及职业向往，清楚自己的优势与劣势，这样更具针对性，以增加求职成功。同时，求职者应提前了解和掌握应聘单位的相关资料，包括单位性质、经济效益、用工制度和要求，招聘职位的职责及必备技能，甚至企业里有影响的人物等信息都应该熟悉。

（二）资料准备

一份完整的求职应聘资料包括简历、求职信、推荐信和相关的证明材料复印件。

1）求职简历

求职简历是向用人单位展示求职者的核心竞争优势。拟写简历时需注意：

（1）真实准确　简历编写一定要遵循诚实的基本原则，如实反映求职者的学习能力、工作能力和各项技能水平，以及工作经历和所取得成绩，不可夸大其词，更不许虚构。

（2）重点突出　简历重点在于突出个人的学习（或培训）经历、工作经验及曾取得的成绩。

（3）简历要"简"　可以设计成表格，一般一至两页足够。

（4）用词得当　首先，用词要准确，表达清楚明了，不模棱两可。其次，用词讲究表现力。如专业术语的使用就比一般说法更能体现你的专业素养。最后，简历中一定要避免错别字。

另外，如果你写得一手漂亮的字，不妨采用手写方式。

2）求职信

求职信是求职者水平与能力的综合展示。求职信要求简洁精练，格式规范，言辞恳切。

3）推荐信

推荐人主要是熟悉自己的老师、一些有名望的人或校方组织。

4）相关证明材料

这部分是对简历中所提到的相关内容的进一步证明，包括成绩单、获奖证书、英语等级证书、计算机等级证书、各类专业技能等级证书以及发表过的作品、论文等的复印件，附在简历和求职信后面。要求复印质量好，清晰整洁。在放置顺序上，最好根据求职意向，将与职业相关的重要材料如技能等级证书放前面。

以上四方面材料可按顺序装订在一起，并设计一个封面做简单包装。

（三）心理准备

由于多种因素的影响，特别是当就业的现实与理想存在一定距离时，有些大学生容易产生自卑、迷惘、逃避等消极心理。为此，大学生在就业准备的过程中，首先应进行自我调节，充分相信自己，看到自己的优势、前景，减轻心理负荷，保持良好的精神状态。其次做好充分的心理准备，树立正确的择业观，看问题不要极端化，处理好自我价值实现与社会的关系。

二、面试礼仪

面试是指用人单位通过交谈或置求职者于某种特定情境中，通过观察对求职者的综合素质进行测评，并为人员录用提供重要依据的测试活动。为此，求职者要很好地掌握面试的礼仪和技巧。

（一）面试前

1）提前到达

至少提前 15 分钟，以表示求职的诚意，增加对用人单位的一些感性了解，也利于自己调整可能紧张的心态。

2）礼貌入场

听到自己名字，应答后自信走进。如果门关着，应先敲门，得到允许后才进。开关门要轻，然后称呼行礼致意。

（二）面试中

面试中应注意的方面：

①举止自然；

②谈吐文雅；

③应答得体，求职者应紧扣问题，抓住重点，有的放矢，简洁回答。

④主动道别；

⑤礼貌出门。

面试中常见问题：

①请你自我介绍一下。

②为什么想进入本单位？

③我们为什么要聘请你？

④你期望得到多少工资？

⑤你有什么问题要问吗？

（三）面试后

①及时总结；

②耐心等待；

③主动联系；

④适当感谢。

三、与领导和同事相处的礼仪

（一）与领导相处的礼仪

1）了解领导的风格

领导的管理风格常分为独裁型、参与型、民主型、放任型四种。

2）尊重领导

新员工对领导的管理和一些过火的言行不要过于敏感，多少要忍耐一点。对上司的监管感觉不舒服时，首先应当反省自己。

3）配合领导

员工如有机会与领导多交流以加深了解，多提供信息和自己的想法。

4）与领导同舟共济

在现代职场上，领导与下属之间的关系，用"唇齿相依"和"唇亡齿寒"两句成语来形容极为贴切，上下级在工作中就是要相互支持。

（二）与同事相处的礼仪

1）虚心

（1）经常微笑。与愁眉苦脸相比，大家更喜欢微笑。

（2）当同事们给自己指导或介绍经验时，要认真地听对方说话，遇到不明白的地方，也要等到对方说完之后再提问。

（3）对自己工作中遇到的问题，如工作背景、目的等，要大胆提问。向对方请教，对方一般不会嫌烦，反而有一种成就感和满足感。

（4）不管对方如何亲切随和，每次得到帮助之后一定要诚心诚意地感谢对方。

（5）保持谦虚和尊敬对方的同时，最好有些幽默感，因为这也可以拉近双方的心理距离，使双方产生亲切感。

2）多请教

（1）掌握好时机。

（2）即使请教也不能没有主见。

（3）注意方式。

第一步，确认对方是否方便；

第二步，待对方确认没问题之后，提出想请教的问题；

第三步，将对方回答的要点汇总，必要时做好笔记。

3）宽容

4）友爱

同事之间需要友谊。新员工知识和经验都不足，工作中常常会出错，需要同事们的提醒和帮助。与同事交往的过程中，要注意做到公私分明。

5）以诚待人

6）注意"关系"平衡

在所有的公司里都有两种形式的组织：一种是正式的、有形的；一种是非正式的、隐形的。前者就是以董事长或总经理为首、从上到下的组织形式，它对每个员工的作用是显而易见的；后者是以类似志同道合的朋友的关系而建立起来的"圈子"。

【技能训练】

1. 根据以下场景，随机选择学生分担不同角色，先分组演练，再评比、评价。

场景一：李明到恒大公司应聘，他比预约时间提前了10分钟，安静地在应聘办公室外边等候。过了一会儿，面试官到了，李明有礼貌地和面试官打招呼。接着，面试开始了。

场景二：李明第二天要到到恒大公司应聘。他本打算早点休息，第二天早点到。谁知晚上几个同学约他出去吃饭，吃饭后又一起去唱歌，很晚才回去睡觉。第二天，李明没被闹钟叫醒，等他醒来时，发现离约定的面试时间已不足1小时了。他慌忙穿衣、洗漱，匆匆忙忙地往恒大公司赶。等他赶到的时候，已经迟到了将近20分钟。他急忙向面试官道歉，然后面试开始了。

2. 某航空公司要向社会招募一批空姐，前来报名的人络绎不绝。其中有几个女孩，心想空姐是多么时髦的职业，招的都是漂亮的女孩。于是，几个女孩就到美容院把自己浓妆艳抹地打扮了一番，活像电视剧里的日韩明星。她们高高兴兴地来到报名地点，谁知工作人员连报名的机会都不给她们，就让她们走。看着别的姑娘一个个报上了名，她们几个很纳闷，这是为什么呢？

问题：

（1）工作人员为什么不让这几个女孩报名？

（2）如果你去应聘，你会怎么打扮自己？

3. 结合个人实际情况回答下列面试问题：

（1）为什么来本公司应聘？

（2）哪个人对你的影响最大？

（3）你的优缺点是什么？

4. 李伟最近发现女上司总是压制他，尽管李伟提了很多合理化建议，最终都被女上司否决了，而且说是总经理决定的。女上司在工作中并没有真的决策什么，只是充当"二传手"，在中间不提意见也不指明方向。李伟很不满女上司的做法，时间长了就有了负面情绪，做事也事倍功半。

　　问题：如果你是李伟，你会怎么做？

第五单元　公共场所礼仪

【任务导入】

　　一天，一个漂亮的小姐，边走边吃东西，走到垃圾桶前，将包装纸随手一丢，包装纸轻轻地飞了几下，落在走廊上。这个小姐潇洒一笑，就径自走开。洁净的走廊白色地砖上，只有那个包装纸像一块瑕疵，不协调地躺在那里。

【问题讨论】

　　1. 在无人的角落的行为，是思想境界的最高体现，是人格、礼仪、道德的真实一面，这位小姐应该怎么做？

　　2. 在无人看见的情况下，你是否会爱护环境，爱护自己的人格，坚持遵守公共道德和礼仪？

【学习目标】

　　知识目标

　　1. 了解在公共场所中讲究礼仪的重要性。

　　2. 掌握公共场所中所要遵循的基本礼仪内容及基本要求。

　　3. 能熟练地将基本技能运用于实际生活中。

　　技能目标

　　1. 能够在公共场所通过实践、自我审视纠正一些不良习惯。

　　2. 能够在公共场所自觉遵守礼仪规范，营造良好的社会风气。

【知识概述】

一、校园礼仪

　　学校是教书育人的专门场所，礼仪教育是德育、美育的重要内容，学生是学校工作的主体。学生应具有的礼仪常识是学校礼仪教育重要的一部分。学生在课堂上，在活动中，在与教师和同学相处过程中都要遵守一定的礼仪。

（一）课堂礼仪

遵守课堂纪律是学生最基本的礼貌。

1）上课

上课时要把手机关掉或把铃声转为"静音"或"振动"状态；上课的铃声一响，学生应端坐在教室里，恭候老师上课，当教师宣布上课时，全班应迅速肃立，向老师问好，待老师答礼后，方可坐下。学生应当准时到校上课，若因特殊情况，不得已在教师上课后进入教室，应先得到教师允许后，方可进入教室。

2）听讲

在课堂上，要认真听老师讲解，注意力集中，独立思考，重要的内容应做好笔记。当老师提问时，应该先举手，待老师点到你的名字时才可站起来回答，发言时，身体要立正，态度要落落大方，声音要清晰响亮，并使用普通话。

3）下课

听到下课铃响时，若老师还未宣布下课，学生应当安心听讲，不要忙着收拾书本，或把桌子弄得乒乒作响，这是对老师的不尊重。下课时，全体同学仍需起立，与老师互道："再见"。待老师离开教室后，学生方可离开。

4）其他

课堂上不应戴帽子、手套或口罩，不能随便走动、吃东西、嚼口香糖、听耳机。

（二）尊师礼仪

学生在校园内进出或上下楼梯与老师相遇时，应主动向老师行礼问好。学生进老师的办公室时，应先敲门，经老师允许后方可进入。在老师的工作、生活场所，不能随便翻动老师的物品。学生对老师的相貌和衣着不应指指点点，评头论足，要尊重老师的习惯和人格。

（三）同学间礼仪

同学之间的深厚友谊是生活中的一种团结友爱的力量。注意同学之间的礼仪礼貌，是个人获得良好同学关系的基本要求。同学间要诚实守信、说话文明，不讲粗话脏话、寻衅滋事、打架斗殴、赌博、酗酒。可彼此直呼其名，但不能用"喂""哎"等不礼貌用语称呼同学。在有求于同学时，须用"请""谢谢""麻烦你"等礼貌用语。借用学习和生活用品时，应先征得同意后再拿，用后应及时归还，并要致谢。对于同学遭遇的不幸、偶尔的失败、学习上暂时的落后等，不应嘲笑、冷笑、歧视，而应该给予热情的帮助。对同学的相貌、体态、衣着不能评头论足，也不能给同学起带侮辱性的绰号，绝对不能嘲笑同学的生理缺陷。在这些事关自尊的问题上一定要细心、尊重，同学忌讳的话题不要去谈，不要随便议论同学的不是。

(四)校内公共场所礼仪

1)集会

集会在学校是经常举行的活动。一般在操场或礼堂举行，由于参加者人数众多，又是正规场合，因此不能大声喧哗，要格外注意仪容仪表符合礼仪。衣着整洁、得体，不穿背心、裤衩、拖鞋进入公共场所；情侣不应过分亲热。

2)宿舍

遵守宿舍管理制度，提倡健康娱乐，抵制封建迷信，按时熄灯就寝，不喧哗、打闹，不影响他人的正常学习和休息。

3)食堂

用餐时要排队礼让，不乱拥挤，要爱惜粮食，不乱倒剩菜剩饭。

4)图书馆、阅览室

自己就座时，不要为别人预占位置。查阅目录卡片时，不可把卡片翻乱或撕坏，或用笔在卡片上涂抹画线。要保持安静和卫生。走动时脚步要轻，不要高声谈话，不要吃有皮或带有果壳的食物。

5)校园

应该自觉保持校园整洁，不在教室、楼道、操场乱扔纸屑、果皮，不随地吐痰、不乱倒垃圾。不在黑板、墙壁和课桌椅上乱涂、乱画、乱抹、乱刻，爱护学校公共财物、花草树木，节约用水用电。自觉将自行车存放在指定的车棚或地点，不乱停乱放，不在校内堵车。

二、影剧院礼仪

观众应尽早入座。如果自己的座位在中间，应当有礼貌地向已就座者示意，请其让自己通过。通过让座者时要与之正面相对，切勿让自己的臀部正对着人家的脸，这是很失礼的。应注意衣着整洁，即使天气炎热，袒胸露腹也是不雅观的。在影剧院万不可大呼小叫，笑语喧哗，也不可把影院当成小吃店大吃大喝。演出结束后观众应有秩序地离开，不要推搡。

三、车站、机场、码头礼仪

1)骑自行车

要严格遵守交通规则。不闯红灯，骑车时不撑雨伞，不互相追逐或曲折竞驶，不骑车带人。遇到老弱病残者动作迟缓，要给予谅解，主动礼让。

2）乘火车、飞机、轮船

在候车（机）室、候船室里，要保持安静，不要大声喊叫。上车、登船（机）时要依次排队，不要乱挤乱撞。在车厢、轮船里，不要随地吐痰，不要乱丢纸屑果皮。

3）乘公共汽车

车到站时应依次排队对，对妇女、儿童、老年人及病残者要照顾谦让。上车后不要抢占座位，更不要把物品放到座位上替别人占座。遇到老弱病残孕及怀抱婴儿的乘客应主动让座。

【技能训练】

1. 找一找现实生活中，你身边有哪些不符合公共场所礼仪的现象？

2. 就近选择一处景区，观察游客的行为表现，并做出自己的分析判断。

3. 请谈谈上课的礼仪。

扬州地域文化

学习提示

　　扬州是一座具有 2500 年历史，历经汉、唐、清三代的繁华兴盛，曾被历代无数骚人墨客吟咏，在国际上享有盛誉的古韵名城。扬州地域文化是扬州区域人民在几千年社会历史实践过程中创造的物质财富和精神财富的总和，其独具特色，底蕴丰厚，博大精深，是最能代表中国文化的综合性文化体系。

　　本模块由扬州地域文化概述、地理概况、历史发展、学术思想、宗教文化、建筑文化、美食文化、扬州八怪、扬州工艺和对外文化交流十个篇章组成。教师可结合课本内容，带领学生对部分园林古迹进行参观游览，通过讲解，重点让学生从扬州源远流长的运河文化、厚重璀璨的学术思想、名闻遐迩的园林文化、美轮美奂的建筑文化和一枝独秀的休闲文化里，感受扬州地域文化底蕴深厚、兼容并蓄和深广博大的独特魅力，帮助学生吸取扬州传统文化的精髓，铸造学生博闻广识、厚积薄发、积极进取、乐观向上的人文精神。

　　通过本模块的学习，学生可以在原有文化积淀的基础上，进一步开阔视野，培养自己高尚的思想情操和审美趣味，提升文化品位，丰富人文素养，完善自己美好的精神世界，为将来步入社会，开拓未来成功的人生道路，打下坚实的思想文化基础。

　　历经 2500 年的风云变幻，走过汉、唐、清三代的繁华兴盛，曾被历代无数骚人墨客的吟咏，也经历了近百年的低落消沉，如今的古城扬州再次在世人面前展现出往昔"天下三分明月夜，二分无赖是扬州"的绰约风姿！今天，当我们静静地翻开扬州地域文化史，曾经的繁华绮丽、曾经的昂扬奋发和曾经的博大精深都一一呈现在我们面前，令人振作发人深思的同时，也不由得让人心生感慨。以下特按章分述扬州的地域文化。

一、扬州地域文化概述

　　扬州是一座具有 2500 年历史的古城，自隋炀帝开通大运河后，扬州几度繁荣，成为中国水陆交通枢纽和盐运中心、东南第一大都会，素有"雄富冠天下"之称。具体来说，扬州文化是指扬州区域（以扬州为中心，包括泰州、镇江及南京、淮安、盐城部分地区）人民在几千年社会历史实践过程中创造的物质财富和精神财富的总和。

　　著名学者钱文忠说过，唐代扬州在中国的地位与今天上海在中国的地位相当，但唐代扬州在当时国际上的影响超过了今天上海在国际上的影响。综观整个中国古代，南北的货物交流都是通过扬州这个中转地来完成的。"广陵当南北大冲，百货所集。"货物、信息和人口的流动中转，给扬州带来广泛的文化交流。所以，扬州文化不同于吴文化、陕晋文化、巴蜀文化、京津文化和岭南文化，因为这些文化流派仅仅只能代表本身所处的地域文化的特征，而扬州文化却是全国诸多文化流派的交融借鉴、兼收并蓄的产物，是最能代表中国文化的综合性文化体系。启功曾说："扬州文化是中国文化的重要组成部分，是中国清代文化的最重要部分。"现代学者曹聚仁曾评价："扬州成为世界城市，有 1500 年光辉的历史，比之巴黎、伦敦更早。它是我们艺术文化集大成的所在，比之希腊、罗马而无愧色。"可以说，扬州文化至隋唐时期是中国文化的主流派别之一，而至清中期时则是中国文化的支柱。

　　特殊的地理位置和政经元素，使扬州这座古城在中国历史上一直占有举足轻重的地位，这同时体现在学术思想的发展上。扬州由于其文化的开放包容性、地理的非中心性，加之崇文重商的社会风气，构成了相对独立和自由开放的文化空间，大批文人学者在这片土壤上得以找到属于自己的一片天地。扬州文化既代表着中国封建文化的自由、商贸、安逸和优雅的一面，又代表着不同于正统封建专制文化的另一面。其自由开放是通过诸多独树一帜、自成一家的学术流派和艺术大家得以表现的。

　　唐代扬州文学研究闻名于世，五代与宋扬州文字学成一代之言，元代扬州戏曲发展为全国之最，明代扬州儒学研究也享誉全国，清代扬州学派更是将扬州学术界的地位推向了极致。自由开放的文化氛围，令扬州创造出了举世瞩目的卓越成就。"扬州八怪"文化充分体现了扬州文化的自由开放性。富商巨贾文人雅士云集，远离政治中心，给书画家们带来了相对自由的创作空间，有别于当时流行的正统画派，扬州部分画家气味相投，把视角对准了百姓生活，适应民众趣味，表达平民意识，产生了后世称为"扬州八怪"的书画家群体，对后世众多书画家产生了巨大的影响。

从原始宗教产生，道教形成，佛教、伊斯兰教和基督教先后传入，中国一直是诸教并存，多神崇拜，互相融合的。扬州也经历了这样一个宗教文化发展的过程，佛教、伊斯兰教和基督教先后传入扬州，并建有自己的宗教建筑，从事各自的宗教活动。

人类文化是围绕衣食住行四大要素发展起来的，建筑是为了满足人们的住所之需才出现的，随着社会生活的繁复，陆续出现了各类传统建筑。地理环境不同，各地建筑风格也就各有特色。扬州城市的传统建筑也经历了一个自然流变的过程。其传统建筑文化主要包含城市古典景观建筑、古典园林、盐商住宅、宗教祭祀建筑、帝王陵寝、唐宋古城遗址、龙虬庄遗址七个部分。集北雄南秀于一身的扬州园林，既有北方皇家园林雍容华贵的气派，也有江南私家别墅秀丽雅致的气韵，是扬州文化开放包容、兼容并蓄特点的典型代表。

汉、唐、清三代繁华，商贾如织名流荟萃，也造就了扬州特殊的"三把刀"文化。其中美食文化享誉海内外，淮扬菜与鲁菜、川菜、粤菜被并称为中国的"四大菜系"。

历史上扬州的传统工艺主要包括雕版印刷、扬州玉雕、扬州漆器、扬州古筝和扬州剪纸等。各类工艺都取得了登峰造极的艺术成就，在国内外享有盛誉。

在扬州的文化史上，对外文化交流尤其值得称道。历史上的扬州一直积极吸纳外域文化，同时也不断向外输出自己的地域文化。唐代与波斯、大食的交往，主要有两条路线，一是陆上"丝绸之路"，一是海上"丝绸之路"（又称"香料之路"）。唐代鉴真和尚东渡日本是我国向域外传播唐代文化最杰出最完美的一次。日本阿倍仲麻吕、朝鲜新罗末期人崔志远先后来扬州居住生活过，归国后，把先进的扬州文化也带回了自己的国家。南宋末，伊斯兰教创始人穆罕默德十六世裔孙普哈丁来扬州传教。相传元代意大利学者马可·波罗也在扬州生活为官，他的《马可·波罗行纪》引发欧洲人对东方的热烈向往，对以后新航路的开辟产生了巨大的影响。

由于战争和铁道运输导致京杭大运河的没落，令中国当时的经济中心扬州迅速衰落为一个普通城市。改革开放后，扬州终于迎来了历史上非常重要的发展契机。随着铁路、润扬大桥、机场等相对应的现代化交通体系的建立，联合国最佳宜居环境、国家森林城市——扬州创建成功，京杭大运河成功入选世界文化遗产名录，扬州从此迈入崭新的历史发展阶段，也为未来扬州文化的蓬勃兴盛和可持续发展带来了新的研究机遇和挑战。

二、地理概况

有着"淮左名都，竹西佳处"美誉的扬州市，其辖境位于江苏省中部，江淮下游平原南端。地势平坦，沃野千里，水网密布，通扬运河横贯东西，京杭大运河纵贯南北，历来是江淮地区重要的水陆交通枢纽、南北漕运咽喉、苏北重要门户。东临盐城泰州两市；南濒长江，与镇江市隔江相望；西南部毗邻江苏省省会南京市；西北部与安徽省滁州市、淮安金湖县搭界；西北部与淮安市接壤。

扬州市区现辖广陵、维扬、江都三区，仪征、高邮两市和宝应一县。现辖区域范围内东经119°01′~119°54′、北纬32°15′~33°25′之间，总面积6634平方千米，总人口460万。主城区位于北纬32°24′，东经119°25′。市区面积2310平方千米，人口229万。

扬州市区境内地形西高东低，以仪征境内的丘陵山区为最高，从西向东逐渐倾斜，高邮、宝应两地与泰州兴化市交界一带最低，为浅水湖荡地区。仪征市、广陵区邗江一带和维扬区的北部为丘陵。沿江和沿湖一带为平原。境内最高峰为仪征市大铜山，海拔149.5米；最低点位于高邮市、宝应县与泰州兴化市交界一带，平均海拔2米。境内主要有宝应湖、高邮湖、邵伯湖和白马湖等。还有大铜山、小铜山、捺山等。

扬州气候温润，无霜期长，属北亚热带湿润气候区，主要特点是四季分明，日照充足，降水量丰沛，盛行风向随季节有明显变化。但由于地处江淮下游，不时会有江淮并涨的洪涝威胁，辖区内地形较为复杂，也易旱易涝。

扬州自古是交通发达的地区。隋唐以来，由于运河的开凿并得到充分利用，地处长江三角洲的中心和运河长江交汇处的扬州，成为南北河运、东西江运水陆交通的总枢纽。综观整个中国古代，南北的货物交流不是通过深入对方腹地而实现的，而是通过扬州这个中转地来完成的。自扬州入江，东至大海，可达日本；溯江西上，至九江向南，可至南昌；沿赣江、北江转往交州、广州，可远至东南亚、东亚各国；自九江向西，经鄂州(今武昌)可通巴蜀。

三、历史发展

西周初期，今扬州一带称邗国，后分属吴、越、楚。秦统一中国后，改设广陵县。汉时先后属荆国、吴国、江都国、广陵国。两晋南北朝时期，先后为广陵郡、广陵县、南兖州、东广州、吴州。

隋开皇九年(589年)始称扬州。大业元年(605年)，改扬州为江都郡。

唐武德三年(620年)改称邗州。武德九年(626年)复称扬州。后升为大都督府、淮南道节度使驻地。天宝元年(742年)又改扬州为广陵郡。乾元元年(758年)，改称扬州。天复二年(902年)杨行密在扬州建立政权，史称杨吴，改扬州为江都府。南唐升元元年(937年)改江都府为扬州府。宋时，扬州先后隶属于淮南道、淮南路、淮南东路。高宗南渡驻跸扬州，扬州做过一年多的"行在"(临时首都)。

元至正十七年(1357年)改称淮海府，四年后更名维扬府，五年后复名扬州府，均为江都县治。明、清沿袭至中华民国。明弘光元年四月(清顺治二年，1645年)，南明弘光朝兵部尚书史可法督率扬州军民抗御清军围攻的守卫战失败，遭屠城失八十万人，史称"扬州十日"。

民国元年(1912年)1月，废扬州府，并甘泉入江都县，原扬州府所属各县直隶江苏省。民国三年6月，江苏省分为五道，江都县属淮扬道。

1949年1月25日，江都县城(扬州)解放。当月27日，设立扬州市(县级)，另置江都县。隶属苏皖边区第二行政区，后又改称苏中行政区扬州行政专区，专员公署驻扬州市。1950年1月，扬州专区共辖扬州市、泰州市、兴化县、高邮县、宝应县、靖江县、泰兴县、江都、泰县、仪征县和六合县二市九县。1956年3月，江都县析为江都、邗江二县。1960年4月，宝应县、高邮县析湖西地区为金湖县。1966年3月，仪征、六合、金湖三县划给新设立的六合地区。1971年，六合地区撤销，仪征、六合二县划回扬州地区。1975年，六合县归南京市，扬州地区辖二市九县。

1983年3月，扬州市改为省辖市，辖泰州、仪征、兴化、高邮、泰兴、靖江、江都、泰县、宝应县、邗江十个县(市)和广陵区、郊区两个区。1996年8月，撤县级泰州市，设地级泰州市，原扬州市代管的泰兴、姜堰、靖江、兴化四个县级市归泰州市管辖。扬州市设广陵区、郊区(2002年更名维扬区)，辖宝应县、邗江县，代管仪征、高邮、江都三个县级市。

2000年12月，邗江县撤销县建制，改设邗江区。扬州市共辖广陵、邗江、维扬三个区和宝应一个县，代管仪征、高邮、江都三个县级市。2011年11月13日，一撤县级江都市，设立扬州市江都区，以原江都市行政区域为江都区行政区域；二将邗江区的泰安、头桥、沙头、李典、杭集五个镇并入扬州市广陵区；三撤维扬区，将原维扬区的行政区域与划出五个镇的邗江区合并。

四、学术思想

自古以来，历代先哲们的思想和学说构成了中国思想文化的精神内核。由于特殊的地理位置和经济地位，扬州逐渐形成了自己独特的自由开放兼容并蓄的思想文化。历史上一大批学者文人来扬州为官定居，著书立说，游访讲学，对扬州的思想文化发展起到了极大的推动作用。

唐代扬州文学研究，五代与宋扬州文字学，元代扬州戏曲，明代扬州儒学研究都享誉全国，清代扬州学派更是将扬州思想学术界的地位推向了极致。开放包容的文化氛围，令扬州的思想文化创造出了举世瞩目的卓越成就。枚乘、董仲舒、张若虚、李白、杜牧、李善、欧阳修、苏轼和阮元等一大批政治家、文学家、艺术家都曾在扬州为官、游历，留下了大量的名篇佳作。"扬州八怪"画派、广陵词派、广陵琴派、广陵棋派、广陵曲艺等，这些都丰富和发展了扬州思想文化的内涵，为中国思想文化史增添了浓墨重彩的一笔！

西汉初年，吴王刘濞建都广陵，由于国内的丰富资源，当即招天下亡命者"即山铸钱，煮海为盐"，当时有"吴邓钱布天下"的说法，邓是邓通，吴即吴王刘濞，他们铸的钱成为全国通用货币。又开邗沟支道，以便盐运。三十年后，国用丰足，免去封国内人口的赋税，遂造成了广陵的富庶与繁华。但之后刘濞便起反心，发起了以吴国为首的吴楚七国之乱。时在吴王刘濞身边的文学之士枚乘，早已洞察了刘濞的用心，于是作文加以劝谏，这就是著名的《七发》。《文选注》曰："七发者，说七事以起（启）发太子也。"后世文人着意模仿这种形式，竟形成了一种"七"体。作为扬州文学史上的开山之作，《七发》在文化史上的意义不可低估。

吴楚七国之乱以后，朝廷吸取了教训，加强了对封国的治理。继吴国而立的，是景帝的儿子江都王刘非。刘非"素骄，好勇"，非等闲人物。武帝即位，派大儒董仲舒来做相，以对刘非加以匡正。董仲舒在相任上，提出了一个重要命题"正谊明道"，即"正其谊（义）不谋其利，明其道不计其功"。这是儒家的道德理想，是对人的最高要求。"正其谊，明其道""不谋其利，不计其功"，从正反两方面强调了一个准则：不谋求一己的私利，不贪求一时的近功。推而广之，义正于人间，其利莫大焉；道明于天下，其功莫大焉。即为：合乎正义的利，才是最长远的利；合乎明道的功，才是最大的功，天下之功。这就把正谊不谋利，明道不计功和大谊大利、大道大功高度地统一起来，具有非常深远的意义。正谊明道的思想，成为做人做事的一种道德准则，对扬州人的物质和精神生活产生了极大影响。

隋平陈以后，江南局势未稳，一些豪族竟发动叛乱。为了控制和安抚江南，遂调"冠于诸王"的杨广为扬州总督镇江都。在安抚江南士人这个问题上，杨广下了很大工夫。当时隋朝以胜者自居，傲视江南人。而江南人瞧不起没有文化的北方人，为了震慑南方人，杨广上任后重点加强文化建设。他调整了对"吴中本位"的高压政策"息武兴文，方应光显"。《资治通鉴》卷一八二《隋记六》云："帝好读书著述，自为扬州总管，置王府学士至百人，常令修撰，自经术、文章、兵、农、地理、医、卜、释、道乃至蒲博，皆为新书，无不精洽，共成书三十一部，万七千余卷。"其中不少是来自南方的著名文人。由此团结了江南士人，融合了政治氛围，加强了南北文化的交流，对隋代的社会政治稳定大有裨益。扬州一地的文化，也受惠良多。

扬州思想文化最为奋发昂扬光彩夺目的时期当属唐代。九百卷《全唐诗》，收录了两千二百多位诗人四万八千九百余首诗作，那些唐诗史上享有盛名极富光彩的诗人，大多与扬州结下了不解之缘，如骆宾王、孟浩然、祖泳、王昌龄、李颀、高适、李白、杜甫、刘长卿、韦应物、刘禹锡、白居易、李绅、李德裕、徐凝、张祜、杜牧等。其中少数是在扬州任职，许多诗人是为繁华富庶人文荟萃的扬州所吸引，联翩而至，写下了为数甚多的讴歌扬州的诗篇。如"烟花三月下扬州""街垂千步柳霞映两重城""谁家唱水调，明月满扬州""十里长街市井连""夜市千灯照碧云""夜桥灯火连星汉，水郭帆樯近斗牛"等华章名句，扬州的物质文明是扬州人亲手创造的，可以想见当日扬州人走在明月桥上高视阔步，一脸豪迈的盛世气象。这些诗篇道尽了扬州的繁华，也留下了历史的记忆。特别值得一提的是，唐代扬州洋溢出的青春勃发的气息，给诗人们以极大的感染，也直接影响了他们的诗风。如扬州诗人张若虚的《春江花月夜》，可谓"孤篇盖全唐"，纵观大江瀚海、明月星光、长飞鸿雁、潜跃鱼龙，视通万里之时，思考的是整个宇宙人生。张若虚在诗中将诗情、画意与对宇宙奥秘和人生哲理的体察融为一体，创造出情景交融、幽美澄澈的诗境，表明唐诗意境的创造已臻至炉火纯青的阶段。后世之人从唐代诗人所著的吟咏里，读出了唐代扬州人的恢宏壮阔和磅礴大气，读出了唐代扬州人与自然的谐和共处，也读出了唐代扬州人的智慧灵性。唐代诗人所著的扬州诗在中国文学史上，尤其是扬州文化史上，留下了厚重璀璨的宝贵财富。

唐代扬州的恢宏气势，拓展了学者的开阔胸襟和吸纳精神。江都李善为《文选》作注，是个大手笔，在文字训诂、校勘、史事考辨方面均有突出的贡献。书成后要儿子李邕谈见解，李邕认为父亲只注重释事，而未注重"典原议"与"书例使用义"之间的关系，属"释事而忘义"。李善赞同儿子的看法，授权李邕"补益"，李邕本着"附事见义"原则，修改注文，得到李善认同，遂"两书并行"，这为后来的文选学起了开山的作用。这种父子相师宽容从善的态度，不仅反映出学术上的严谨和气魄，也折射出了当时扬州的城市精神。

宋代除在扬州做官的如韩琦、王禹偁、欧阳修、苏轼等，其他如梅尧臣、苏舜钦、黄庭坚、张耒、尤袤、辛弃疾、姜夔等，都有扬州名篇传世。平山堂为欧阳修在扬州任太守时建，谷林堂为苏轼所建。欧阳修和苏轼对扬州政治、民风和文化源流的影响都很深远。作为有着高度文化修养的知识分子，他们在扬州凝聚了一大批文化精英，营造了一种具有扬州历史特点的文化氛围。在扬州人的心目中，他们的形象并不是高高在上的官僚，而是贴近民心的文化知识分子。千年以来，在扬州为官者成百上千，但为百姓所记者仅寥寥数人，清代扬州人立三贤祠，以纪念历史上对扬州最具影响力的三位人物，欧阳修、苏轼均在其中。而宋人歌咏扬州的诗词篇章中当属姜夔的《扬州慢》最为著名。

明代的汤显祖、袁宏道，清代的孔尚任、洪昇、蒲松龄、吴敬梓等，他们在扬州游历中所吸取的社会生活素材，经过提炼塑造出不朽的艺术形象而流芳后世。四大古典名著有三部与扬州有关。

2500年来，扬州在历史上几度兴衰，直到今天依然是文教昌盛、名士辈出的文化区域，扬州文化由商业中发展起来，在丰厚的物质基础上创造了更加丰厚的精神财富，带有很强的文商并重、崇教重贤的特点。富庶繁荣的经济环境，对扬州文人学术思想的发展产生了巨大的推动作用。清代中叶，扬州学派是乾嘉汉学的重要分支，其学术渊源远师顾炎武，近承乾嘉学派的吴派、皖派，形成于清乾隆、嘉庆时期，在经学、史学、校勘学等方面都取得了突出的成就。其研究将乾嘉汉学推向巅峰，并在历史转折时期开启了近代学术之先河。扬州学派的前期学者在治学方法上较之吴、皖两派有很大改进，他们把辑佚、校勘、注释等研究手段熟练地加以综合利用，兼顾训诂与义理，解经更具精确性。他们不仅讲究贯通群经，而且追求经学与诸子学及史学的融汇。注重经世致用，为晚清经世派之先驱。代表人物有任大椿、焦循、汪中、阮元、王念孙、王引之、刘台拱和刘宝楠。

"扬州学派"成就巨大，究其原因，当属期间"政局稳定，生活安全，使学者有余裕以自励其学"。也就是说，社会环境稳定，经济发达，学者衣食无忧，得以一心向学致力研究。同时，清代与唐代已有所不同，同是经济繁荣，此时已出现了士商合流或亦儒亦商的局面。扬州学派中阮元的母亲出身盐商家庭，凌廷堪是徽商之子，年轻时有过经商的经历；汪中年轻时是扬州一家书店的店员，也是学商的。社会经济富庶，商人富有，商人与文人互动频繁，思想较为解放，学术昌盛也就势在必行。当时相继而起的扬州画派、广陵词派、广陵琴派、广陵棋派和扬州曲艺等都是这一土壤的产物。

扬州商人群体的崇文推动了扬州地区文化事业的发展，读书、藏书与刻书的风气皆在全国名列前茅。且不谈扬州名士贤达辈出，仅扬州书院之繁盛、藏书之庞大、书店之密集即可见其一斑。始于宋代的扬州书院，绵延至明代，先后有安定、资政、维扬、五贤、甘泉书院等。清代则有梅花、广陵、虹桥、敬亭等书院。清代前期，扬州的马氏兄弟藏书楼"丛书楼"为全国四大藏书楼之一。而扬州的书店除集中于教场一带外，遍布全城。甚至于到了近代，易君左来扬州还亲眼看见"小书店和书摊随处点缀，旧书破籍汗牛充栋"。发达繁荣的经济，吸引了众多文人学者的集聚。"四方贤士大夫无不至此"。扬州文化也正是由此才得以长久发展。清代扬州商人主要是盐商，有了雄厚的资本积累后便转而扶持文化教育。如当时著名的扬州马氏兄弟，除喜藏书、结交文士，还支持学者撰述，帮他们刻书流传，他们自己也著书立说。盐商们非常注重对扬州教育事业的扶持。如雍正末年，马曰琯独力重修著名的梅花书院。乾隆初，汪应庚捐资五万余金重修扬州府学，又捐银一万三千余两，置学田一千五百亩，"以待学宫岁修及助乡试资斧"。嘉庆间，洪箓远捐资在扬州十二门各修义学一所，供贫家子弟入学。书院学府培育了不少人才，汪中即是进入书院读书，后来成为著名学者的。扬州的书院全靠盐商财力支持，当时扬州的安定、梅花书院，仪征的乐仪书院等，均隶属于盐运使管辖，而盐运使的财赋均来自盐商。盐商出资扶持文化教育，这本身就是优良的文化传统，已成为扬州文化史上不可或缺的一页。

五、宗教信仰

从原始宗教产生，道教形成，佛教、伊斯兰教和基督教先后传入，中国一直是儒释道等诸教并存，多神崇拜，互相融合的。而异国宗教传入后，又总是在不同程度上带有了一定的中国特色。尽管如此，宗教并没有渗透到百姓日常生活的各个方面，在中国百姓的生活里，宗法道德观念才是维系整个社会的根本纽带。

据可靠史料记载，佛教传入我国的时间大约在两汉之间，至魏晋南北朝时佛教有了突出的发展。隋唐两代，特别是唐代，达到了发展的高潮。宋元以后，佛教各宗相承发展，尤以南禅影响最大。到了清代，统治阶级为了边疆的安定，开始笼络西藏蒙古等少数民族的贵族阶层，转而重视喇嘛教，喇嘛教于是有了很大的发展。

南朝扬州盛行佛教，正如唐代杜牧《江南春》诗中所述"南朝四百八十寺，多少楼台烟雨中"。对待佛教的态度，同样直接影响到江南人的心理和情绪。杨广在这方面也做得甚为得体。他在江都设立四道场，玉清、金洞两道场接纳道士，慧日、法云两道场接待僧众。在慧日、法云两道场内，集中了江南许多名僧学僧，他们在两道场内搜集经文，整理佛藏，使江南的佛教文化遗产得到很好的保护。杨广和天台宗的实际创始人智顗的关系，尤为人所称道。开皇十一年（591年）杨广将智顗请到扬州，并授智顗"智者"大师的尊号。隋文帝和杨广都崇信佛教，这些举措对稳定江南功效卓著，政治、文化意义大于宗教意义。

唐代的鉴真和尚曾在大明寺讲律传戒，名闻遐迩，威望崇高，享"江淮化主"之誉。日僧荣睿、普照来扬恳请鉴真东渡，为了兴隆佛教，弘法东洋，他受邀六渡扶桑，历经磨难，终抵于成，对日本佛教律宗和传播盛唐文化作出了巨大贡献，为中日两国人民所共仰。

清代扬州八大名刹之一的高旻寺，自雍正至清末，经过几代住持的努力，高旻寺禅规整肃，严明宗约，断绝经忏，唯以参禅悟道为指归，由此宗风大振，闻名于世，与镇江金山、宁波天童、常州天宁并称长江流域禅宗四大丛林。康熙五六次南巡，乾隆首次南巡，均曾驻跸于此。20世纪80年代后，政府拨款数百万修缮一新，重建禅堂和大雄宝殿等建筑，并迎请原任高旻禅寺事务委员会副主任德林法师回寺住持。

伊斯兰教创始人穆罕默德的第十六世裔孙普哈丁于宋咸淳年间（1265—1274年）来到扬州，致力于传播伊斯兰教，并在扬州兴建了仙鹤寺，该寺是东南沿海四大著名清真寺之一。

1908年美籍基督教公会韩忏明牧师来扬创办了"美汉"中学，1924年在美汉中学旁建成哥特式教堂"神在堂"。2013年12月25日，扬州基督教神在堂举行了复堂仪式，正式对外开放。

六、传统建筑

人类文化是围绕衣食住行四大要素发展起来的，建筑是为了满足人们的住所之需才出现的。随着社会生活的日益繁复，才陆续出现了用于各类活动的其他传统建筑。地理环境不同，各地建筑风格也就各有特色，但基本都会体现出当地居民的历史特点、审美理念和文化传统。由于特殊的地理位置和历史发展，扬州城市的传统建筑也经历了一个自然流变的过程。

扬州是国家首批命名的 24 座历史文化名城之一，至今已有近 2500 年的建城史。两千多年的积淀，给扬州留下了丰硕的历史遗存，共有 300 多处名胜古迹，其中文保单位国家级 9 处，省级 29 处，市级 140 多处。扬州传统建筑文化主要包含唐宋古城遗址、龙虬庄遗址、城市古典景观建筑、古典园林、盐商住宅、宗教祭祀建筑、帝王陵寝等几个部分。扬州唐宋城遗址位于江苏省扬州市西北蜀岗上，对于研究中国古代的城市规划、交通贸易、佛教艺术以及对外文化交流等方面，具有重要的意义；景观建筑和城市历史发展息息相关；古典园林主要得益于清代盐商的大力兴建；盐商住宅是清代大盐商的宅邸，如卢氏盐商住宅、汪氏小苑等；宗教祭祀建筑和民众宗教祭祀活动紧密关联；帝王陵寝有汉代广陵王墓及隋代炀帝陵；吴道台府系仿造宁绍道台府所建，系扬州唯一浙派建筑。

（一）城市景观建筑

自扬州建立城池起，建筑史上最值得一书的当属隋代的发展。即位后的隋炀帝杨广曾三下江都，他是把江都与西都长安、东都洛阳同视的，江都郡守秩同京兆尹，是出于政治和游乐的双重考虑，扬州对江南仍是关键所在。隋炀帝在江都建有江都宫、显福宫、临江宫（又名扬子宫）等宫室，这些离宫别馆既有崇楼杰阁，又有风轩水榭，传说中还有如洛阳"迷楼"那样的扬州迷楼，是御苑和园林的结合。当时有许多北方匠师来到江都参与这些工程，南北匠师交流融合，促进了建筑技艺的提高，丰富了建筑文化的内涵。后来扬州的造园艺术能兼南北之长，应是从这时开端。

扬州城市传统景观建筑主要留存文昌阁、石塔寺和四望亭等。

1）文昌阁

文昌阁俗称文昌楼，学名文汇阁，位于江苏扬州汶河路、文昌路交叉处。建于明代万历十三年（1585 年），因是扬州府学的魁星楼，名为"文昌阁"。旧日阁上悬有"邗上文枢"匾额。扬州府学文庙建筑，已陆续圮毁，现在仅余文昌阁，为扬州闹市的一处佳景。

2）石塔寺

石塔寺古称木兰院，原址在西门外，为晋代古刹。南宋年间，寺与石塔一起迁至现在地址。七百多年来，累遭兵燹火灾，虽几度整修，至 20 世纪中叶时，建筑物已残破不堪，保留到现在的，只有明崇祯年间修建的楠木厅(藏经楼)，原来建在后面，现在移到了马路边上，成了唯一的古建筑。塔为五层正六面体，上有塔顶，底层和最高层拱形洞门，南北贯通；每层各有六个略微向上的翘角；塔檐边雕刻有简单粗犷的花纹图案；塔的石栏上刻有牛、马、龙、凤等动物浮雕。石阶两侧的石面上，刻有二龙抢珠和莲花等图案。各层各面上共雕刻有二十六尊佛像。

3) 四望亭

据《万历江都县志》引宋《宝佑志》云："四望亭在州治南，宁宗嘉定年间(1208—1224年)，特授直宝谟阁、权发遣扬州事、主管淮东安抚司事崔与之建。"《乾隆江都县志》载，始建于明嘉靖三十八年(1559 年)，清康熙、雍正年间均曾修葺。原名文奎楼，后名魁星阁，是江都县学的组成部分。清咸丰三年(1853 年)二月，太平军攻占扬州，曾"架木四望亭，伺城外"，故称四望亭。亭为砖木结构，八面三层，攒尖式瓦顶。底层四面皆有拱门与十字街道相通，故有"过街亭"之称。二、三层八而围以古朴的窗栏隔扇。登梯而上，推窗四眺，市区附近景色可一览无余。每层亭檐有八个飞角，三层共 24 个，每个飞角都有风铃，风吹铃响，声调悠扬。

(二)古典园林

扬州古典园林在中国古典园林中不仅历史悠久，而且以其卓异的意趣和风格、独特的内涵和追求，在中国园林中占有重要地位。具体表现在：园林院落的组合布局、建筑的设计理念、水景的独特处理和山石的叠放安排。扬州古典园林久负盛名，《扬州画舫录》有"杭州以湖山胜，苏州以市肆胜，扬州以园亭胜，三者鼎峙，不分轩轾"之句，可见，乾隆嘉庆年间，由于扬州盐商富甲天下，他们有足够的财力来建造园林，并且极尽奢华，于是大造园林，在盐商中蔚然成风，有"扬州园林甲天下"之称。据统计，扬州城内私家园林最盛时达 200 多处，现仅剩 30 处左右。但是保留下来的都是极具特色、秀丽多姿的园子。有人认为，扬州古典园林是北方皇家园林与南方私家园林之间的一种介体，其原因一是清帝南巡，四商杂处，交通畅通；二是南北园林匠师技术交流的结果。古典园林的豪放婉约兼蓄的风格，创造了一种富有扬州个性的古典园林文化。最著名的古典园林有个园、何园和瘦西湖等。

1) 个园

个园是扬州古典园林中目前历史最悠久、保存最完整、最具艺术价值的，坐落在扬州古城北隅。清代嘉庆二十三年(1818 年)年由两淮盐业商总黄至筠在明代"寿芝园"的旧址上扩建而成。园虽不大，但处处体现出造园者的匠心独具，值得一提的是个园的叠石艺术，采用分峰用石的手法，运用不同石料堆叠而成"春、夏、秋、冬"四景。

个园是一处典型的私家住宅园林，以竹石取胜。从住宅进入园林，首先映入眼帘的是月洞形园门。门上石额书写"个园"二字，"个"者，竹叶之形，主人名"至筠"，"筠"亦借指竹，以为名"个园"，点明主题。园门两侧各种竹子枝叶扶疏，"月映竹成千个字"，与门额相辉映；白果峰穿插其间，如一根根茁壮的春笋。透过春景后的园门和两旁典雅的一排漏窗，又可瞥见园内景色，楼台、花树映现其间，引人入胜。进入园门向西拐，是与春景相接的一大片竹林。竹林茂密幽深，呈现生机勃勃的春天景象。四季假山各具特色，表达出"春山艳冶而如笑，夏山苍翠而如滴，秋山明净而如妆，冬山惨淡而如睡"和"春山宜游，夏山宜看，秋山宜登，冬山宜居"的诗情画意。个园旨趣新颖，结构严密，是中国园林的孤例，也是扬州最负盛名的园景之一。个园和何园在扬州的地位相当于苏州的拙政园和留园，分别代表清盛期和清晚期的巅峰之作，共同构建了扬州古典园林在江南古典园林的重要地位。

2）何园

何园坐落于扬州市的徐凝门街，被誉为"晚清第一名园"。何园又名"寄啸山庄"，由清光绪年间任湖北汉黄道台、江汉关监督何芷舠所造，是清乾隆年间双槐园的旧址。清同治年间，在双槐园的旧址上改建成寄啸山庄，园内有大槐树两株，传为双槐园故物，今仍有一株。园名取自陶渊明"归去来兮……登东皋以舒啸，临清流而赋诗"之意，辟为何宅的后花园，故而又称"何园"。光绪九年（1883 年），园主归隐扬州后，购得吴氏片石山房旧址，扩入园林。园主将西方建筑特色与中国皇家园林和江南诸家私宅庭园之长并举，广泛伸用新材料，使该园集众家园林之大成而有所出新。

何园规模庞大，面积为14000 万余平方米，建筑面积就达 7000 余平方米，占 50% 以上，密度极大，反映清后期园林建筑过多的特点。全园可分为东西两个部分，以两层串楼和复廊与前面的住宅连成一体。《红楼梦》等影片的拍摄，都曾把何园的水心亭作为场景。"四面串楼环水抱，几堆假山叹自然。"串楼是何园建筑艺术的最大特色。串楼复廊透迤曲折，延伸不断。串楼长 400 余米，绕园一周。在串楼的窗格和壁板上刻有苏东坡、唐伯虎、郑板桥等人诗画，回廊墙壁石碑上嵌有古人的诗句。回廊上的"观园镜"，可通观全园景色，给人以"山外青山楼外楼"的景观印象，充分体现了建筑艺术与自然景物融为一体之美。何园虽是平地起筑，但却独具特色。通过嶙峋的山石、磅礴连绵的贴壁假山，把建筑群置于山麓池边，并因地势高低而点缀厅楼、山亭，错落有致，蜿蜒透迤，山水建筑浑然一体，有城市山林之誉，是扬州住宅园林的典型。园中的植物配置也独具匠心，极尽人工雕琢之美。漫步何园中，只见回廊曲折，复道行空，假山矗立，丘壑宛然，鸟栖庭树，游鱼戏水……宛若"鸟飞屏风里，身置仙境中"。何园是清代后期扬州古典园林的代表作，是扬州古典园林特色和风格的体现。

3）卢氏盐商住宅

卢氏盐商住宅，宅主为商界巨富卢绍绪，是扬州晚清盐商最大的豪华住宅，被誉为"盐商第一楼"。此宅建于清光绪年间，占地面积万余平方米，当年兴建此宅耗银 7 万余两。从外表看古宅青砖黛瓦与普通住宅别无二致，但置身其中，一种"藏富不露"的恢宏阔达之气扑面而来。大门气派而考究，门楣上的砖雕精美异常。整个卢宅构筑考究、豪华气派。原前后共有九进建筑，200 多处房间，厅堂阔大，可设宴百席，气派非凡。卢氏园中的门楼、住宅楼、意园、藏书楼等，均保存完好。旧馆后有装修考究保存完好的藏书楼一座。藏书楼西侧有一架在扬州罕见的百余年古紫藤。从第一进到第四进，天井两侧分布着小型花园，假山、花草布局风格各异，构思精巧。卢宅前后进深达百余米，占地面积 6100 多平方米，是反映扬州盐商文化的重要古迹。

4）瘦西湖

瘦西湖清瘦狭长，水面长约 4.3 千米，宽不及 100 米，面积 480 多亩①，原名保扬湖。本是唐罗城、宋大城的护城河遗迹，南起北城河乾隆御码头，北抵蜀冈平山堂、观音山止，"十余家之园亭合而为一，联络至山，气势俱贯。"乾隆极盛时期沿湖有二十四景，其中有虹桥览胜、冶春诗社、长堤春柳、四桥烟雨、春台明月、白塔晴云等。

隋唐时期，瘦西湖沿岸陆续建园。明清时期，许多富甲天下的盐业巨子纷纷在沿河两岸，不惜重金聘请造园名家擘画经营，构筑水上园林。及至清代，由于康熙、乾隆两代帝王六次"南巡"，已形成基本格局，有"园林之盛，甲于天下"之誉。其名园胜迹，散布在窈窕曲折的一湖碧水两岸，俨然一幅次第展开的国画长卷，形成了"两岸花柳全依水，一路楼台直到山"的盛况。"天下西湖，三十有六"，唯扬州的瘦西湖，以其清秀婉丽的风姿独异诸湖，占得一个恰如其分的"瘦"字。清代钱塘诗人汪沆有诗云："垂杨不断接残芜，雁齿虹桥俨画图。也是销金一锅子，故应唤作瘦西湖。"瘦西湖由此得名，并蜚声中外。清嘉庆二十年（1815 年）后至 2007 年逐步恢复了各个景点。2013 年 12 月，扬州瘦西湖隧道顺利贯通。

扬州是人文荟萃之地，历代政治家、文学家和艺术家云集于此，给扬州留下了无数典籍诗文、书画、音乐歌舞和优美的传说故事。烟花三月，草长莺飞，漫步于瘦西湖畔，只见云天水色，烟柳轻拂，花影摇曳，姹紫嫣红，游人顿觉神思飘逸，万千诗情画意涌上心间。荡舟湖上，一泓曲水宛如玉带，沿岸美景纷至沓来，如诗如画，如梦如幻，一片迷蒙空灵，游人恍入仙境，心醉神驰。游览瘦西湖，自然风光和人文景观相映生辉，游人愉悦身心的同时，也提升了自己的文化品位。

———————————

① 1 亩 = 667 平方米。

(三)宗教祭祀建筑

在中国封建社会里，表达人们宗教信仰的宗教祭祀活动会定期举行，所以上至帝王公卿，下至士农工商都会筹巨资兴建宗教祭祀建筑。主要种类有寺、观、祠、庙和塔。扬州宗教祭祀建筑主要留存至今的有史公祠、琼花观、大明寺、天宁禅寺、高旻寺、仙鹤寺和神在堂等。其中史公祠为纪念抗清名将史可法所建，大明寺中有栖灵塔，高旻寺中有天中塔，石塔寺由于损毁严重，如今只在马路中间留存了一座石塔。

1）史公祠

清顺治二年(1645年)四月，清军进攻扬州，南明兵部尚书兼东阁大学士史可法率军民英勇抗击清军，后城破在扬州就义，多日后嗣子副将史德威寻父不得，乃葬其衣冠于梅花岭下。清初曾建祠于大东门外，后毁圮。乾隆年间于墓西侧建祠，并谥"忠正"。咸丰间毁于兵燹，同治九年(1870年)重建。现存建筑除遗墨厅、梅花仙馆外，大部为晚清所建。1949年后曾多次修缮，现为"史可法纪念馆"。

2）琼花观

始建于公元前十一年，即西汉元延二年，原为供奉主管万物生长的后土女神的后土祠。唐时增修，名"唐昌观"。宋徽宗取多福大福之意，赐名"蕃釐观"。今仅存琼花台和"蕃釐观"石匾。琼花观与琼花有着不解之缘，观名得自宋时观内有一株天下无双的琼花。相传隋炀帝为观琼花专程下扬州。宋欧阳修做扬州太守时，在花旁建"无双亭"，以示天下无双。时人有诗云："维扬一株花，四海无同类。"又云："天下无双独此花。"宋仁宗、宋孝宗都曾将它移植到都城皇庭内，均不得活，只能重又迁回扬州。整个宋代，古琼花在扬州历经劫难，长生不死。宋亡元兴，这株"举世无双"的琼花神秘凋零。后道士金丙瑞补植聚八仙，并筑琼花台一座。每至暮春三月，琼花观内琼花盛开，其绰约芳姿和美丽动人的传说，吸引着大批中外游客。

3）大明寺

大明寺之所以名扬海内外，除悠久的历史，就是因为这里曾经出了一位大德高僧唐代的鉴真和尚。鉴真和尚曾在大明寺讲律传戒，名闻遐迩，享"江淮化主"之誉。为了兴隆佛教，弘法东洋，他曾六渡扶桑，终于抵达日本。鉴真在日本传播佛教戒律，弘扬大唐文化，被日本人民奉为"文化恩人"。他是中国佛教史上罕见的杰出人物，也是大明寺最大的荣耀和骄傲。早在隋文帝仁寿元年(601年)于寺内建栖灵塔，塔高九层，塔内供奉佛骨，谓之佛祖即在此处。本焚僧大觉遗灵之言，故称"栖灵塔"。可惜在唐武宗会昌三年(843年)一代胜迹化为焦土。1993年8月27日能修法师开机重建。与栖灵塔北台阶相接的甬道直通卧佛殿。卧佛殿为单檐殿庑式建筑，翘角飞檐，气势雄伟。平山堂位于大明寺大雄宝殿西侧的"仙人旧馆"内，为北宋文学家欧阳修在扬州任太守时建，由平山堂、谷林堂、欧阳祠三部分构成，由南至北依次排列。今堂内还挂有"风流宛在""坐花载月"的匾额，堂北檐挂林肇元题"远山来与此堂平"匾额。游人至此，思古之情油然而生。

4）天宁寺

天宁寺始建于东晋，相传为谢安别墅，后由其子司空谢琰请准舍宅为寺，名谢司空寺。武周证圣元年（695年）改为证圣寺，北宋政和年间始赐名"天宁禅寺"。明洪武年重建，正统、天顺、成化、嘉靖间屡经修葺。清代列扬州八大古刹之首，康熙帝南巡曾驻跸于此。乾隆帝二次南巡前，于寺西建行宫、御花园和御码头，御花园内建有御书楼——文汇阁。自1984年夏，大修后的天宁寺占地908平方米，建筑面积5000多平方米，中轴线上有山门殿、天王殿、大雄宝殿、华严阁，两侧廊房92间。整个建筑布局对称、严谨。现为扬州博物馆新址，对外开放。

5）高旻寺

高旻寺位于扬州市南门外，是清代扬州八大名刹之一。该寺相传始建于隋，其清以前之历史已不可考。清顺治八年（1651年），在此建寺造塔，取名"塔庙"。康熙二十八年（1689年）（一说三十八年），加以修缮。康熙四十二年（1703年），康熙帝赐额"高旻"。自雍正至清末，经过几代住持的努力，高旻寺禅规整肃，闻名于世，与镇江金山、宁波天童、常州天宁并称长江流域禅宗四大丛林。1980年以来，进行了全面整修，重建禅堂和大雄宝殿等建筑。

高旻寺修复的大殿完全采用皇家宫殿的建造方式，高30米，面积为1320平方米，殿亭的基座为花岗岩的须弥座，很为厚重。殿宇气势宏大，雕梁画栋，金钩彩绘。大殿内的佛菩萨造像形制与摆布更有独到之处，通常禅宗寺院都是中间的释迦牟尼佛，旁边两个弟子，年长的迦叶尊者和年轻的阿难尊者，为左右胁侍。而高旻寺在德林老和尚重修殿堂时独辟蹊径。其中仍为释迦牟尼佛，手持莲花，这是沿用佛经故事，因释迦牟尼佛曾拈花示众，唯有大弟子迦叶尊者破颜微笑，才有了佛陀所说："吾有正法眼藏，涅盘妙心，实相无相，微妙法门，付嘱摩诃迦叶。"自此，禅宗才开始传承下来。高旻寺的天中塔建成时，塔九层，高72米，呈八角形，供72尊玉佛。今旧迹复建，令人欣慰。该寺是临水寺，建筑活泼轻灵，构成曲折幽深的空间，幽雅而又含蓄，实际上是佛教建筑形态的民居化、花园化，世俗情态格调逐渐代替了宗教神秘色彩。

6）仙鹤寺

仙鹤寺是伊斯兰教礼拜寺。伊斯兰教创始人穆罕默德的第十六世裔孙普哈丁于宋咸淳年间（1265—1274年）来到扬州，致力于传播伊斯兰教，并在扬州兴建了一座融阿拉伯风格与中国古典园林风格于一体的建筑—仙鹤寺。该寺是东南沿海四大著名清真寺之一。寺大门东向，门厅上悬"礼拜寺"红底金字横匾，门两旁有双面雕刻的抱鼓石，系明代遗物。

门内额枋下替木及部分坐斗均施雕刻，工整华丽，为明代风格。进门为一院落，正面为一道玉带墙，中间开月洞门，上额"仙鹤寺"。北侧有700多年树龄的一株古银杏，至今枝繁叶茂。殿内留存乾隆五十六年(1791年)立"奉天命遵圣言"石额一方，阿拉伯文"太司米"横匾，后殿正中壁上有阿拉伯文经字罩格，上刻"百字赞"。院南有明代建筑厅屋三间。

7) 神在堂

1908年，美籍基督教公会韩忭明牧师来扬创办了"美汉"中学，1924年，在美汉中学旁建成哥特式教堂"神在堂"，建筑面积456.78平方米，另有两幢牧师楼。1990年，落实宗教房产政策后，神在堂教产回归市基督教两会。2013年12月25日，扬州基督教神在堂举行了复堂仪式，正式对外开放。

七、"扬州八怪"文化

扬州八怪，是清代康熙、雍正、乾隆年间扬州一批书画家的简称，也是戏称。从康熙末年崛起，到嘉庆四年终，前后延存近百年。扬州八怪，清人笔记中所载不一，综合各家所说，累计为15人：陈撰(1678—1758年)，华嵒(1682—1756年)，高凤翰(1683—1748年)，边寿民(1648—1752年)，汪士慎(1686—1759年)，李鱓(1686—1760年)，金农(1687—1763年)，黄慎(1687—1770年)，高翔(1688—1754年)，李葂(1691—1755年)，郑燮(1693—1765年)，杨法(1696—1762年)，李方膺(1697—1756年)，闵贞(1730—1788年)，罗聘(1733—1799年)。

他们在世时，并无"扬州八怪"之称。由于他们艺术理念和创作方法接近，彼此又互动互爱，才有"扬州八怪"之说。后百余年来，各种书画史、美术史、艺术史和文化史所列"扬州八怪"不尽相同。直到建国后，学术界才统一采用李玉棻《瓯钵罗室书画过眼考》中所述，确立郑燮、金农、李鱓、汪士慎、高凤翰、高翔、李方膺、罗聘八人为"八怪"，但并不排斥其余几人。同时也确立郑燮(字板桥)和金农(字冬心)为扬州八怪的代表人物。

他们是清代活跃在扬州画坛上的一批具有创新精神的画家。"八怪"最喜欢画梅、竹、石、兰。他们以梅的高傲、石的坚冷、竹的清高、兰的幽香表达自己的志趣。他们绘画作品为数之多，流传之广，无可计量，目前为国内外多家单位及个人收藏有据可考者约有万件。仅据今人所编《扬州八怪现存画目》记载，为国内外200多个博物馆、美术馆及研究单位收藏的就有8000余幅。在香港地区、北京、上海的艺术品拍卖会上，金农几封书札，郑板桥的一副墨竹，成交价均达数十万元。他们作为中国画史上的杰出群体已经闻名于世界。

对于扬州八怪在艺坛的影响，美术史论名家俞剑华曾说："扬州八怪继承了传统而又加以适当的发展，具有自己的风格和特色，在乾隆时代形成了自己的画派。"又说他们"独树一帜，发扬了石涛、八大两位大家反正统派的精神，给当时风行一世的正统派以有力的打击"。"于后来的影响也是很大的，写意花鸟画从八怪以后继续发展跃进为画坛主将，执画界的牛耳。"由吴作人题签、常任侠审定，张光福编著的《中国美术史》中，将"扬州八怪"列为专章，认定这一画派是"一群革新画家""在我国绘画艺术发展的道路上，树起新的旗帜"，认为他们的书画是一种挑战，是对黑暗现实的揭露与鞭挞。同时认定他们的艺术作品具有：富于原创性、反对模仿；重视人品、思想、学问、才情对艺术创作的影响；诗、书、画、印"四绝"，追求创新；重视艺术传统的学习等特点。近现代名画家如王小梅、吴让之、赵之谦、吴昌硕、任伯年、陈师曾、齐白石、徐悲鸿、黄宾虹、潘天寿等，都各自在某些方面受"扬州八怪"的作品影响而自立门户。如赵之谦、吴昌硕把金农厚重古拙的金石味发展到极点；任伯年、吴昌硕、陈师曾、齐白石等人则把八怪诸人写意花鸟发展到新的高峰，影响深远。他们中多数人对"扬州八怪"的作品作了高度评价。徐悲鸿曾在郑燮的一幅《兰竹》画上题云："板桥先生为中国近三百年最卓绝的人物之一。其思想奇，文奇，书画尤奇。观其诗文及书画，不但想见高致，而其寓仁悲于奇妙，尤为古今天才之难得者。"因此，扬州八怪作为画坛的一种流派，契合市场需要，承前启后，大胆创新，把文人画发展到崭新的境界，具有开宗明派的重大意义。

扬州八怪15人，并非都是扬州人，其中2人是扬州府城人，3人是属扬州府人，其余10人分别来自江苏、安徽、福建、山东、湖北等地。后世公论他们属扬州画派代表人物，是因为他们长期生活在扬州府城，在扬州卖画，成为当日扬州艺坛的中坚力量。清代中叶扬州浓厚的商业经济氛围为八怪诸人艺术创造新求提供了适宜的土壤。若干艺术家云集扬州形成画派，与扬州当时盐商兴旺有关。当时扬州是商业中心，弥漫商贾气息。有市场作引导，吸引艺术家自由创作，表现个性，标新立异，而一味因循守旧，便难以生存。这样，画派诸人便与扬州结下不解之缘。八怪诸人创作之艺术品，相当一部分以扬州地域为题材。如郑燮、李鱓、罗聘等人的诗文、高翔的山水画，黄慎的渔樵人物，均取材于扬州，富有地方色彩。他们的遗墨、遗物多数散落扬州民间，民间扬州八怪的故事传说很多，如板桥吃狗肉、金农卖灯等。黄慎的瘿瓢、罗聘的古宅、金农的书房、李鱓的印章在扬州均有踪迹可寻，至于八怪书画踪迹，在博物馆与民间所藏珍品甚多，《板桥道情》则处处传唱。

扬州八怪的绘画以写意花鸟为多，但大都未受当时处于正统地位的"四王"一派绘画的约束，强调独创精神和个性抒发，也并非物象的自然摹写，而多为愤世嫉俗精神的一种寄托。上承石涛、八大传统，但"学一半，撇一半"，为时所用，为我所用，注重观察生活，以创造为灵魂，形成自家独特风格。八怪诸人多数为终身布衣，有几个做过县官，后因不满官场的庸俗习气与腐败作风，最终弃官。他们与封建统治的达官贵人保持距离，在作品中"心恶时流庸俗"，从不追随主流画派，自立门户，显示雅洁高岸之气。同时，他们却能适应民众趣味，努力表达平民意识，"用以慰天下之劳人"，终致他们的绘画以一种革新派画人的成果，成为一个特定时代先进文化的象征，在中国艺术史上占有重要地位。他们在绘画上重视思想的表达，重视诗、书、画、印的综合表现，使学问、见识与绘画技巧融为一体，以简驭繁，拓宽了欣赏者的思索空间，将中国传统的写意派绘画发展到了一个新的高度。

扬州八怪的书法，在乾隆中期，也是独具风骚的，郑板桥的"六分半书"、金农的"漆书"名垂书史。八怪其余诸人书法，如汪士慎、高翔的隶书，杨法的篆书，二李的行书，黄慎的狂草，也都自成风貌，饮誉书坛。板桥的"六分半书"介于隶书行书之间，是一种创造。书有楷、行、隶、篆四体，郑板桥主张"破体"，即破四体之格，终于形成了他自己的"六分半书"。他的"六分半书"既有隶书之体，又有楷书笔法、草书笔意、行书书风。同时在书幅的整体章法、字形的间架结构方面润笔水墨，虚实疏密，自得天趣。他还注意以画入书，使书画相同。他认为"要知画法通书法，兰竹如同草隶然"。他还在书幅中夹入若干古字，引起欣赏者的思索与查考，增加文化趣味。金农的"漆书"受汉隶影响，以刚硬古拙见长，且富于灵气。它的特色是用墨如用漆，运笔如用刀斧；古拙中略显姿媚；"用笔似帚却非帚"，即截毫作飞白体。金农的书法对后世艺术家影响明显，一部分画家力求古拙，称其余绪。目前，八怪书风渗透在扬州社会生活的诸多方面，报纸报名、商店标牌、广场勒石、街道装潢，了解文化传统者多用八怪某人书体。

今日尚存扬州八怪遗迹有竹西亭、西方寺、罗聘故居、天宁寺、虹桥和平山堂等。扬州八怪纪念馆是宣传和弘扬扬州八怪艺术成就的专业纪念馆，位于金农故居西方寺内，展厅中陈列有"八怪"书画，供游客品赏。另辟金农寄居室复原陈列，展现"八怪"书画创作生活的历史氛围。

八、美食文化

扬州特殊的地理位置和历史发展，汉唐清三代繁华，富商巨贾云集，造就了扬州特殊的"三把刀"文化。其中美食文化享誉海内外，淮扬菜与鲁菜、川菜、粤菜被并称为中国的"四大菜系"。

尤其是清代康乾盛世，盐商巨贾汇聚扬州，城市居民生活富庶，消费业也随之兴旺。当时扬州的茶楼、酒肆、浴室、书场和戏台遍及城乡，在全国首屈一指，一种消费文化逐渐形成并丰富发展起来。淮扬菜系日臻成熟，理发、沐浴和足浴有了规范，满足人体之需上升为具有美学意味的艺术。这种现象反过来又激发起人们的休闲兴趣，"早上皮包水，晚上水包皮"即饮茶和沐浴，成为百姓普遍的生活情趣，并日渐提炼出一种生活的精致优雅。这种民俗文化逐渐渗透到扬州百姓的生活之中，使扬州百姓得以将平淡无奇的日子过得活色生香，滋味隽永，提升了自己的生活品质。

扬州菜也称为淮扬菜，距今已经有一千多年的历史。扬州菜系的主要特点是：选料严格、刀工精细、主料突出、注意本味、讲究火工、擅长炖焖、汤清味醇、浓而不腻、清淡鲜嫩、造型别致、咸中微甜、南北皆宜，尤以瓜果食品雕刻享誉四方。扬州菜的菜品形态精致，滋味醇和，并在烹饪上善用火候，讲究火功。著名的菜品有清炖蟹粉狮子头、大煮干丝、三套鸭、水晶肴肉、松鼠鳜鱼、梁溪脆鳝等。扬州满汉全席是在康乾满汉席的基础上推出的，堪称中华第一满汉全席，其具有南北兼容的饮食文化底蕴。淮扬菜的发展经历了悠久的历史，具有深厚的饮食文化，因此很早以前就确立了中华第一大风味菜系的地位。

扬州菜中又以扬州三头为代表，红楼宴、三头宴、全藕宴是扬州菜的三颗明珠。红楼宴，是《红楼梦》书中所写菜肴的创新。作者曹雪芹曾在扬州久留过，他的祖父曹寅到扬州接驾康熙皇帝时也曾设宴招待六司百官。著名的红学家冯其庸说：红楼菜实在是扬州菜的体系。三头宴，是将扬州的三道传统名菜——拆烩鲢鱼头、清炖狮子头、扒烧整猪头发展而成的宴席。狮子头，肥嫩不腻；鲢鱼头，口味香醇；整猪头，香溢四座，均具有浓郁的乡土风味。全藕宴，历代以来被称为水乡泽国，又被誉为荷藕之乡的宝应，根据历代祖先遗传的制作方法，又创新出 50 余种藕菜肴，形成独特的全藕席，宝应宾馆推出的该菜肴，深受中外来宾的欢迎和赞誉。

富春茶社、冶春茶社和花园茶楼是扬州人吃早茶最为著名的三大茶楼，每天早上宾客盈门，络绎不绝。除了"迎宾馆""香格里拉大酒店"和"新世纪大酒店"等著名大酒店，还有"官邸大酒店""卢氏盐商住宅"等扬州地方特色饭店外，东关街、四望亭路美食街、兴城路小美食街、望月路步行街、西区京华城和南通东路 1912 时尚休闲街区，各色风味小吃餐馆林立，都是世界各地游人食客常常喜欢光顾的地方。

扬州十大名点：三丁包子、千层油糕、双麻酥饼、翡翠烧卖、干菜包、野菜包、糯米烧卖、蟹黄蒸饺、车螯烧卖、鸡丝卷子。

十佳风味小吃：笋肉锅贴、扬州饼、蟹壳黄、鸡蛋火烧、咸锅饼、萝卜酥饼、鸡丝卷子、三鲜锅饼、桂花糖藕粥、三色油饺。

十佳特色小吃：四喜汤团、生肉藕夹、豆腐卷、笋肉小烧卖、赤豆元宵、五仁糕、葱油酥饼、黄桥烧饼、虾籽饺面、笋肉馄饨。

扬州著名特产：扬州炒饭、牛皮糖、馋神风鹅、黄珏老鹅、平山绿茶、仪征绿杨春茶、十二圩五香茶干、高邮双黄鸭蛋、秦邮董糖、界首茶干、宝应藕粉、江都方酥、樊川小肚、韶关老鹅、嘶马的拉豆腐、琼花露酒、邵伯菱角、三丁包、扬州煮干丝、扬州酱菜、扬州三头宴（清蒸蟹粉狮子头、扒烧整猪头、拆烩鲢鱼头）。其中扬州酱菜已被批准列入国家级非物质文化遗产名录。

九、传统工艺

历史上扬州的传统工艺主要包括雕版印刷、扬州玉雕、扬州漆器、扬州古筝和扬州剪纸等。在印刷史上，雕版印刷被称作"活化石"，中国雕版印刷术的发源地在扬州，并成为中国国内唯一保存全套古老雕版印刷工艺的城市，这种工艺也被列为国家非物质文化遗产。随着扬州的三度繁荣，琢玉工艺出现过汉、唐、清三次高峰。清代中叶，扬州成为全国琢玉中心。扬州玉雕千百年来形成了"浑厚、圆润、儒雅、灵秀、精巧"的基本特征。扬州玉器厂的数十件精品在国际国内获得大奖或被国家作为珍品收藏。扬州漆器起源于战国，兴旺于汉唐，鼎盛于明清。与中国漆器的其他流派相比，扬州漆器在制作手法和工艺上具有南派漆器的隽秀精致，在产品的造型和气势上又常见北派漆器的雄浑和博大。其工艺齐全、技艺精湛、风格独特、驰名中外。

（一）雕版印刷

大约在公元 3 世纪的晋代（265—420 年），随着纸、墨的出现，印章也开始流行起来。公元 4 世纪东晋时期，石碑拓印得到了发展，它把印章和拓印结合起来，再把印章扩大成一个版面，蘸好墨，仿照拓印的方式，把纸铺到版上印刷，即为雕版印刷的雏形。大约在公元 7 世纪前期，世界上最早的雕版印刷术在唐朝（618—907 年）诞生了。雕版印刷需要先在纸上按所需规格书写文字，然后反贴在刨光的木板上，再根据文字刻出阳文反体字，这样雕版就做成了。接着在版上涂墨，铺纸，用棕刷刷印，然后将纸揭起，就成为印品。雕刻版面需要大量的人工和材料，但雕版完成后一经开印，就显示出效率高、印刷量大的优越性。我们现在所能看到的最早的雕版印刷实物是在敦煌发现的印刷于公元 868 年的唐代雕版印刷《金刚经》，印制工艺非常精美。

雕版印刷的印品，可能开始只在民间流行，并有一个与手抄本并存的时期。唐穆宗长庆四年，诗人元稹为白居易的《长庆集》作序中有"牛童马走之口无不道，至于缮写模勒，烨卖于市井"。"模勒"就是模刻，"烨卖"就是叫卖。这说明当时的上层知识分子白居易的诗的传播，除了手抄本之外，已有印本。宋代（960—1279 年），雕版印刷已发展到全盛时代。971 年成都刻印全部 5048 卷的《大藏经》，雕版 13 万块，花费 12 年。至今中国仍保存着大约 700 本宋代的雕版印刷的古籍，清晰精巧的字迹使之被认为是稀有的书中典范。至清代达到顶峰，规模和质量都前所未有。康熙四十四年（1705 年），《红楼梦》作者曹雪芹的祖父曹寅奉旨刊刻《全唐诗》，从校补、缮写到雕版、印刷、装帧，无不精益求精，是扬州历史上规模最大、质量最高的一次图书刊刻活动。2005 年 10 月，江苏省扬州雕版印刷博物馆对外试开放，这套《全唐诗》初刻初印本一套共 120 本，回到扬州与世人见面。目前扬州图书馆、扬州古籍书店等处保存的都是《全唐诗》后印本。

2009 年 9 月 30 日，雕版印刷技艺正式入选《世界人类非物质文化遗产代表作名录》。

（二）扬州玉雕

玉雕是扬州汉族民间雕刻艺术之一，是中国玉雕工艺的一大流派。扬州琢玉工艺源远流长，其历史至少也要追溯到四千年前的夏朝，在古籍《书经·禹贡篇》中有"雍州贡琳琅""扬州贡瑶琨"的记述。随着扬州的三度繁荣，琢玉工艺出现过汉、唐、清三次高峰。其历史的转折点是在唐代，琢玉工艺发展到了一个新的阶段，同时小件玉器作为配饰的风气开始流行，除此之外扬州玉器和琢玉技艺也陆续的对外交流。宋、元、明时代，扬州玉器已向陈列品方面发展。明清以来，扬州即为中国三大玉雕重地之一。清中叶，扬州成为全国琢玉中心，乾隆年间进入全盛时期，两淮盐政在扬州建隆寺设玉局，并按岁例向朝廷进贡。清宫中重达千斤、万斤的近 10 件大玉山，多半为扬州琢制，其中重逾万斤的"玉器之王"《大禹治水图》玉山，成为稀世之宝而闻名遐迩。20 世纪 50 年代，扬州玉器厂成立，扬州玉雕技艺重新得到传承。

扬州本地并不产玉，但古代扬州的便利交通及富庶市民却为玉雕的形成与发展创造了便利条件。来自全国各地的珍贵玉石都在这里加工，顿时身价百倍。玉石质地坚硬缜密，硬度为摩氏 4~8 度，手工雕琢技术较为复杂，其工艺特点是琢磨，即"琢玉"与"碾玉"。当今的扬州琢玉艺师，全面继承了传统的扬州玉雕优秀技艺，锐意创新，在实践中遵循"量料取材，因材施艺"的琢磨工艺规律，创造性地将阴线刻、深浅浮雕、立体圆雕和镂空雕等多种技法融为一体，形成"浑厚、圆润、儒雅、灵秀、精巧"的特点，具有秀丽典雅、玲珑剔透的艺术风格。他们的"山子雕"和"练子活"技艺独具一格，显示出扬州玉雕工艺技法的精湛。如今的扬州玉器在同行业中一直处于前列地位。

扬州玉器分炉瓶、人物、花鸟、走兽、仿古、山子雕六个类别，品种齐全，花色繁多。历代扬州玉雕分别保留了不同时期的艺术特征，如西汉的《白玉蝉》以和阗玉雕成，采用"汉八雕"的手法，线条凝练挺拔，推磨极见功夫；清代的《大禹治水》多种手法并用，属于稀世珍品；1986 琢制完成的《聚珍图》碧玉山，通高 120 厘米、宽 90 厘米，重达 1000 多千克，以著名石刻为题材，集乐山大佛、大足石佛、龙门大佛和云冈石佛于一体，构成深邃幽秘的福地仙境。香港称这件碧玉山"是继中国清代乾隆年间制成的大型玉器《大禹治水图》之后二百年来仅见的玉器珍品"。

2006 年 5 月 20 日，扬州玉器工艺经国务院批准列入第一批国家级非物质文化遗产名录。

(三)扬州漆器

漆器是中国汉族传统工艺品种之一，生产历史悠久。早在秦汉时期，扬州彩绘和镶嵌漆器制作工艺就有很高的水平。据史书记载，扬州漆器在战国时期就有一定的生产规模和较高的制作工艺水平。国家博物馆收藏了大量战国时期扬州的漆器。汉代扬州漆器的代表作有三足奁和七子盒，漆器生产不仅规模大、品种多，而且技艺精湛、水平高超。

隋唐时期，扬州漆器工艺格外精致，金属镶嵌产品日益增多。唐代扬州漆器是贡品和出口的抢手货，扬州是当时中国著名的经济发达城市和重要对外港埠，为东南沿海的都会，常住外国人就达数千。彩绘、剔红(雕漆)、夹纻脱胎和金银脱等漆器制作愈益精细，螺钿镶嵌工艺亦具有很高水平。漆器被列为扬州二十四种贡品之一。还被鉴真大师传播至日本。宋元两代，雕漆工艺水平有所提高。明清两代发展到鼎盛时期，除了彩绘和雕漆外，平磨螺钿、骨石镶嵌、百宝镶嵌等新工艺也有所发展，成为全国漆器的制作中心，作坊林立，品种繁多，规模庞大。漆器装饰纹样大量摹刻"扬州八怪"等名人书画，更提高了扬州漆器的艺术欣赏价值。鸦片战争以后，渐趋萧条，同治至光绪年间稍有回升，产品基本内销。民国初年，外销量有所扩大，年销量在两三万件。如今的扬州已发展成为全国漆器行业规模最大、品种最多、实力最雄厚的重点产区。

扬州漆器现有装饰工艺"雕漆""雕漆嵌玉""点螺""刻漆""骨石镶嵌""平磨螺钿""彩绘""雕填""磨漆画""木雕镶嵌"十大类，在精致髹漆的基础上，选用翡翠、玛瑙、珊瑚、碧玉、白玉、象牙、紫檀、云母、夜光螺及金银等八百种名贵材料制作而成。生产各种屏风、宫贝、瓶盘、茶具、睿具、烟具、文房用品，各类礼品，漆艺装饰壁画等三千多个花式品种，品种丰富、技艺精湛、色彩绚丽典雅、造型古朴庄重，同时将欣赏性和实用性紧密结合，具有鲜明的地方风格。如今，扬州漆器已行销世界各地，深受各界人士的欢迎。扬州漆器曾于1910年、1915年和2001年三次参加国际博览会，均获金奖。《松龄鹤寿》骨石镶嵌屏风、雕漆嵌玉《玉堂春色》等众多代表作品被国家作为礼品赠给外国友人。

2006年5月20日，扬州漆器工艺经国务院批准列入第一批国家级非物质文化遗产名录。

十、对外文化交流

在扬州地域文化史上，尤其值得称道的是扬州的对外文化交流。

扬州拥有2500多年历史，始于春秋时期，当时称之为广陵。战国时期(前403年—前221年)称为邗城。590年，称该城为扬州，这也是后来中国整个东南部的统称。隋朝隋炀帝时期(604—617年)，扬州是中国南方的首府，在京杭大运河建成之后，扬州被称为江东，直到这个朝代没落。唐朝时期，扬州成为了经济、文化中心以及对外贸易交换地。城里居住了很多阿拉伯商人和波斯商人，五代十国时期，扬州作为吴国的都城被称为广陵。

历史上的扬州一直积极吸纳外域文化。唐代与波斯，大食的交往，主要有两条路线，一是陆上"丝绸之路"，一是海上"丝绸之路"（又称"香料之路"）。中唐以后，由于海上交通发达，海上丝绸之路成为中国与波斯、大食海上贸易的主要通道。当时广州、洪州、扬州、长安胡人最多，古代阿拉伯地理学家伊本·郭大贝在《省道志》中列举中国的海港共有四处，自南向北为龙景（越南半岛灵江口北岸）、广府（广州）、越府（宁波）、江都（扬州），从交州航海，四日可到广州，由广州八日可至越州，由越州六日可达扬州。波斯、大食人到广州后，为了到扬州做生意，他们北沿浈水（现称北江）到达韶州，然后转东北翻越梅岭（即大庾岭）进入赣江，再由赣江穿过现在江西省，经洪州进入长江流域，此后沿长江直抵扬州。如果北上长安则可由扬州沿运河至洛阳，再经陆道入长安。这是一条必经之路，广州和扬州成为中国东南最重要的对外贸易中心。当时，扬州曾同时居住数千"胡商"（波斯商人），胡人在扬州开了很多胡店，商品大多为珍宝、贵重药材和胡食店。随着胡人在扬州的聚居，伊斯兰教也传入扬州。

唐代扬州，是中日两国交往的直航港口之一。不少日本遣唐使、留学生、留学僧横渡东海，在扬州登陆，然后才北上长安。著名的如长期留居中国，最后"埋骨盛唐"的日本学者阿倍仲麻吕（汉名晁衡），即于717年随第八次遣唐来唐留学，先抵扬州，后循陆路北上长安。

圆仁号慈觉大师，是贞元间入唐求法的日本天台宗开宗大师最澄的弟子。他于日本仁明天皇承和三年（唐文宗开成元年，836年）随遣唐大使藤原常嗣入唐求法，不幸遇险船破，至承和四年再度出发，五年（838年）始抵扬州登陆，受到淮南节度使李德裕的优待。先在当地开元寺从沙门宗睿学梵书，又从全雅学佛典，此后足迹遍及今河北、山西、河南、陕西、安徽等地。在中国留居的十年中，写下了《入唐求法礼行记》，对当时唐朝的风俗礼仪、官府制度、地方组织均有记载，还提到战争及外交问题。除详载了唐代的佛教情况外，还涉及道教、摩尼教等。其中对扬州有生动的描写。他在扬州登岸后的第一个印象是：自（禅智）寺桥西行三里有扬州城……江中充满舫船、积芦船、小船、不可胜记。还有记他在扬州市场上兑换沙金的比值。《行记》中特别提到"又于（龙兴寺）东塔浣安置鉴真和尚素影，阁题云：过海和尚素影"。更中门内东端建《过海和尚碑铭》，其碑序记鉴真为佛法渡海之事，称"和尚过海遇恶风，初到蛇海，长数丈余，行一日即尽，次至黑海，海色如墨等者"。尤为可贵。这些都是研究唐代扬州的珍贵史料。圆仁后来归国，也是从扬州出发的。

历史上的扬州也一直积极输出自己的地域文化，尤其在东亚、东南亚等地流传甚广。有着崇高威望，享"江淮化主"之誉的鉴真和尚曾在大明寺讲律传戒，名闻遐迩，为僧俗所景仰。日本僧人荣睿、普照来扬恳请鉴真东渡，为了兴隆佛教，弘法东洋，他接受日本僧人邀请，欣然率领众僧东渡扶桑。当时，他的弟子们因道路遥远，"沧海森漫，百无一至"，而犹豫踟蹰。鉴真却义无反顾坚定不移："为是法事也，何惜身命？诸人不去，我即去耳！"足见他的深远识见和坚强决心。鉴真大师不畏艰险，五次东渡失败，却不灰心，不退缩，终于在天宝十二年（753 年），以双目失明之 66 岁高龄成功抵达日本，实现夙愿。大师百折不回的坚强意志，令后人无比崇敬和景仰。鉴真在日本传播佛教戒律、兴造寺庙佛像、广授书画技艺、推广医药饮食、弘扬大唐文化，被日本人民奉为"文化恩人"。这是日本最热诚最突出的敦聘我国人才的例证之一，也是我国向域外传播唐代文化最杰出最完美的一次。而始建于隋，为中国四大禅宗丛林的扬州高旻寺，在东南亚一直享有极高的声誉。

新罗末期人崔致远，是朝鲜国历史上第一位留下了个人文集的大学者、诗人，一向被朝鲜和韩国学术界尊奉为韩国汉文学的开山鼻祖，有"东国儒宗""东国文学之祖"的称誉。他 12 岁到长安求学，在中国前后 16 年，为官并从事文学创作。崔致远的诗受晚唐时期的七言律诗七言绝句的影响较大，所创作的大部分诗歌也是七言律诗和七言绝句。风格上染有一层饱薄的孤冷、伤感和忧郁的潇洒风流，为丰富朝鲜的文学做出了巨大的贡献。由于在文学上的极高成就，崔致远得到了朝鲜和韩国后世的众口同赞，被尊为"百世之师"。崔致远为中朝韩文化的交流融合做出了不可磨灭的贡献。

由唐至宋，波斯、大食人没有中断过和扬州的来往。南宋末，伊斯兰教创始人穆罕默德十六世裔孙普哈丁来扬州传教，在扬州建有仙鹤寺，是一座融阿拉伯风格与中国古典园林风格于一体的建筑，成为扬州与阿拉伯文化交流的见证。此后，扬州文化在医药、舞蹈、建筑、音乐、美术、工艺等方面均融入了阿拉伯文化的因素。

1282—1287 年，马可波罗曾到过扬州，当时是蒙古忽必烈汗统治时期。尽管根据《马可·波罗行纪》记载，当时他曾任扬州的地方官，但是更为可能的是他曾任过此地的商盐官员。后据意大利国内考古发现，14 世纪的扬州确实活跃着一个意大利商业团体。《马可·波罗行纪》记述了他在东方最富有的国家中国的见闻，激起了欧洲人对东方的热烈向往，对以后新航路的开辟产生了巨大的影响。

直到 19 世纪，扬州成为了食盐、大米以及丝绸的贸易交换中心（该行业均由官方调控）。1868 年，发生扬州教案，成为清朝末期中英关系的转折点，几乎成为了战争的导火索。从太平天国时期（1853 年）至新中国成立（1949 年）之前，由于战争和铁道运输导致京杭大运河的没落，令中国当时的经济中心扬州迅速衰落为一个普通城市。后来随着大运河的部分航段恢复运营，扬州又再一次成为了重要的贸易中心。这里也有一些出口工业，尤其是棉花和纺织品。

改革开放后，扬州终于迎来了历史上非常重要的发展契机。1982 年国务院公布扬州为国家历史文化名城，2004 年第一次开通了扬州至南京段的铁路，2005 年扬州至镇江润扬大桥通车，2006 年被评为联合国最佳宜居环境，2012 年扬州泰州机场通航，2013 年被评为国家森林城市，2014 年京杭大运河成功入选世界文化遗产名录。现代化大交通体系的完成，促成扬州从此迈入崭新的历史发展阶段，同时也为扬州未来地域文化的发展带来了新的课题。如何进一步将扬州传统文化和现代文明有机融合，源远流长的水文化的发展完善，老城区的保护和改造，现代工业文明发展与古城环境保护，曲高和寡的玉雕、漆器等传统工艺的传承和弘扬等，都是未来扬州文化需要纵深研究的重要课题。

综上所述，悠久漫长的历史，发达的交通地理位置，富商巨贾文人雅士的聚集，广泛的对外文化交流，造就了独具特色的扬州地域文化。扬州地域文化一直是多元多样的，所以才能底蕴深厚、博大精深！扬州地域文化一直是开放包容的，所以才能兼容并蓄，不断提升并臻于广大圆融！扬州地域文化一直又是独特唯一的，所以才能个性张扬独具魅力，丰富并充实了整个华夏文化！而扬州地域文化更是薪火相传生生不息的，所以我们坚信，扬州地域文化一定能创造出更加深广博大厚重璀璨的未来！

【思考与练习】

1. 阐述扬州地域文化的特点及形成因素。
2. 扬州的思想学术流派有哪些？各自取得了哪些成就？
3. "扬州学派"的学术特点和形成原因是什么？
4. 扬州建筑文化包含几个类别？各有哪些特点？
5. 简述"扬州八怪"的书画艺术成就。
6. 扬州对外文化交流取得了哪些丰硕的成果？
7. 游览瘦西湖、何园和个园，浅谈扬州古典园林兼具北雄南秀的特色是如何形成的？
8. 参观扬州雕版印刷博物馆、扬州玉器厂和扬州漆器厂，浅谈扬州三大工艺的特色和艺术成就。

参考文献

柏莹. 2011. 秘书人际沟通[M]. 北京：中国人民大学出版社.

柏莹. 2012. 导游口才教程[M]. 北京：中国物资出版社.

陈振鹏，章培恒. 1997. 古文鉴赏辞典[M]. 上海：上海辞书出版社.

程裕祯. 2003. 中国文化要略[M]. 北京：外语教学与研究出版社.

丁家桐，朱福烓. 1993. 扬州八怪传[M]. 上海：上海人民出版社.

董媛，李健峰，邓迪夫. 2013. 社交礼仪务实[M]. 2版. 北京：北京理工大学出版社

金正昆. 2009. 社交礼仪教程[M]. 北京：中国人民大学出版社.

卢如华，韩开绯. 2012. 社交礼仪[M]. 3版. 大连：大连理工大学出版社.

裴显生. 2015. 应用写作[M]. 3版. 北京：高等教育出版社.

钱理群，温儒敏，吴福辉. 1998. 中国现代文学三十年[M]. 北京：北京大学出版社.

孙汝建. 2015. 口语交际艺术[M]. 武汉：华中科技大学出版社.

王芬. 2008. 秘书礼仪实务[M]. 北京：电子工业出版社.

王瑞成，柏莹. 2009. 现代实用礼仪[M]. 南京：东南大学出版社.

杨匡汉. 2005. 中国新诗学[M]. 北京：人民出版社.

周新国，朱季康. 2007. 扬州文化建设与扬州历史文化名城保护[J]. 扬州大学学报（人文社会科学版），
    11（2）：119-122

朱福烓. 2001. 扬州史述[M]. 苏州：苏州大学出版社.

朱福烓，袁秋年，卢桂平. 2014. 扬州发展史话[M]. 扬州：扬州广陵书社.